SEGREDOS DE ALTO IMPACTO

Copyright© 2018 by Literare Books International.
Todos os direitos desta edição são reservados à Literare Books International.

Presidente:
Mauricio Sita

Capa:
Atomic Buzz

Diagramação:
Lucas Chagas e Nathália Parente

Revisão:
Camila Oliveira e Daniel Muzitano

Diretora de Projetos:
Gleide Santos

Diretora de Operações:
Alessandra Ksenhuck

Diretora Executiva:
Julyana Rosa

Relacionamento com o cliente:
Claudia Pires

Impressão:
Epecê

```
Dados Internacionais de Catalogação na Publicação (CIP)
            (Câmara Brasileira do Livro, SP, Brasil)

   Segredos de alto impacto / coordenação editorial
Marcelo Simonato. -- São Paulo : Literare Books
International, 2018.

   Vários autores.
   Bibliografia.
   ISBN 978-85-9455-098-9

   1. Autoajuda - Técnicas 2. Coaching
3. Desenvolvimento pessoal 4. Desenvolvimento
profissional 5. Inspiração 6. Motivação
7. Realização pessoal I. Simonato, Marcelo.

18-18689                              CDD-658.3124
```

Índices para catálogo sistemático:

1. Coaching : Administração de empresas   658.3124

Maria Alice Ferreira - Bibliotecária - CRB-8/7964

Literare Books International Ltda
Rua Antônio Augusto Covello, 472 – Vila Mariana – São Paulo, SP.
CEP 01550-060
Fone/fax: (0**11) 2659-0968
site: www.literarebooks.com.br
e-mail: contato@literarebooks.com.br

Prefácio

Inspirar as pessoas: o papel dos grandes comunicadores

Que honra e responsabilidade apresentar este grupo de pensadores ao lançamento do livro que você tem nas mãos: *Segredos de alto impacto*!

Nunca tivemos tanta informação gratuita sendo comunicada como hoje, porém com conteúdos questionáveis. Nunca tivemos tanta necessidade de comunicadores autênticos, que nos inspiram a sair do lugar, ousar, tentar e colocar nossas forças para funcionar a nosso favor.

Qual é o papel dos grandes comunicadores hoje? Eles não apenas precisam motivar as pessoas, mas inspirá-las!

Você, querido leitor, sabia que há uma enorme diferença entre inspiração e motivação?

Motivação significa: fornecer um motivo, induzir, incitar, impulsionar. É coercivo. Motivação é a teoria fundamental por trás do mundo em que vivemos.

Por exemplo, dos políticos que querem motivar-nos: "vote em mim ou os bandidos vão te pegar!" ou de *marketing*: "compre meu produto ou você será feio!" ou da educação: "passe no meu exame ou vou reprovar você!".

Estamos incessantemente engolindo padrões motivacionais das teorias de persuasão atual, de tal forma, que permeiam toda a sociedade. É o que sabemos. É o que temos para hoje. É o que se tornou padrão.

A motivação pretende mudar o comportamento de outra pessoa, porém, geralmente não para o benefício dela, mas para o benefício de quem está motivando. "Vou te dar um bônus se você bater a meta do mês". A motivação é um modo de direcionar as pessoas para os objetivos do motivador, que é frequentemente fundado no medo.

Inspiração, por outro lado, vem da palavra latina *spirare*, que significa: espírito, afetar, guiar ou influenciar pela influência divina sobre o ser humano, para dar vida ao alento de Deus. Isso é bem diferente da motivação! A inspiração é um ato de amor e serviço para outra pessoa. É um presente. É algo que damos aos outros sem esperar nada em troca.

Não quero dizer, com isso, que a motivação está errada. É diferente. Há momentos em que precisamos nos motivar. Por exemplo, se sua casa está pegando fogo, eu vou te motivar a sair já!! Mas nós, os líderes e comunicadores (aqui incluo palestrantes, professores, políticos, empreendedores e todos que têm uma mensagem relevante) precisamos saber diferenciar entre quando motivar e quando inspirar!

Se você inspira sua plateia, ela vai acreditar nela mesma. Se você for um líder, as pessoas vão te surpreender com as coisas que estão dispostas a fazer para você. Se gritar, não vão! Acabei de renovar minha fé de que existe esperança para uma nova geração de líderes e comunicadores inspirados no Brasil, ao ouvir Bernardinho recentemente numa palestra. Ele falou sobre a diferença entre motivar ou inspirar a nova geração de jogadores, e como ele tinha que aprender a dialogar, depois de dois ciclos olímpicos a base de "gritaria motivacional". Os tempos mudaram. As formas de inspirar mudaram. E Bernadinho, felizmente, mudou. Hoje, ele não só motiva, mas inspira e continua vencendo campeonatos. Um homem aberto para mudar e fazer o que for necessário para inspirar sua equipe hoje.

Quando a inspiração está presente, você está naturalmente motivado e consegue fazer tudo o que for necessário para conquistar o resultado. Mas, quando você recorre somente ao uso de sua vontade para se motivar, daqui a pouco você se sentirá exausto, preocupado e sobrecarregado. Esteja atento a esta diferença entre a motivação e a inspiração, em todas as áreas da sua vida. A motivação é do ego e a inspiração é da alma.

Culturalmente somos motivados, mas nem sempre inspirados. Vivemos nossas vidas a base de motivação passageira e nos perguntamos porquê somos tão infelizes. A motivação nos obriga a acompanhar, competir contra e nos medir com os outros. Esse tipo de vida é um testemunho de um coletivo, que usa vontade ou motivação para atingir seus objetivos na vida. Quando o fazem, percebem que não melhoraram muito.

Apesar de alcançar seus objetivos, a alma não se satisfaz, porque as realizações não estão necessariamente imbuídas a luz da alma. Tudo parece vazio. Ao invés de investigar como ficar inspirados, eles correm para a próxima aventura motivacional.

Além de inspirar e motivar suas plateias, quais são os outros desafios dos grandes comunicadores do século XXI?

• Grandes comunicadores inspiram e provocam as pessoas a descobrir o seu porquê (propósito). Deus te deu um presente, o dom da vida, e te colocou neste planeta, país, estado, cidade e nessa família por algum motivo. Te equipou com dons e talentos para servir aos outros. O que te move? Não tem como parar um homem ou uma mulher que tem um grande porquê (missão)! Eu, por exemplo, falo muito nas faculdades e adoro provocar os universitários: Qual é o seu sonho pessoal? Qual é o sonho brasileiro? Qual é o plano? A maioria sabe dos sonhos dos outros (como o "sonho americano"), mas não sabe o seu! O Brasil precisa de muita gente que tenha consciência de seu porquê!

• Grandes comunicadores inspiram e provocam as pessoas a descobrir seu onde (setor da sociedade: negócios, educação, governo, saúde, igreja, família, etc.) – Onde eles podem fazer a diferença e deixar um legado (por pequeno que seja). As instituições tradicionais estão passando por uma das piores fases da história – não somente no Brasil, mas no mundo inteiro – onde os líderes servidores são mais escassos do que nunca. Como é o Brasil que você gostaria de morar daqui a dez anos? Onde você vai fazer sua contribuição? Qual é o plano?

• Grandes comunicadores inspiram e provocam as pessoas a pensarem no futuro e na união entre as gerações para criar algo melhor. Como podemos ajudar os idosos a terminar bem? Como podemos auxiliar os jovens a receber a melhor educação e mentoria possível? O futuro pertence a eles? E como podemos inspirar todas as gerações a manter o rumo para um Brasil e um mundo melhor, apesar de tudo e de todos que dizem que não podem?

Fico muito feliz por deixar essas palavras para este grupo de comunicadores inspirados. Os autores deste livro se dedicaram em escrever cada capítulo contando seus segredos de alto impacto.

A vocês pertence o futuro!!!
Abraço

Tommy Nelson
Escritor americano
Dentre suas publicações destaca-se o livro *O processo da pérola*.

Introdução

Vou lhe contar uma coisa, mas é segredo...

Você já deve ter ouvido falar que um "segredo" é algo que deve ser guardado a "sete chaves", correto?

O que você faria se soubesse de um grande segredo, que tem o poder de impactar positivamente a vida de milhares de pessoas? Contaria ou guardaria para si?

Pois bem, no mundo globalizado, onde a informação é amplamente difundida, se torna cada vez mais natural que informações, outrora restritas, sejam compartilhadas.

Foi pensando nisso que decidimos juntar grandes autores e palestrantes do Brasil para que juntos pudessem compartilhar um pouco dessa informação "secreta" com você, caro leitor; de modo que os anos de conhecimento e experiência destes notáveis profissionais fossem colocados a seu dispor.

Segredos de alto impacto é o primeiro livro que reúne os melhores palestrantes do Brasil e diz respeito às experiências de cada um dos escritores participantes. Elas são ministradas por meio de suas palestras e treinamentos a milhares de pessoas, sendo agora também disponibilizadas neste livro.

Temos diversos temas e áreas sendo abordados nos capítulos a seguir. Todos eles visam a "alta performance", pois sabemos que para ter sucesso na carreira, seja profissional ou empresarial, temas como liderança, vendas, *marketing*, inteligência emocional e finanças são fundamentais.

Cada capítulo reflete o conteúdo de uma palestra cuidadosamente escolhida pelos palestrantes para se transformar nesta obra.

Segredos de alto impacto irá influenciar positivamente sua forma de agir e pensar, mudando velhos hábitos e abrindo sua mente para novas perspectivas e pontos de vista.

Permita-se aprender, desaprender e reaprender, conforme for folheando as próximas páginas. O cérebro humano é uma máquina incrível, capaz das maiores façanhas, sejam positivas quando nos impulsionam, como negativas quando nos impedem de prosseguir.

Esteja preparado, aproveite cada linha deste livro, faça suas anotações, marque aquilo que mais lhe fizer sentido, faça perguntas aos autores e mantenha a conexão. Só assim você estará capturando o que está por trás das palavras; aquilo que somente os *experts* conseguem ver e colocar em prática.

Desejamos a você uma ótima leitura e que o conhecimento condensado neste livro seja muito útil em sua jornada.

Um abraço,

Marcelo Simonato
Coordenador técnico

Sumário

1. A comunicação do líder de sucesso
Adauto Bezerra..11

2. Potencializando resultados com a gestão empresarial
Ademir de Souza..21

3. Tornei-me *coach*, e agora?
Alicia Veloso..29

4. A linguagem não verbal dos palestrantes de alta performance
Anderson Rocha..37

5. Seja F.O.D.A
Carla Lopez...45

6. A família como o maior mecanismo de proteção contra o uso de drogas
Carlinhos Anunciação...53

7. Ciclo da liderança: da visão ao resultado
Carlos Esau...61

8. Chega de ser medíocre, seja extraordinário!
Débora Santos...69

9. Três passos para você detonar o desânimo e alcançar seus objetivos
Donivaldo Santos..77

10. O que você deixou de ser quando cresceu?
Douglas Henrique de Oliveira..85

11. Neuromarketing: os gatilhos mentais da persuasão
Edgard Santana..93

12. Inteligência emocional e relacionamentos saudáveis nas perdas e na superação
Edilamar Fagundes...101

13. Seja líder de si mesmo
Edison Parente da R. M. Neto..109

14. Os desafios da liderança em organizações temporárias
Eli Rodrigues...117

15. Visão de futuro para uma vida feliz
Fátima Cristo...123

16. Família: como se conectar e viver em harmonia
Fernando Tepasse...131

17. As três fases de um negócio: em qual você está?
Guilherme Cruz...139

18. A vida além dos sonhos
Helaine Rodrigues..147

Sumário

19. Atender? Você vai encantar
Leonardo Ricardo..155

20. Mentalidade imparável
Lincoln Carrenho..163

21. Excelência no atendimento e fidelização de clientes em seis passos
Lucas Adriano..171

22. Os 5S para alta performance e longevidade
Lusiani Borba..179

23. Pilares do sucesso profissional
Marcelo Simonato..187

24. Você faz a diferença!
Mário K. Simões..195

25. As sete saúdes para alcançarmos o sucesso com felicidade
Mauro Maia Moraes...203

26. Identifique os diferentes perfis de personalidade dos seus clientes
Rejiano Vedovatto...211

27. Mente e cérebro: "sem" passos para tomar boas decisões
Renata Taveiros de Saboia...219

28. Eneagrama das personalidades
Renato Bittencourt..225

29. Autoconhecimento, liderança e missão
Robson L. Silva...233

30. Liderança sustentável
Roseli Capudi...241

31. A hora da liderança servidora
Sérgio Braga...249

32. Realize os seus sonhos
Tales Macêdo...255

33. As três atitudes que transformarão sua vida para melhor
Wallace Sousa Circuncisão..263

1

A comunicação do líder de sucesso

Se você deseja aprimorar suas habilidades de lideranças e entender melhor como seus liderados funcionam, este capítulo é para você! Você terá maior compreensão de como motivar, dar senso de propósito, integrar e engajar suas equipes. A comunicação do líder de sucesso não é apoiada apenas em ferramentas de oratória, mas também no funcionamento do comportamento das equipes e profissionais

Adauto Bezerra

Adauto Bezerra

Graduado em Administração de Empresas, pós-graduando em Economia Comportamental (ESPM). *Coach, practitioner* em programação neurolinguística (Elsever Institute – Certificação Richard Bandler) e líder religioso. Possui experiência comercial de 14 anos, nos mercados bancário, de seguros e medicamentos. Facilitador de cursos de formação em comunicação verbal e palestrante especialista em comunicação e comportamento humano.

Contatos
www.adautobezerra.com.br
contato@adautobezerra.com.br
Facebook: adautobezerraoficial1
Youtube: Adauto A Bezerra
(11) 96906-0188

De repente você percebe um corre-corre na empresa, alguém foi pego de sobreaviso, a diretoria está à porta, os clientes o aguardam, mas o projeto a ser discutido não está disponível. O grupo está despreparado, todos ficam apavorados e eis que surge o líder. O que vai acontecer? Seremos todos demitidos? Os clientes vão embora? Perderemos este contrato?

Lá vem "chumbo grosso", pois sempre leva a culpa quem não faz! Raramente o locutor entende sua falha na comunicação, e prefere culpar as pessoas que deveriam executar as ações, sem nem mesmo perceber que talvez caiba a ele dar diretrizes mais claras para a execução de tarefas. Fora isso, cumpre ao líder gerar o engajamento necessário para qualquer ação, essa pode ser a diferença entre criar aliados e inimigos na empresa.

Em 2013, uma pesquisa feita pelo Hay Group, com a universidade de Harvard, avaliou que, entre os 95 mil líderes de 49 países, cerca de 50% criam climas desmotivadores, contra 19% que promovem locais de trabalho de alto desempenho. Já no Brasil, onde foram entrevistados mais de três mil gestores, 63% criam um clima desmotivador contra 12% que criam climas que motivam os colaboradores.

Então, como deve agir um líder para motivar e ajudar a sua equipe a ter um desempenho melhor? A teoria parece simples, mas a grande maioria encontra dificuldades na hora de colocar em prática as orientações. Com um pouco de esforço, grandes gestores podem se tornar líderes melhores e ver resultados em pouco tempo. Exercer a liderança é ter essa capacidade de, pela ação, levar a equipe a um resultado surpreendentemente melhor.

Este cenário é mais comum do que se imagina, em especial porque segundo muitos estudiosos, cerca de 70% das pessoas em cargos de gestão não sabem comunicar-se no mesmo padrão de entendimento de seus liderados. Se analisarmos esse fato, podemos compreender que a maioria dos conflitos que ocorrem nas empresas sequer existiriam se a informação fosse transmitida de forma adequada, isso quer dizer que a mensagem só tem o significado da resposta ou reação que ela gera, nada além disso.

Para ser mais objetivo, se você comunica algo, a relação entre a comunicação e o resultado que ela produziu trará a prova do grau de assertividade que você teve ao se comunicar. Quer dizer que se você pedir para alguém pegar algo, pegar e segurar algo, pegar segurar e depois soltar algo, faz toda diferença? Sim, faz! Não só para o entendimento claro, mas pela reação emocional que as palavras certas produzem. O estímulo adequado é o que gera resultado de fato! Vivemos um grande problema na comunicação, pois muitos líderes recebem seu papel pelo bom desempenho em funções diversas, mas nem sempre são preparados para o viés de comunicação com seus liderados. A preocupação da empresa está em gerar resultados, mas a linha entre liderança que inspira e a que desmotiva é frágil, portanto, se você trabalha com pessoas, desconsiderar este aspecto significa criar indivíduos que vão lutar direta ou indiretamente contra seu comando. Enquanto uns preocupam-se em gerar engajamento, outros produzem inimigos internos e isso é a pior coisa que poderia acontecer, evitar esse fato pode valer milhões.

Existe uma série de ferramentas importantes para auxiliar na comunicação:

1. Verbal: a comunicação verbal necessita de assertividade, não só nas palavras escolhidas, mas também no significado que cada uma delas pode trazer, evitando duplo sentido no entendimento de uma frase.

2. Escrita: a escrita formaliza e comunica, mas é fria e necessita de um esforço maior para transmitir sentimento, e mais esforço ainda para convencer pelos motivos certos.

3. Gestual: os gestos podem afirmar frases e são auxiliadores do entendimento, podem trazer *rapport* com seu público ou pode afastá-lo, caso não sejam congruentes com a sua comunicação.

4. Emocional: é uma ferramenta muito poderosa, afinal, nossa memória assimila todo registro por associação. Por isso, toda comunicação recheada de emoção fixa na mente das pessoas e atravessa o ambiente racional levando a informação até o inconsciente, gerando ações mais duradouras. As histórias e metáforas são excelentes para isso, você já deve

ter participado de um evento que o fez muito feliz, ou que, de alguma forma, foi importante para você e talvez ainda não entenda racionalmente o motivo. Se analisar friamente a ocasião, pode ser que não encontre um motivo racional forte o bastante, mas o fato de ter sido tocado emocionalmente é mais do que suficiente para ter registrado na memória. Segundo a neurociência, todos nós estamos em busca de prazer e fugindo do que nos traz dor. Os acontecimentos mais marcantes que carregamos certamente estão relacionados ao excesso de alegria ou tristeza.

5. Olfato: é importante para alguns momentos, como numa loja, ou evento. Ajuda a fixar memórias e serve de gatilhos, por exemplo, aquele cheirinho de café fresco que gera uma vontade instantânea na gente. Se considerarmos os rastros químico olfativos de um ambiente, podemos entender o motivo de chegarmos em um lugar e perceber sensitivamente que algo aconteceu, mesmo que aparentemente esteja tudo bem, o *stress* libera mediadores químicos e é por meio deles que os animais percebem o nosso medo.

Como podemos engajar as pessoas sobre os objetivos que nos interessam?

Além de utilizar as ferramentas que foram listadas, precisamos considerar o cliente da comunicação, nível cultural, crenças e paradigmas, evitando usar palavras que transmitam distanciamento. É ainda mais importante entender que não se trata do que eu quero, e sim do que o meu liderado quer. Se eu não souber quais são os anseios e os motivadores que o faz agir, não é possível ter sucesso!

Certo dia tive uma discussão com alguém que disse que as pessoas só trabalham pelos próprios motivos, ou seja, quis dizer que é impossível motivar os outros. Eu discordo profundamente dessa afirmação, pois a história nos mostra diversas vezes pessoas trabalhando por outras, inclusive doando a própria vida por uma causa. Portanto, afirmo categoricamente que é possível motivar as pessoas a realizarem o que precisam, contudo, para isso, você precisa representar mais do que um comando.

A ideia da racionalidade limitada entra exatamente aqui, considerando que na maior parte do tempo as pessoas estão ligadas no automático. O que você precisa é trazer o sentimento de satisfação que elas buscam. Entender o processo de motivação individual ou do grupo, pode levá-lo a alcançar resultados incríveis. Com essa mesma lógica guerras iniciaram, outras acabaram, mártires morreram, sindicatos se promoveram, religiões se mantiveram firmes e empresas cresceram!

Entendendo a motivação.

- É importante conhecer seus liderados, eu tive um líder que não me esqueço jamais, ele cumprimentava 700 pessoas, e fazia questão de sorrir. Esse simples gesto trazia uma satisfação enorme em ser notado, era possível perceber o clima agradável da presença dele no ambiente, o acesso direto e a aproximação motivavam a todos. Incrível ele ter se tornado tão importante para mim, mais incrível foi ele desenvolver esse senso de aproximação trabalhando em um banco.
- As pessoas são cheias de melindres, crenças e sabotadores que trabalham dia e noite em favor da procrastinação, desmotivação e inércia. Se você quiser se diferenciar e aumentar suas chances de sucesso com sua equipe, precisa entender o que mais atrapalha os indivíduos de seu time e buscar alternativas que tirem os profissionais de seus campos minados emocionais. Segundo Richard Thaler (ganhador do prêmio Nobel de economia comportamental de 2017), nossas decisões são racionalmente limitadas, portanto para convencer que as pessoas trabalham por alguém que se importa com elas e não por um "chefe autoritário que só sabe dar ordens", é importante atraí-las pelo sentimento de satisfação das necessidades individuais. Obviamente, isso não pode ser traduzido em bens materiais como o dinheiro. Muitas vezes, as diversas carências psicológicas e emocionais estão em primeiro lugar.
- Trazer senso de propósito, quer dizer que por mais que você trabalhe em uma empresa com 100 mil funcionários, você tem um papel importante e faz parte de algo grandioso. Se fizer seu liderado perceber que ele é fundamental para algo grandioso, o senso de propósito fará com que ele se empenhe ainda mais.
- Interação, manter as portas abertas, ouvir e dar oportunidade ao diálogo pode ser muito útil, evitar conflitos e conquistar aliados que afastarão aqueles famosos "formadores de opinião negativa". A integração permite as pessoas conhecerem o seu papel e o processo como um todo, o que pode gerar senso de responsabilidade. Um funcionário que percebe que sua atividade impacta na de outro, passa a pensar duas vezes

sobre o que irá ou não fazer. Dar aos subordinados ciência de quais são os objetivos é crucial, fortalece o senso de propósito e ajuda o liderado sob o prisma da perspectiva de futuro.

As principais perguntas para definir um objetivo na comunicação do líder:

1. Qual impacto emocional você deseja causar?
2. Quais são os principais participantes?
3. Quais ferramentas serão utilizadas?
4. Qual será a duração da ação que você precisa promover?
5. Qual a periodicidade na manutenção da ação?

Essas perguntas podem trazer clareza na formação do objetivo e auxiliar no planejamento da ação. O impacto emocional é guia na estratégia, ou seja, com base na emoção que quer gerar e nos participantes, você define as ferramentas.

Características de quem inspira:

Várias fontes falam sobre estilos de liderança, mas por que não analisarmos o comportamento de quem de fato tem liderança perpétua? As lideranças que aglomeram multidões e duram milênios têm muito a ensinar às organizações. Afinal, foram especialistas na arte do engajamento, deixaram de ser personagens para se tornar ideias que passam de um para outro, de geração a geração.

As religiões trabalham as carências emocionais das pessoas, promovem senso de propósito, integram e tudo isso no menor custo possível. Aliás, muitas vezes, as ações direcionadas geram receitas de dar inveja. Com a comunicação certa, as pessoas não só vão adorar trabalhar com você, como também você terá o menor custo de investimento!

As características que todo líder precisa conquistar.

- Autoridade por mérito: não é tomada ou herdada, é merecida, entenda autoridade como a fonte de toda admiração e comando;
- Liderança servidora: não administre apenas recursos, se for possível, participe da solução;

- Tem direção e o caminho: se souber para onde está indo, eles seguirão você;
- Desenvolver pessoas: o líder não só está habilitado a extrair o máximo de alguém, mas a elevar seu time a outro patamar;
- Recebe *feedback*: quando se chega ao ápice, o maior erro que você pode cometer é não ouvir as pessoas, se isso acontecer, estará fadado ao fracasso;
- Porta-voz: as pessoas esperam trabalhar por alguém que lhes represente;
- Filtra informação: você não precisa despejar o peso que recebe, as pessoas o veem como um herói, portanto suporte a carga;
- Adaptação: quem não faz gestão de crises, ou não está pronto para pensar fora da caixa, ou prejudica seu time e perde a liderança;
- Idealismo: o liderado não segue uma pessoa, segue um ideal.

De acordo com um artigo publicado pelo jornal O Estado de S. Paulo, no dia 27 Julho de 2015, a melhor maneira de combater o inimigo interno é tratar seus empregados com respeito, porém, muitos trabalhadores sentem que nada importa menos. Segundo uma pesquisa recente da firma de consultoria Accenture, 31% dos empregados não gostavam de seu chefe, 32% estavam ativamente procurando outro emprego, e 43% sentiam que não haviam recebido nenhum reconhecimento por seu trabalho. O maior problema nisso é que você pode acabar transformando suas ovelhas em lobos e seus maiores patrimônios em seus maiores problemas.

Se você observar o que os maiores líderes da história têm em comum, certamente encontrará estas características. A habilidade de traduzir as necessidades e de mostrar compaixão por elas faz de você um herói, mesmo que não tenha nenhuma solução. Por este tipo de técnica, líderes políticos arrebanham pessoas para si, perceba que não se trata de certo e errado e sim de alinhamento de expectativas. O líder é como uma promessa de salvação a um povo carente de acolhimento, isso vale muito mais do que dinheiro. Toque o coração das pessoas e não será mais necessário tocar o bolso, ao menos trará distância entre a necessidade de aumento de gratificações.

Referências

ÁVILA, Flávia e BIANCHI, Ana Maria. Livro *Guia de economia comportamental*.

DALE, Carnegie. *Como fazer amigos & influenciar pessoas.* 52. ed. Editora Companhia Editora Nacional, 2012.

ESTADÃO. *O inimigo interno*. Disponível em: <https://economia.estadao.com.br/noticias/geral,o-inimigo-interno-,1732411>

INSTITUTO BRASILEIRO DE *COACHING*. *Pesquisa sobre Coaching e liderança*. Disponível em: <http://www.rh.com.br/Portal/arquivos/IBCCoaching/Pesquisa_IBC_Coaching_Lideranca.pdf>.

KORN FERRY. *Maioria dos líderes desmotiva seus funcionários, revela pesquisa*. Disponível em: <https://www.haygroup.com/br/press/details.aspx?id=37494>

THALER, Richard e SUSTEIN, CASS S. *Nudge: o empurrão para a escolha certa*. 1. ed. Editora Campus/Elsevier, 2008.

2

Potencializando resultados com a gestão empresarial

Neste capítulo, você terá compreensão para desenvolver habilidades que podem melhorar a sua vida pessoal e profissional. A gestão empresarial proporcionará mudanças em todos os comportamentos, moldando seu futuro por meio de estratégias. Todo gestor busca resultados e procura sua melhor performance, para que sua mente esteja em comum acordo com os seus propósitos prestabelecidos

Ademir de Souza

Ademir de Souza

Empresário e consultor especialista em gestão e finanças. *Executive e líder coach*, mentor de negócios, palestrante, analista comportamental. Bacharel em Administração, pós-graduado em Contabilidade e Finanças, MBA em Gestão Empresarial. Cursa especialização em Finanças, Investimentos e *Banking*. Atua no mercado há mais de 18 anos com experiência em gestão empresarial e planejamento financeiro. Sua empresa a AS Consultoria e Coaching Ltda. trabalha na busca de melhorias, soluções e resultados por meio de assessorias, consultorias, treinamentos e palestras para o desenvolvimento de pequenas e médias empresas.

Contatos
www.gestaoespecializada.com.br
contato@gestaoespecializada.com.br
(47) 3384-1087
(47) 98883-7777

Pensar, sentir e agir são fatores determinantes do empreendedorismo. A sua forma de pensar está ligada aos processos mentais que são desenvolvidos por meio das suas limitações, formadas desde a infância pela família, escola e sociedade. Para alcançar os objetivos na sua vida pessoal e profissional, você deve estar com a mente limpa e focar naquilo que é variável.

Os valores e crenças determinam a forma como deve-se seguir sempre firme e verdadeiro naquilo que se torna capaz de realizar. Sabemos que o sentimento determina as sensações que você coloca diante das suas situações. Os sentimentos de dor, fraqueza, raiva e tristeza estão ligados ao negativismo e, por conseguinte, os de felicidade, confiança, segurança e emoção estão ligados ao positivismo.

A maneira de agir determina como colocar em prática o seu plano de ação. Partindo do exemplo em que você está trabalhando em um time de colaboradores, dê a todos uma voz. Ao desenvolver o plano, faça com que os membros do time selecionem os objetivos para que se sintam responsáveis por toda a obra a ser desenvolvida e concretizada. Não tente fazer tudo sozinho, incentive a equipe na participação do trabalho de modo que todos se sintam parte do projeto e auxiliadores nas tarefas realizadas. Assim, os métodos eficazes que diagnosticam o autocontrole, liderança, efetividade e ética na sua vida profissional são denominados processos de *coaching* e consultoria.

O diferencial dos processos do *coaching* e consultoria

O *coaching* trabalha o processo de desenvolvimento das pessoas por meio do comportamento humano. É uma metodologia bem estruturada, que funciona por questionamentos, estimulando a pessoa a pensar de forma autônoma, gerando crescimento, desenvolvimento e alcance de resultados.

A consultoria baseia-se na prestação de serviços, diagnósticos e formulação de soluções que as empresas podem obter por meio da experiência e qualificação profissional oferecida ao mercado. Os problemas e dificuldades enfrentadas pelas empresas são inúmeros, por isso é necessária uma avaliação criteriosa de seu cenário atual, de modo que sejam detectados e analisados em cada particularidade.

Em relação ao *coaching*, as experiências adquiridas neste processo vão se ajustando e se transformando para levar você somente a duas únicas vertentes: o sucesso ou o fracasso. No entanto, isso só depende de você, não pense como um desafio e comece a investir no seu potencial, você sabe que é capaz.

Agora é o momento de exercitar o autoquestionamento: do que adianta ter um planejamento e foco definido, se você não tem força de vontade e determinação? Seja criativo e tome atitudes. O profissional precisa estar engajado cada vez mais em buscar novos conhecimentos, partindo da sua competência em saber agir. Para alcançar suas metas, é necessário adquirir novas competências e para ter uma boa liderança, é necessário buscar transformar as suas fraquezas em virtudes.

No segmento de consultoria empresarial, outro fator determinante em uma organização é a definição de análise SWOT (*strengths*: pontos fortes, *weaknesses*: pontos fracos, *opportunities*: oportunidades e *threats*: ameaças), que aborda os fatores internos e externos da empresa.

A análise do ambiente interno pode ser controlada pela direção da empresa, uma vez que é resultado das estratégias de atuação que foram definidas pelos próprios membros da organização. Dessa forma, quando for observado um ponto forte durante a análise, ele deve ser elevado ao máximo; e quando for percebido um ponto fraco, o empresário deve agir para controlá-lo e minimizar seu efeito.

Os pontos fortes são os diferenciais, aqueles que beneficiam o seu negócio. Como por exemplo: gestão eficiente, ótimo atendimento e equipe integrada.

Os pontos fracos são os que prejudicam os negócios de alguma forma e precisam ser aprimorados. Como por exemplo: baixa qualidade dos produtos, desunião da equipe e atrasos nas entregas.

A análise do ambiente externo está totalmente fora do controle da empresa, mas apesar de não poder controlá-la, a empresa precisa conhecer e monitorar com frequência para aproveitar as oportunidades e evitar as ameaças.

- As ameaças são situações que podem prejudicar os seus negócios e que não são alteradas pela gestão da empresa, como a alta do dólar e um produto novo do concorrente.
- As oportunidades são acontecimentos externos à vontade dos gestores, mas que beneficiam os negócios como uma nova lei fiscal, a copa do mundo e as olimpíadas.

Nas organizações, onde são desenvolvidos os sistemas de planejamento em busca de obtenção dos objetivos, é indispensável dividir e encaminhar tarefas entre os membros, valorizando a sua forma de trabalho. Assim, as empresas passam a ser bem estruturadas, formalizadas e centralizadas.

Com o progresso da tecnologia, as mudanças de natureza econômica, política e social levaram os empresários e líderes a se preocuparem gradativamente em aprimorar a gestão empresarial. Por outro lado, volto ao ponto do autoquestionamento: qual o grande sonho daqueles que trabalham na empresa? Qual é o motivo e por que estão ali fazendo o que fazem?

Como palestrante, posso afirmar que a maioria dos empregados trabalha para conseguir pagar suas despesas no final de cada mês ou comprar seu carro, para não depender mais de transporte coletivo.

Na vida profissional, o sonho também pode se tornar grande, considerando a ocupação de um cargo mais elevado e o destaque dos demais colaboradores da empresa. Assim, posso dizer que sucessivamente virá o reconhecimento, a recompensa e a gratificação.

O planejamento estratégico desenvolvido em pequenas e médias empresas, na maioria das vezes, possui uma estrutura simples e dinâmica. Suas atividades giram em torno de um único proprietário, que consegue administrar muito bem o seu dinheiro. O planejamento bem focado e controlado coloca a sua empresa em um nicho de mercado, cuja principal característica organizacional é o controle.

A maioria das empresas define que problema é tudo aquilo que precisa ser solucionado. Por essa razão, é fundamental encarar o problema de frente e pensar que isso pode mudar. No entanto, faço-lhe a seguinte pergunta: quem se interessa e quem exige bons resultados?

Mediante isso, é natural trabalhar a partir de uma questão clara e pertinente, onde se pode encontrar uma solução para um dado problema e estabelecer respostas concretas, operacionais e realizáveis. A eficácia desse percurso depende da criatividade de cada um. Seja em um contexto de busca do caminho pessoal, ou de elaboração em grupo, a decisão de propor um método criativo demanda muita energia.

Negociando suas estratégias

Agora ficou mais compreensível entender os motivos pelos quais algumas empresas podem usar uma estratégia. Para mudar a direção da sua organização, você pode desenvolver métodos que ganhem mais impulso. Torne-se hábil, seja qualificado para vendê-la sem precisar fazer muitos investimentos e, quando chegar o momento, irá proporcionar muita ação. Uma maneira produtiva e conveniente é usar ferramentas e técnicas para melhor elaboração dessa estratégia.

A maior influência existe na maneira que você consegue ser notado, se está na base, no meio ou no topo da organização. Isso resulta na sua credibilidade. Talvez você esteja tão pessoalmente envolvido e convencido de suas ideias, que será capaz de decidir e colocá-las em prática imediatamente. Reagir a oportunidades é sempre muito importante, por isso, reserve um tempo para analisar sua situação. No futuro, suas habilidades vão ajudá-lo a conquistar o interesse de pessoas, dentro e fora da organização. O pensamento do estrategista é ter a capacidade de perceber o que está acontecendo ao seu redor e o desafio maior é ser proativo no mundo dos negócios. Você vai perceber sinais do seu sucesso e alcançar uma maneira de reconhecer novas oportunidades. Sua técnica é desafiada e os tempos de resposta são melhorados de maneira ativa.

A felicidade nos contagia ao ver o crescimento pessoal e profissional das pessoas e empresas, pois reflete em nosso trabalho, que consequentemente se torna mais prazeroso e gratificante. É preciso encarar novos desafios, trabalhar o nosso *mindset* para se organizarem as novas mudanças necessárias.

Para sua empresa progredir é necessário que o gestor se conheça, saiba qual a sua real função dentro da organização, suas atitudes e sua visão como empreendedor. Outro fator importante é despertar em cada colaborador o instinto intraempreendedor, atuando como dono do negócio.

Todo processo de mudança gera um certo desconforto de início, logo, sem essas atitudes poderemos ficar inertes, mas se encararmos os problemas de frente, dificilmente voltaremos iguais.

Empresários de sucesso não desistem, são persistentes e buscam ajuda para criar visões de futuro.

Referências
MOCSÁNYI, Dino, SITA, Mauricio. *Consultoria empresarial: os melhores consultores do Brasil apresentam casos práticos e seus benefícios após trabalhos profissionais notáveis.* Editora Literare Books, 2013.
PERCIA, André; SITA, Maurício. *Manual de coaching.* Editora Literare Books, 2016.
MCKEOWN, Max. *Estratégia do planejamento à execução.* Editora HSM Educação Executiva, 2013.
PY, Alberto Luiz. *Saber desenvolver a criatividade na vida e no trabalho.* Editora Larousse do Brasil, 2007.

3

Tornei-me coach, e agora?

Neste capítulo, os *coaches* encontrarão respostas para compreender, o que fazer após o término de uma primeira formação. Além de entender que somente uma primeira "aproximação" ao *coaching* não é suficiente para sermos profissionais de excelência, assumindo um papel de ética e responsabilidade

Alicia Veloso

Alicia Veloso

Graduada em Pedagogia no Uruguai, com especialização na área de saúde, pela faculdade argentina Villa Maria. *Expert* em gestão de RH e *practitioner* em PNL. Além disso, possui várias outras formações na Escola Nacional de Administração Pública do Uruguai, como gestão de projetos, administração empresarial, liderança e comunicação. No Brasil, Alicia é *life & executive coach* pela Line Coaching, líder *coach*, *coach* palestrante pela Abracoaches, *line coaching* e analista comportamental pela Line Coaching e SOLIDES. Atualmente, é gerente da área de análise comportamental da empresa Line Coaching, assim como supervisora da prática da formação de *life coaching* da mesma organização. Atua também como palestrante das áreas: desenvolvimento humano, liderança e análise comportamental.

Contatos
www.velosocoaching.com.br
contato@velosocoaching.com.br
Instagram: www.instagram.com/coach_alicia_veloso
Facebook: www.facebook.com/velosocoaching
Youtube: Alicia María Veloso
(55) 98452-2957

> Não há formação para ser escritor. Passe por onde passe, o escritor é sempre um autodidata. Quando se senta pela primeira vez e escreve as primeiras palavras, não lhe serve de muito ter andado pela universidade, ou na outra, que chamamos universidade da vida. Serve, mas não é por isso que escreve (...) o que acontece é que talvez nos achemos demasiado importantes, demasiado interessantes.
>
> (SARAMAGO, José)

Com certeza, se você está lendo este texto é porque se tornou *coach*, se encontra em plena formação ou está dando seu primeiros passos nesta nova profissão (pode, ainda, estar realizando uma transição de carreira). Um dos aspectos mais controvertidos dessa área de atuação é que deve ser diferenciada de muitas outras, que compartilham elementos do estudo do homem e seu comportamento: psicologia, neurociência, neurossemântica, PNL etc. Mais difícil ainda é saber que, em nossos países (falo pelo Brasil e Uruguai), não existe uma legislação que regularize e posicione os requisitos mínimos para início, imersão, graduação, atuação, pós e todos os demais degraus da escala evolutiva do *coaching*.

Pode até parecer controvérsia, mas vejamos: no mundo do *coaching* estão ocorrendo determinados fatos que contradizem a própria essência dessa metodologia, que é levar um indivíduo de uma situação atual a outra desejada. Além disso, é necessário um mapa de rota, para utilizar ferramentas e técnicas que potenciem a velocidade de obtenção de resultados. Quais são esses fatores?

a) existe uma propagação indiscriminada da formação de *coaches*, dando a entender ou até mal interpretar que o *coaching* é a solução para todos os males de humanidade. E isso não é assim. Se fosse, por meio de uma analogia poderíamos dizer que um clínico geral pode atender todas as patologias orgânicas, sem precisar de nenhuma especialização. Algumas pessoas, mesmo depois de escutarem o que é o *coaching education*

(FASER: foco, ação, supervisão, evolução contínua e resultados), e terem informações de como funciona o processo, decidem que não é isso o que estão procurando. Por quê? Por que o *coaching* faz a mediação para que a pessoa, física ou jurídica, descubra ou encontre as respostas que já se encontram com ela (as perguntas são as respostas e as respostas, as novas perguntas, em um processo cíclico sem fim). Isso leva necessariamente ao autoconhecimento pessoal, que pode trazer à tona crenças, experiências, vivências e memórias que a pessoa não está preparada ou simplesmente não deseja voltar a vivenciar. Em suma: não espera uma mudança de *mindset*, mas, sim, uma solução efetiva e pontual, para um problema específico. Nesse caso, o cliente precisa de uma consultoria. Muitos *coaches* saem formados e acreditam piamente que frente a toda e qualquer situação o *coaching* vai resolver todos os problemas e que o cliente deve ser convencido disso. Certo? Bem, não há nem certos nem errados, mas caminhos mais assertivos e éticos. Por exemplo, oferecer uma única saída à pessoa, mesmo com a sua contrariedade, é saber que estamos nos encaminhando e levando nosso *coachee* ao fracasso. E o pior cenário: a pessoa se convencer de que o *coaching*, realmente, não era o que precisava e que, ainda, não resolve problemas como certos "gurus" anunciam.

b) Não existem pré-requisitos para realizar uma formação em *coaching* (*life*, *business* e outras, decorrentes dessas principais). A pergunta que paira no ar é: para qualquer outra profissão não é exigido, ao menos, ter uma formação finalizada de ensino médio? Queremos ser legislados e regulamentados, mas não estamos dispostos a compreender que ninguém pode ajudar outro ser humano que carece de condições mínimas de competências vivenciais (não me refiro aqui à capacitação ou formação acadêmica, mas, sim, ao que desenvolvemos formal e informalmente, no convívio com os diferentes agentes sociais, tantos primários como secundários). Pessoas que tiveram que se adaptar a diferentes cenários profissionais, de vivência e formação, desenvolvem maior quantidade de competências, que logo são as que fazem a diferença, no momento de gerar conexão (*rapport*) espontânea com seu *coachee*. A arte de se comunicar, interagir, intuir, se conectar, é algo que vem com a experiência de vida, associada à formação. Quando isso se torna parte do nosso DNA, ver o "outro", com olhos de *expert*, se torna rotina, e não racionalizamos mais os processos de conexão e de perguntas e respostas. Simplesmente vivenciamos um estado de *flow*, entrando em estado focado de atenção no momento, diminuindo, para isso, nosso diálogo interno.

c) Muitos outros *coaches* consideram que permanecer com um "certificado" que ateste igual a um "atestado médico" em determinada situação, já é suficiente para ingressar no mercado. Com a única finalidade de obter resultados financeiros, cabem as perguntas: onde ficou nossa missão de vida? Nossas visões de futuro? Nossos valores? Os resultados financeiros tornam-se consequência da lavoura que fazemos durante um tempo prudencial, correndo junto com todos as turbulências climáticas, igual a um agricultor. Plantar uma semente não é somente atirá-la ao solo, mas saber se ela é fértil (é fértil a mente do nosso *coachee* para fazer ressignificações? É o momento mais propício para isso? É o momento em soma para fazer *coaching*?). Logo, devemos escolher a melhor semente: saber que cada pessoa, em seu "solo", precisará de um tipo de semente e de cuidado. Aqui entram em jogo quais ferramentas e técnicas me levarão mais depressa e com melhor qualidade até os resultados esperados. Se há uma verdade indiscutível é que ser *coach* é ser um pouco artista, psicólogo, pedagogo, gestor, líder, um ser humano completo, com toda a sua luz e sombra. Cada vez que eu pergunto algo para o *coachee*, com o objetivo de chegar até o valor central de uma determinada situação, de fato eu estou fazendo um *autocoaching* simultâneo. E muitas são as vezes em que não teremos as respostas, mas podemos ter a humildade de aceitar esse fato, e ressignificarmos se nossa prática, mesmo que com muitas "horas de voo", tenha sido numa única trajetória. Para obter respostas diferentes, teremos que gerar mais "horas de voo" para outros destinos. Isso é: expertise.

d) Eu, particularmente, cheguei à conclusão que, mesmo falando de vários "nichos" de atuação, de conhecer "nossa persona" – aspectos mais da área de *marketing*-, temos que compreender que, de alguma forma, desde o início dos tempos, existiu o *coaching*. Sócrates foi *coach*, Jesus foi *coach*, Madre Teresa foi *coach*, Mandela foi *coach*, e, assim, poderíamos falar de inúmeras personalidades que nos mostraram modelos, padrões de comportamentos assertivos a seguir. Que não impuseram sua forma de pensar, mas que atuaram de forma de contagiar os outros com suas atitudes nobres, idealistas, altruístas, encontrando no próximo as respostas e as dúvidas internas que cada um procurava. Falar? Falamos muito! Jesus reunia seus discípulos para ensinar, contar parábolas, escutar. Ah...escutar. A arte ainda não dominada por uma humanidade que preza mais em ter a razão ou a palavra final numa disputa, do que opta pela paz e equilíbrio. Nesse sentido, o diálogo interno do planeta é ainda muito tumultuado. Por isso, mesmo com todas as metodologias de análise do comportamento humano e suas possibilidades, políticos continuam cedendo ao poder, homens à ganância e a humanidade à hipocrisia (como forma de esconder nossa sombra).

Mas se foi uma longa trajetória de algo já conhecido, e que ressurge com outros nomes, não seria o momento para você, que se tornou *coach*, observar e vivenciar a cada dia que, muitas vezes, as ferramentas não são suficientes? Que as estratégias não respondem às necessidades? Que já estamos na hora de voltar o olhar para um *coaching* do tipo ecológico? Ou *coaching* holístico?

Você pode até pensar que não existe este tipo de *coaching*. De fato, eu chamo de ecológico tudo aquilo que contempla o entorno no qual se desenvolve uma tarefa, missão ou atividade. Sendo assim, nem sempre conseguiremos somente com a metodologia pura do *coaching* resolver ou reprogramar as crenças limitantes de nossos *coachees*. Qual é a solução? Bem, além de sabermos que em qualquer outra profissão deve existir o que chamamos de formação contínua, podemos olhar "fora da caixa" e ver outras metodologias que auxiliam e vão ao encontro dos pressupostos do *coaching*: a) obtenção de resultados, b) criação de pontes para o futuro, c) encontrar nas perguntas as respostas, (ser um canal para que o *coachee* se encontre a si mesmo).

Estou falando pontualmente: se você deseja ser um "melhor" *coach*, pesquise outras áreas: neurociência, neurossemântica, PNL, hipnose, psicologia positiva, inteligência emocional, constelações, análise comportamental, eneagrama, e poderíamos continuar até com terapias alternativas como *mindfullness*, yoga, meditação etc.

Você pode dizer que tem uma caixa de ferramentas sumamente ampla. Claro que tem e também sua bagagem pessoal que deve ser tida em conta. Geralmente, a vida nos coloca frente a situações que se assemelham a outras que nós mesmos vivenciamos. Será a nossa experiência a que gera melhor empatia e compreensão com o *coachee*?

Particularmente, acredito que reconhecer nosso lado emocional e as possibilidades que isso leva (criatividade, adaptação, resiliência, conexão, empatia etc.), supera amplamente os 3% de resultados que podemos alcançar com nosso lado racional. O nosso emocional deve se conectar com o do nosso cliente, porque ele trará à superfície o inconsciente que domina as situações. Antes mesmo que tomemos uma decisão, nosso inconsciente já sabe qual é o caminho a seguir e isso pode ser constatado nas microexpressões faciais de uma pessoa.

A PNL (Programação Neurolinguística) favorece especialmente a reprogramação de crenças (4° degrau da escala evolutiva de Dilts). Como falamos, as pessoas acostumam ter *inprints* muito fortes de experiências que marcaram sua história de vida. Cabe a nós chegar até o centro da dor, voltar a fazer um *print* e um *re-inprint.* Todos reagimos de acordo a carga emocional depositada num momento dado, frente a um estímulo externo. Isso ao longo do tempo se torna um sentimento. E como bons humanos que somos, ainda temos nosso lado instintivo, que não podemos refrear. Somente controlar o que acontece *a posteriori*.

Sendo assim e sabendo que tudo o que nos acontece na vida, 90% não estão em nosso controle, não podemos esperar: a) nem que as pessoas mudem, b) nem que os demais cumpram com nossas expectativas, c) nem que está em nossa competência ou talento, fazer diferente. Simplesmente, podemos aceitar e decidir o que faremos com isso: a) converter em aprendizado ou b) deixar um *inprint* negativo e tóxico que corroa nosso *mindset*.

Por isso, nós *coaches*, temos joias raras em nossas mãos: as vivências e problemas dos nossos próximos. Saber encontrar vias alternativas que possam gerar resultados (que, em última instância, é o que se procura com o *coaching*), é uma excelente opção. Não fiquemos, pois, na nossa zona de conforto, acreditando que somos o máximo porque já nos formamos. Pensemos que temos, neste momento, a ciência e a espiritualidade caminhando de mãos juntas em favor de uma humanidade cada vez mais necessitada de paz interior e conforto, frente a um mundo que somente revela (na maioria dos casos): o urgente e genérico. O mesmo não funciona para todos, nem com a mesma velocidade.

O que devemos é voltar a recriar nosso espírito curioso da infância, pesquisar, aprender, reinventar. Quanto maior a quantidade de ferramentas em nossa caixa neural, maior a flexibilidade de adaptação. Para isso, até a análise comportamental traz informações reveladoras. A forma como nos comunicamos com os outros será otimizada ou prejudicada se não levarmos em conta o perfil comportamental do emissor e do receptor. Faz sentido para você?

Coaching sistêmico/ecológico/holístico

Deixo para você algumas perguntas de reflexão:
1. Defina neste gráfico, em dez minutos, os acontecimentos que fizeram os maiores *inprints* da sua vida. Não racionalize. Sinta. E logo analise ou confronte os mesmos com as reações que você costuma ter em diferentes setores de sua vida, tanto pessoal como profissional.
2. Procedimento: a) o ponto 0 corresponde a sua data de nascimento, b) a barra horizontal, à escala cronológica, c) a barra vertical, à intensidade da emoção do *inprint*. Faça a correlação entre ano (ocorrência do fato que marcou sua vida) e a intensidade da emoção. Na convergência de ambos, obterá um ponto. Logo, una todos os pontos com o objetivo de construir um gráfico. Como se vê a sua vida?
3. Desejo que isso tenha acrescentado um olhar diferente ao seu dia de hoje.

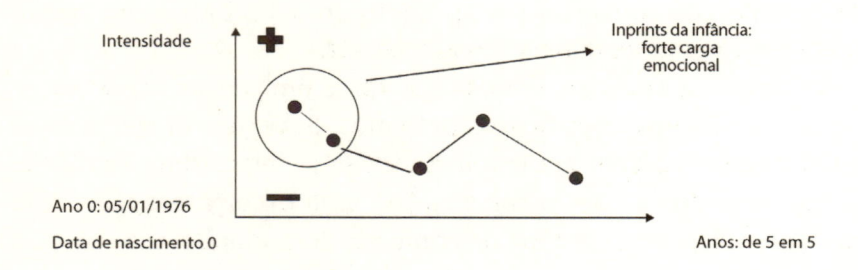

Referências
DILTS, Robert. *Modeling with NLP*. Google Print Library Project, 2017.
MARQUES, Roberto. *Coaching Ericksoniano*. Editora IBC, 2016.
MARQUES, Roberto. *Superinteligência*. Editora IBC, 2016.
SOLIDES, Empresa. *Formação analista comportamental*. Solides, 2018.

4

A linguagem não verbal dos palestrantes de alta performance

Você tem provocado a reação esperada nas suas palestras? As pessoas ficam sonolentas em suas apresentações? Se você deseja transformar uma palestra "legalzinha" em uma que deixa a plateia de queixo caído, este capítulo foi feito para você

Anderson Rocha

Anderson Rocha

É formado em administração de empresas e especialista em gestão de pessoas, comunicação e desenvolvimento de líderes. Estuda o desenvolvimento e comportamento humano, além de pesquisar, há quase duas décadas, as características dos grandes oradores e o segredo de se tornar um bom comunicador. Possui diversos artigos publicados em sites, revistas e jornais, no Brasil e exterior. É colunista e colaborador de sites, jornais, revistas e emissoras de TVs, nas áreas de gestão de pessoas, liderança, comunicação, administração, vendas, motivação, entre outros temas. Especialista em oratória e desenvolvimento de líderes, escritor e professor de cursos de graduação e pós-graduação. Palestrante nas áreas de liderança, oratória, vendas, atendimento e motivação educacional. Já ministrou treinamentos e palestras para centenas de empresas e mais de 85 mil pessoas.

Contatos
www.andersonrocha.com.br
professorandersonrocha@yahoo.com.br
Facebook: palestranteandersonrocha
LinkedIn: professorandersonrocha
Instagram: andersonrocha.oinspirador

Como você é ou gostaria de ser percebido durante as suas palestras, reuniões e uma infinidade de outras atividades que exigem boa comunicação? Embora a resposta dessa pergunta possa variar, sabe-se que a nossa aparência física, movimentos, gestos, postura, olhar, intensidade de voz e dicção, são alguns dos elementos responsáveis pela formação de nossa imagem. Essa modalidade de expressão linguística é chamada de "comunicação não verbal".

Tenho pesquisado há quase duas décadas, com profundidade, as características dos grandes comunicadores e vou compartilhar com você alguns desses segredos. Infelizmente, conheço muitos palestrantes que acreditam que só o conhecimento profundo sobre um determinado assunto é o bastante para encantar uma plateia e obter êxito. Sem dúvida alguma, o conhecimento é a base para o sucesso de qualquer apresentação em público, mas não é só ele que garante um ótimo resultado. É fundamental que o palestrante transmita todo o seu potencial de maneira clara, objetiva, interessante, organizada e, principalmente, com muito entusiasmo.

Observo, treino e analiso a performance de diversos palestrantes, principalmente os aspectos relacionados à linguagem não verbal. Boa parte deles não tem a mínima consciência do impacto desses aspectos nos resultados de suas palestras. Felizmente, são problemas fáceis de serem identificados e solucionados.

Albert Mehrabian, professor da UCLA (Universidade da Califórnia) e pioneiro da pesquisa relacionada à linguagem corporal na década de 1950, apurou que em toda comunicação interpessoal, cerca de 7% da mensagem é verbal (influência que exercermos está nas palavras que proferimos), 38% vocal (incluindo tom de voz, velocidade, volume, inflexões e entonações) e 55% equivalem à expressão facial e corporal, ou seja, 93% do processo de comunicação estão diretamente relacionados à linguagem não verbal. Isso nos faz refletir sobre o impacto deste aspecto e em como as pessoas estão interpretando a nossa mensagem.

Já a professora Ruth Campbell, da UCL (University College London), descobriu um "neurônio espelho" no cérebro, que ativa a área responsável pelo reconhecimento de rostos e expressões, provocando imediatamente uma reação de espelhamento. Em outras palavras, quer temos consciência disso ou não, imitamos automaticamente algumas expressões que percebemos.

Segundo outras pesquisas, até 90% da primeira impressão das pessoas é formada nos quatro primeiros minutos. Essa avaliação baseia-se, sobretudo, em aspectos não verbais, ou seja, toda vez que você fala para uma pessoa ou um grupo, está sendo construída uma imagem ligada principalmente a sua linguagem não verbal.

Além das palavras, existe um mundo infinito de nuances e prismas diferentes, que geram energias ou estímulos que são percebidos e recebidos pelo outro, por meio dos quais a comunicação se processa. Um olhar, um tom de voz diferente ou um levantar de sobrancelhas, pode comunicar muito mais do que uma mensagem manifestada por palavras.

O fascinante em relação à linguagem não verbal é que raramente temos consciência de nossa entonação de voz, postura, olhar e movimentos. Muitas vezes, esses gestos podem contar uma história, enquanto as palavras estão contando outra.

Quando não houver concordância entre suas emoções e o que está sendo dito, com certeza, o seu ouvinte acreditará em suas ações.

Portanto, devemos aprender a prestar mais atenção aos nossos sinais não verbais, além de observar e interpretar corretamente os dos outros. Isso proporciona mais atenção e controle sobre as situações.

Seja natural

Nas minhas pesquisas, também observo que um dos principais fatores que colaboram para o insucesso de algumas palestras é a falta de naturalidade do palestrante ao se comunicar. Muitos deles tentam imitar grandes oradores, com a intenção de encantar uma plateia.

Esse é um dos grandes equívocos. É importante saber que todos podem ser bons comunicadores, mas, para isso, é necessário que haja respeito com o seu perfil e estilo, que é único e intransferível.

É fundamental que o palestrante se conheça bem e saiba quais são suas principais características. Se você é uma pessoa mais discreta ou tímida, não adianta querer contar piadinhas, pois com certeza não obterá êxito. Não existe técnica mais relevante em comunicação do que a naturalidade.

Conquiste a plateia com a utilização adequada da voz

Outro item apurado em minhas pesquisas é que em uma apresentação de 50 minutos há uma queda natural no nível de atenção dos ouvintes, por volta dos 15 a 30 minutos. Por isso, é importante utilizar algumas técnicas que poderão auxiliar nesse momento. Uma delas é a variação vocal. Imagine uma palestra de 50 minutos com um palestrante falando no mesmo volume e velocidade de voz o tempo todo. Fica impossível se concentrar no que ele estará falando.

UMA PALESTRA

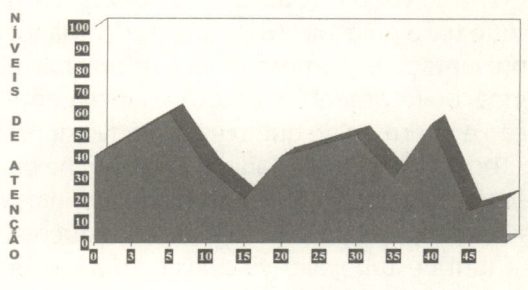

(Gráfico: Níveis de atenção x Tempo em minutos)

Com certeza, um dos maiores desafios quando se está ministrando uma palestra é despertar o interesse e a atenção dos ouvintes. E um componente fundamental para que isso ocorra é a boa utilização da voz.

A voz é nossa identidade sonora. Por meio dela, podemos detectar o humor, atrair ou afastar as pessoas. É uma arma poderosa que traduz nossa imagem social e nos apresenta ao mundo por meios dos sons, traduzindo o que sentimos, somos e como vemos o mundo.

A voz também é o espelho vocal da personalidade humana, única em vibrações, musicalidade e tons. Instrumento eficaz de influência, desnuda nossas intenções e revela nossos sonhos. Tem o poder de persuadir, sugestionar e seduzir, podendo fascinar o ouvinte, despertando nele inúmeras ações e sentimentos.

É um dos principais instrumentos de um palestrante de alta performance, devendo passar competência, segurança, autoridade, credibilidade, propriedade e poder de decisão. Não existe nada pior do que uma voz monótona e sem entusiasmo. Aquela sem melodia, produzida do mesmo jeito, e que acaba deixando os ouvintes totalmente desinteressados e sonolentos, comprometendo, assim, o entendimento da mensagem.

Ao ler um texto impresso, é natural utilizar um marcador de texto para destacar algumas partes importantes. É o que devemos fazer quando estamos pronunciando as palavras durante uma palestra.

Coloque ritmo a sua fala. Alterne a velocidade e o volume, utilize bem as pausas, inflexões e entonações, para que o público tenha uma interpretação do sentimento transmitido pelas palavras. A pausa é um dos maiores indicadores da naturalidade e um dos mais preciosos recursos para a expressividade. Utilizando bem esses componentes, ou seja, de forma natural, espontânea, e harmoniosa, sem agredir suas características pessoais, suas palestras, com certeza, terão um colorido muito especial e sua mensagem chegará mais agradável aos seus ouvintes.

Sem dúvida, o ritmo vocal e as pausas expressivas são dois dos principais elementos que todo palestrante de alta performance deve explorar durante suas apresentações. Sempre é bom reforçar também que, sem disposição, energia, envolvimento e emoção, dificilmente se conseguirá despertar atenção e interesse de quem estará ouvindo. Lembre-se: você só pode ser um bom comunicador daquilo que domina ou tem experiência. Mesmo assim, é necessário um bom planejamento, que distribui e organiza bem a sua fala. Pesquise bem o assunto que vai abordar, mergulhe no tema e tente estabelecer vínculos com a sua própria vivência. Não poupe tempo ou esforços, obtenha o máximo de dados que conseguir reunir. Dedique-se a algo que mereça ser compartilhado com o seu público. Os palestrantes de alta performance são grandes estudiosos e eternos aprendizes dos assuntos que abordam.

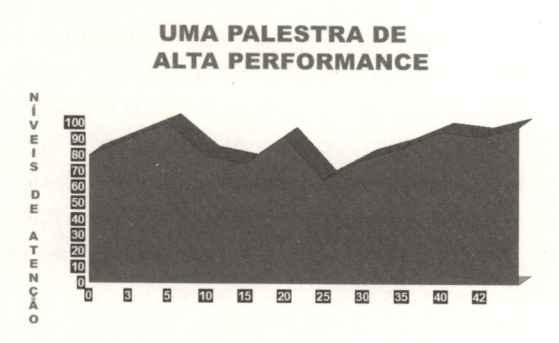

UMA PALESTRA DE ALTA PERFORMANCE

NÍVEIS DE ATENÇÃO

TEMPO EM MINUTOS

Crie introduções e conclusões de alto impacto

A organização da fala também é algo primordial em uma palestra. Uma vez ordenados os assuntos, cuide para que todas as partes se integrem ao todo, e tenha especial atenção para que uma parte conduza a outra de maneira harmoniosa. Toda apresentação deve seguir uma sequência de introdução, desenvolvimento e conclusão, sendo que, logo no início da fala, o palestrante deve transmitir uma imagem positiva, aparência adequada, atitude madura e equilibrada. A introdução é um dos momentos mais importantes e chave para o sucesso de uma palestra, pois é a hora da conquista e servirá para você ganhar a confiança do público.

O desenvolvimento é o momento no qual as ideias e os argumentos são apresentados e defendidos. Já a conclusão é outra parte fundamental de uma palestra, devendo sensibilizar o público e fazer com que ele reflita e possa agir de acordo com as ideias e propostas expostas.

Todo palestrante de alta performance tem consciência de que as introduções e conclusões são grandes trunfos, não medindo esforços para explorar muito bem as duas partes.

Mais algumas técnicas que todo palestrante de alta performance precisa saber

O contato visual com a plateia é outro aspecto fundamental. A atitude de olhar nos olhos faz com que as pessoas se sintam importantes, demonstrando, acima de tudo, respeito e atenção. Já o contato visual que a plateia dá é o *feedback* crucial sobre a sua performance. Você precisa saber como as pessoas estão se sentindo – com tédio, entusiasmo, interesse ou raiva – a fim de fazer os ajustes necessários durante a sua apresentação.

Os dois erros mais comuns em relação à gesticulação adequada em uma palestra são a falta e o excesso de gesticulação. Isso chama a atenção de maneira excessiva e tira a concentração dos ouvintes. Deixe que suas mãos acompanhem naturalmente a sua fala, mantendo-as sempre abaixo da linha do queixo e acima da linha do umbigo. Esses movimentos vão ilustrar um pensamento reforço de suas ideias. Outro aspecto fundamental é o uso adequado da emoção. Mas, é importante ressaltar que apelos emocionais devem ser usados com sensibilidade, habilidade e cautela, para apoiar e equilibrar apelos dirigidos à razão e à lógica.

Cuidado com o excesso de vícios de linguagem (né, ok, tá, tipo assim, entendeu etc.), utilização correta da língua portuguesa e, principalmente, com as concordâncias. Esses erros podem comprometer completamente a sua apresentação.

Adequar a linguagem ao tipo de público é outra característica essencial de um palestrante de alta *perfomance*. Não adianta falar bonito, utilizar palavras sofisticadas ou muitas técnicas se o seu público não entender claramente a sua mensagem.

A simplicidade é outra característica bem comum entre os palestrantes de alta performance. Eles transformam informações e ideias complexas em algo bem simples e próximo do cotidiano dos ouvintes. Por meio de exemplos, histórias, metáforas, parábolas, pensamentos e reflexões, envolvem e criam sintonia e proximidade com o público.

Os recursos audiovisuais também são muito efetivos e revelam o aumento da qualidade de apresentações que contam com essa ferramenta. Os grandes palestrantes utilizam esse método com bom senso, para enriquecer e facilitar o acompanhamento do raciocínio.

As informações importantes são destacadas de forma objetiva, o que possibilita a lembrança do assunto por um tempo prolongado.

Todas as imagens, citações, vídeos e sons são utilizados para tornar a comunicação mais clara, além de em algumas situações, sensibilizar e emocionar.

Desenvolva a sua autoconfiança, fale com emoção, simplicidade e aprenda a pensar positivamente. Acredite em si mesmo e também no tema que vai expor.

O que está muito claro durante as minhas pesquisas é que os palestrantes mais carismáticos do mundo possuem uma linguagem não verbal excelente – uma presença de palco que reflete carisma, credibilidade e competência. Para finalizar, enfatizo que grandes palestrantes não nascem prontos, eles se fazem. A cada dia podemos melhorar em tudo o que fazemos, inclusive em nossa função. Para isso, é necessário o conhecimento de técnicas, muita dedicação, estudo e prática diária. Não basta saber, é preciso fazer. Experimente, permita, a decisão está em suas mãos, em sua mente e no seu coração.

Agora é com você, explore todos os aspectos citados neste capítulo! Espero nos encontrarmos em breve para ministrarmos uma palestra fantástica.

5

Seja F.O.D.A

Nossa mente é um campo onde semeamos pensamentos que geram ideias que, por sua vez, se transformam em ações. Todos os dias, milhares deles cruzam, passam por ela e ocupam o nosso tempo. Cabe a nós nos policiarmos e definirmos que tipo de *mindset* queremos ter. Uma configuração mental F.O.D.A é primordial para encarar os desafios e receber os presentes de grego que a vida nos dá...

Carla Lopez

Carla Lopez

Empresária, contadora graduada pela Universidade Católica Dom Bosco. Atua há mais de 14 anos como consultora contábil e gestora de negócios, nas áreas pública e privada. Já ajudou centenas de pessoas a atingirem seus objetivos e realizarem seus sonhos, por meio dos processos de *coaching*, treinamentos e palestras. *Practitioner* em programação neurolinguística–PNL pelo Elsever Institute, com certificação internacional pela The Society of Neuro-Linguistic Programming, *master coach*, *professional* & *life coach* – Go Getter, pela Agência Nacional de Coaching – ANC com foco em estilo de vida, negócios e inteligência financeira. Palestrante de alta performance, formada pelo Instituto Gente – Roberto Shinyashiki. Apaixonada pela vida e pelo desenvolvimento de pessoas.

Contatos
www.carlalopez.com.br
contato@carlalopez.com.br
Instagram: carlalopezoficial
Facebook: carlalopezcoachpalestrante
(38) 9 9145-5353

Já se perguntou por que existe tanta gente infeliz? É muito comum esbarrarmos em alguém de mal com o mundo por aí. Seja no trânsito, trabalho, elevador ou na fila do banco. Difícil é conseguir entender o motivo de tanto mal humor. Pessoas estressadas, negativas e mal-humoradas estão por toda parte e, às vezes, é inevitável conviver com elas. Principalmente se for alguém da família. Lidar com gente assim causa um gasto de energia imenso. Às vezes, pouco depois de conversar com alguém nesse perfil, parece que a nossa energia foi simplesmente sugada com canudinho, feito um suco de laranja gelado num dia de verão.

Pessoas assim emanam uma negatividade absurda e, às vezes, nem se dão conta disso. Adoram atribuir a culpa de suas frustrações a outras pessoas ou a fatores externos.

É como diz o ditado: se a culpa é minha, eu a coloco em quem eu quiser. Não importa quem, o que ou o porquê. O que essas pessoas querem é apresentar a fatura das suas frustrações, mágoas e decepções para outras pessoas pagarem. Sem fazer cerimônia colocam a culpa nos familiares, no chefe, na economia, no clima, no vizinho e até no cachorro. Não são capazes de admitir que o protagonista daquela realidade pode ser visto bem em frente ao espelho.

Durante algum tempo passei a observar esse comportamento, e encontrei três fatores que estão interligados e que podem fazer com que esse estado de infelicidade e insatisfação aflore e faça morada na mente e no coração das pessoas.

O primeiro deles é a aceitação. Quando alguém aceita uma determinada situação em sua vida, está abrindo portas para outros dois fatores: o vitimismo e a ingratidão. De que maneira isso acontece?

Acontece quando você aceita permanecer anos em um emprego que não gosta, aceita viver um casamento falido, um relacionamento abusivo que o joga para baixo, quando aceita a obesidade, a discórdia na família, a mágoa e o rancor. Acontece, ainda, quando você aceita o desemprego ou os problemas financeiros. A partir do momento que nada está sendo feito para mudar a sua realidade, isso é aceitação.

E quando situações como essas começam a figurar na rotina das pessoas, eis que surge o segundo fator: o vitimismo. Ah, esse sim é um prato cheio que acomodados incluíram em seu menu e, como se não bastasse comê-lo todos os dias, eles se servem à vontade.

Se fazer de vítima é o jeito mais fácil e nobre para justificar a preguiça e o comodismo. É muito comum ouvir deles: eu não peço demissão porque sou pobre e preciso do emprego, estou endividado porque ganho pouco, não me separo por causa dos meus filhos, estou acima do peso porque não tenho tempo de fazer exercício físico, ando muito estressado porque estou desempregado.

Sempre vai haver um culpado. É fato que em situações específicas nos sentimos incapacitados de realizar algumas coisas por limitações financeiras e incapacidade física. Mas é possível, sim, criar meios e encontrar possibilidades para fazer.

O cérebro gasta menos energia inventando uma desculpa do que encontrando um jeito de fazer as coisas. Quem quer fazer algo arruma um jeito, quem não quer arranja uma bela desculpa esfarrapada. Sair da zona de conforto dói e nós somos programados para duas coisas: fuga da dor e busca pelo prazer.

Quem busca o prazer na zona de conforto, na preguiça e se depara com o desconforto da necessidade de mudança, passa a potencializar o vitimismo, o transformando, assim, em INGRATIDÃO. A sensação de frustração se amplifica de forma a deixar o indivíduo completamente envolto numa bolha escura de revolta. Nada do que tenha sido feito em prol daquela pessoa é reconhecido por ela. É quando se chega ao ápice da ingratidão e ela adota clichês de que o mundo está contra ela, ninguém a ama, ninguém faz nada para ajudá-la. Como se o resto do mundo tivesse por obrigação fazer algo que a tire da inércia e transforme sua vida em mil maravilhas.

O que pode ser feito e quem pode fazer?

Aprendi que não temos o poder de mudar ninguém. Só é possível ajudar alguém quando este reconhece necessitar de ajuda. As pessoas não mudam porque a família e os amigos pedem para elas mudarem. A mudança só acontece quando a dor de não estar vivendo uma determinada situação ou um sonho começa a ficar insuportável. Nesse contexto, é urgente e claro que o indivíduo necessita de uma mudança de *mindset*. A mentalidade precisa ser alterada para que mudanças externas ocorram. Não há nada mais poderoso neste mundo do que uma mente alterada. Você pode mudar sua roupa, seu cabelo, seu endereço, seu parceiro, mas se dentro da sua mente nada mudar, as mesmas experiências vão se repetir para sempre.

Ao longo da vida, diversas crenças são instaladas no nosso inconsciente. E o nosso corpo vibra de acordo com ele. Você pode estar pensando ou desejando alguma coisa, como por exemplo: ser rico, ter uma renda razoável, entender de investimentos e saber administrar suas finanças. Porém, se no seu inconsciente existir uma crença criada pelo fato de você ter crescido ouvindo seus pais dizerem: todo rico é ladrão ou ainda que é impossível ficar rico sendo honesto, esta crença vai moldar a sua vibração. Por mais que você queira e se esforce em construir sua riqueza, esse paradigma estará bloqueando você, mesmo sem saber.

As pessoas mais ricas do mundo controlam cerca de 85% de todo o dinheiro existente e representam menos de 10% por cento da população mundial. Elas não permitem que pensamentos de falta, insuficiência e escassez se desenvolvam na mente delas. Reflita: o que você tem nutrido na sua mente? Sendo positivo ou negativo, é o que de fato você irá atrair para sua vida?

Segundo a lei da atração, nós não atraímos para nossas vidas o que está no consciente e sim o que vem do inconsciente. É por conta disso que é preciso mudar nossos paradigmas, fazer uma limpeza, uma faxina no inconsciente para conseguir boas vibrações e atingir nossos objetivos. Quando quiser mudar as circunstâncias da sua vida, precisa mudar primeiro a sua mentalidade.

"Se você acredita que pode ou não pode fazer alguma coisa, de qualquer forma você vai estar certo."(Henry Ford)

Não existe terreno mais fértil do que nossa mente. Todos os dias, milhares de pensamentos cruzam, passam por ela e ocupam o nosso tempo. Nossa mente é um campo onde semeamos pensamentos que geram ideias que, por sua vez, se transformam em ações. Cabe a cada um de nós nos policiarmos e definir que tipo de mentalidade queremos ter.

Esse poder de escolha é o melhor de todos. Vivemos diversas situações sobre as quais não temos controle, mas podemos moldar nossa configuração mental para escolher como reagir diante delas. É maravilhoso saber que somos fruto de nossas escolhas. Podemos construir e fazer uso de nossa mentalidade para o bem ou para o mal, para tornar nossas horas aqui na Terra produtivas ou desperdiçadas.

Há mentes malignas que ficam horas e horas maquinando o mal. É verdade, basta analisarmos como agem as quadrilhas organizadas. Essas pessoas gastam o tempo delas planejando seus crimes, tudo nos mínimos detalhes. Se vão assaltar um banco, estudam o lugar, o cofre, a rotina dos funcionários, o fluxo de pessoas nos horários de pico. Estudam a estratégia de abordagem e de fuga e até como pretendem gastar o dinheiro sem levantar suspeita.

Pessoas de mentalidade inútil passam maior parte do tempo tendo pensamentos vazios, fúteis, sobre coisas que não acrescentam nada na vida de ninguém. É o que chamo de lixeira mental. Mentes doentias, que não pensam nada que promova o bem-estar delas e nem de outras pessoas. E, por último, mas não menos importante, a mente F.O.D.A (forte, otimista, determinada, autêntica).

É essa a mentalidade limpa, clara que, ao invés de se concentrar nos problemas, está focada na solução das coisas. Uma configuração mental F.O.D.A é primordial para encarar os desafios e receber os presentes de grego que a vida nos dá.

A nossa mentalidade reflete diretamente nos nossos resultados. O que separa as pessoas bem-sucedidas das não sucedidas é o seu modelo mental, que produz ideias que geram ações e, portanto, resultados extraordinários.

Nick Vujicic é um australiano que nasceu sem braços e pernas por conta de uma doença genética. Passou por tantas limitações que, sem dúvida, fariam muitos de nós desistir de tudo. Ele mesmo já confessou que, durante muito tempo, questionou Deus sobre o que tinha acontecido. Nike só tinha duas opções: se ver como vítima ou como exemplo. Ele optou por ser exemplo. Foi aí que ele entendeu a sua missão aqui na Terra. Tornou-se palestrante e viaja o mundo contando sua história e ajudando pessoas a superarem seus limites por meio da fé e da coragem. Nick é exemplo de mentalidade f.o.d.a. Diferente dele, a maioria de nós tem múltiplas escolhas. Ele só tinha duas e se tivesse optado pela depressão e pelo vitimismo, é muito provável que não tivesse sobrevivido até hoje.

A construção do nosso modelo mental está ligada às crenças que temos instaladas em nosso inconsciente. É muito importante criarmos crenças fortalecedoras. Foi o que fez sem querer a avó de um menino de dez anos ao ouvir o neto lhe dizer que quando crescesse seria presidente dos Estados Unidos. A avó não se mostrou surpresa nem irônica. Apenas respondeu ao menino: Claro! Vai porque você pode!

O detalhe é que isso ocorreu no início dos anos setenta. Época em que nem de longe se cogitava a possibilidade de os americanos elegerem um presidente negro. A pergunta é: como esse menino teria reagido se ela dissesse a ele que naquelas condições, sendo pobre, negro, nascido no Havaí e com um sobrenome muçulmano, as chances de ele se tornar presidente daquele país eram praticamente uma ilusão?

O fato daquela mulher simples ter instalado, mesmo que sem saber, uma crença fortalecedora no garoto, pode ter ajudado a construir uma história até então improvável. Barack Hussein Obama, seu neto, foi o primeiro presidente negro eleito nos Estados Unidos. Seria obra do acaso ou da determinação do menino? Sonhar e estabelecer metas não têm padrões definidos. Sonhos não têm limites.

Se o sonho é meu eu o enxergo como quiser!

"Se você pode sonhar, você pode realizar."
(Walt Disney)

Muitas pessoas não sabem para que vieram e estão nesse mundo. Muita gente acorda todas as manhãs sem saber o motivo de estar se levantando cedo, ou de estar estudando e trabalhando tanto. Elas não se deram conta de que uma vida sem propósito é apenas a existência de uma pessoa.

Essas pessoas não têm sonhos, ou até têm, mas a zona de conforto e o medo de externar o real desejo, que lateja em seu coração, são maiores que a vontade de realizar. Tudo por conta dos padrões que a sociedade veio impondo ao longo de suas vidas, instalando paradigmas que as impedem de avançar.

Viver fora dos padrões ainda parece errado, bizarro, motivo de retaliação ou exclusão social. A preocupação com o que outros vão pensar e dizer faz muita diferença, pelo menos aos olhos de quem se importa com isso.

As muletas sociais aprisionam as pessoas de forma a retirar delas sua identidade e essência. Isso faz com que, muitas vezes, o indivíduo viva uma vida de mentira ou que não seja a dele. Se Deus deu para cada um de nós uma única vida, será que faz sentido viver a vida de outras pessoas ou permitir que vivam a nossa?

Já parou para pensar no que você vai dizer a si mesmo quando chegar o futuro? Será que vai estar feliz e satisfeito com tudo que conquistou? Vai olhar para trás e sentir orgulho de ter enfrentado seus medos ou arrependimentos por não ter feito as coisas que sempre teve vontade? Não se prive de viver o seu sonho "por causa de", viva seus sonhos "apesar de".

Trabalhe seu *mindset*, seja autêntico, seja quem você nasceu para ser, afinal, todas as outras pessoas já existem e também são únicas. Somos todos um tesouro para o criador e o universo. Se você deseja verdadeiramente sair da média, não dê ouvidos à gentalha, acorde todos os dias e seja F.O.D.A.

Gratidão por sua leitura!

6

A família como o maior mecanismo de proteção contra o uso de drogas

Todos queremos ser felizes, viver uma vida saudável, acumular riquezas e ter amigos. Mas como permanecer alegre, se um de nossos filhos se perdeu nas drogas? Neste artigo você conhecerá os principais mecanismos eficazes, baratos e simples de ser implementados contra o uso de drogas. Além disso, descobrirá o que pode ser feito para proteger seus filhos

Carlinhos Anunciação

Carlinhos Anunciação

Advogado graduado pela UNICID, mediador e conciliador pela Escola Paulista da Magistratura, tutor no curso de formação de mediadores e conciliadores da Escola Paulista da Magistratura. *Coach*, analista comportamental, palestrante, celebrante social, possui extensão universitária pelo Fé na prevenção da UNIFESP e Conselheiro comunitário de atenção às drogas, da Universidade Federal de Santa Catarina. Possui formação em curso para coordenador e dirigente de comunidades terapêuticas pela FEBRACT. Foi eleito 1º secretário do conselho comunitário de atenção às drogas de Guaianazes, São Paulo, (2006-2008). Participou do programa educacional de resistência às drogas e à violência, pela polícia militar do estado de São Paulo. Possui os módulos I, II e novo currículo do curso de capacitação de recursos humanos para prevenção ao uso Indevido de drogas, realizado pela polícia civil- DENARC. Nos anos de 2003, 2005 e 2006, participou de um curso de orientador do programa jovens construindo a cidadania pela PMSP e drogas de abuso, pelo Portal Educação.

Contatos
www.carlinhoscoach.com.br
acarlos.coach@gmail.com
Instagram: carlinhos.anunciacao

Cada um de nós tem seus próprios objetivos, desejos e anseios, mas há um sonho quase universal: "ter uma família feliz". Você dirá que o conceito de felicidade é abstrato. Para alguns talvez seja ter uma casa grande, com quintal e piscina para se divertir com a família. Para outros ter um bom carro, fazer viagens a lugares espetaculares. Há os que preferem acumular riquezas. Para muitos pais e mães, porém, o que lhes traria extrema felicidade é poder estar com seus filhos, em seus braços e longe das drogas.

Segundo pesquisa de 2015 do Instituto Brasileiro de Geografia e Estatística (IBGE) com estudantes concluintes do 9º ano em escolas públicas e privadas de todo o País, a maioria entre 13 e 15 anos, o percentual de jovens que já experimentaram bebidas alcoólicas subiu de 50,3%, em 2012, para 55,5% em 2015. Já a taxa dos que usaram drogas ilícitas aumentou de 7,3% para 9% no mesmo período. Também subiu o número dos que relataram a prática de sexo sem preservativos, de 24,7% para 33,8%. (https://oglobo.globo.com/sociedade/uso-de-drogas-aumenta-entre-os-adolescentes-no-pais-19996988)

O Centro Brasileiro de Informações sobre Drogas Psicotrópicas (Cebrid) em pesquisa domiciliar de 2005, envolvendo as 108 maiores cidades brasileiras, na faixa etária de 12 e 17 anos, colheu relatos de uso das mais variadas drogas, bem como facilidade de acesso as mesmas e vivência de consumo próximo. Este dado enfatiza a necessidade de aprimoramento de programas de prevenção nesta faixa etária. Finalmente, 7,8% das jovens relataram ter sido abordadas por pessoas querendo vender droga. É necessário enfatizar que estes dados levaram em consideração drogas ilícitas. Acredita-se que o consumo de drogas lícitas se dá por volta dos 11 anos de idade, dentro de sua própria casa. Os dados são alarmantes. Hoje, talvez seja impossível alguém que não conheça nenhuma história de uso de drogas por pessoas próximas. É necessário estar preparado para falar sobre o assunto e o melhor lugar para abordar o tema é em nossa casa, em conversas francas com nossos filhos. E a melhor maneira de protegê-los é servindo como exemplo.

Neste artigo, você irá conhecer mecanismos de proteção contra o uso de drogas e vai perceber como a vida em família pode ser determinante na luta contra as drogas. Não tenho a intenção de encerrar o assunto neste texto. É importante que você leia, que assista palestras sobre o assunto e converse com profissionais da área. Todavia, o conteúdo aqui disponibilizado fará uma enorme diferença na busca por proteção aos seus filhos.

O que é família?

Cada pessoa, certamente, tem sua própria forma de explicar o que é família. Alguns entrarão no campo da psicologia, outros da religião, outros ainda repetirão aquilo que ouviram dos pais, ou seja, há diversas maneiras de explicar ou de conceituar. Há diversos significados e graus de importância atribuídos ao convívio familiar, diferentes para cada pessoa, pois afinal somos diferentes.

Certamente, a família é o primeiro grupo social a que uma pessoa conhece e se integra. É certo ainda que muito do que ouvir, sentir e receber "deste grupo", irá influenciar este novo ser.

Algumas pessoas acompanham o pensamento de que o indivíduo é produto do meio. Outros acreditam que a pessoa é que determina o meio, mas esta é uma discussão para outro momento. Entendo que o indivíduo é a soma do ambiente em que convivem, aquilo que ele já tem dentro de si, que está em seu DNA e aquilo que a família ofertou a ele, em conhecimentos, sensações, prazeres, dores, exemplos, etc.

Sendo assim, o ambiente em que nossos filhos vivem está muito longe de ser o ideal. Pelo menos para a maioria, vivemos em um ambiente propício à violência, com alta deficiência social e diversas privações, reforçando o "longe do ideal". Quando falo "aquilo que já vem dentro de si, em seu DNA", quero dizer que, quando nascemos não sabemos se somos mais propícios à bondade, à maldade ou à tirania.

Ser pai e mãe: a maior e mais dolorosa dádiva

Ao conhecermos a alegria de termos filhos, nossa vida ganha novo sentido, passa a ter um novo sabor, fazemos planos, nos preocupamos mais com tudo. Logo passamos a viver em função deles, ver seus sorrisos, sua alegria, seu desenvolvimento, tudo nos proporciona alegria tão intensa que não é possível descrever.

Somos responsáveis por sua formação, por apresentar-lhes a vida, o mundo, as pessoas e por ajudá-los a encontrar a felicidade e serem responsáveis, produtivos etc. Mesmo quando isso não acontece, temos a certeza de que cumprimos bem a nossa missão.

Acontece que ser pai e mãe não é apenas uma tarefa de glórias e alegrias. É preciso garantirmos que entendam a necessidade de se ter um "bom comportamento", temos que ensiná-los sobre a dor, ansiedade, perdas, frustrações etc. E, para isso, por vezes, é necessário sermos mais duros. Devemos repreendê-los para que conheçam os limites, tarefa que, para alguns pais, é considerada como "dolorosa".

Amor incondicional x limites

Não há dúvida de que os filhos merecem e precisam de atenção. Eles necessitam sentir-se amados e protegidos. Essa proteção é um dos fatores que influenciará muito na escolha por fazer ou não o uso de drogas, mas devemos ter igualmente cuidado na aplicação desse amor e proteção.

O amor incondicional pode ser entendido como o sentimento de que o pai ou mãe continuam sentindo, mesmo quando o filho acabou de cometer um ato represensivo. Todavia, não pode ser grande o bastante a ponto de não sê-lo, o pensamento, tanto para o filho que nunca fez uso de drogas, quanto para aquele que está tentando se libertar dela. Em suma, devemos afirmar: eu te amo, mas isso está errado e eu não aceitarei.

Sendo um super-herói

Nossos filhos, em dados momentos da vida, podem nos ver como verdadeiros "super-heróis". Isso é gostoso quando acontece. Quem é o pai ou mãe que não gosta de ser admirado pelo filho. No entanto, quanto mais maduros vão ficando, devem entender que somos mortais, que falhamos, cometemos erros, choramos, pedimos desculpas e, se necessário for, até suplicamos por perdão. Isso deve acontecer sob pena de um dia perceberem que não somos perfeitos e experimentamos, por vezes, frustrações desnecessárias.

Criando um super herói

Nossos filhos são lindos, maravilhosos, educados, inteligentes, especiais etc. É assim que nós os vemos, e isso também é muito gostoso, porém, devemos saber até onde cabem os elogios e qual o resultado na formação de sua personalidade. Será que não corremos o risco de criar "narcisistas?" Será que não iremos gerar neles um sentimento de poder, que verdadeiramente eles não possuem? O que acontecerá quando perceberem que tudo isso não é verdade? E o pior. O que acontecerá se eles não perceberem?

Meu filho e o mundo, lição de cidadania

Hoje nossos filhos ainda podem estar sob nossa proteção, mas amanhã eles serão cidadãos produtivos, profissionais, pais e mães. Irão formar novos cidadãos e a vida seguirá seu transcurso natural. Mas, que tipo de cidadãos estamos criando?

Qual a consciência de mundo e sociedade que estamos deixando para eles? Sabemos que cidadãos comprometidos com o bem-estar de seu planeta, país, ou do ser humano em geral, tendem a ter uma consciência mais elevada e uma preocupação também consigo, o que também funciona como mecanismo de proteção.

Nosso mundo, minha casa, minhas regras

Dentro de nossos lares, temos a oportunidade de preparamos nossos filhos para viverem no mundo lá fora. Por isso, é fundamental que se estabeleçam algumas regras que devem ser cumpridas em nossa casa. Como, por exemplo, tarefas a serem executadas, horários de saída e chegada, autorização para ir a festas, casa de amigos etc. Regras que você julga necessárias para um bom convívio familiar, pois se nossos filhos não encontram regras em nossa casa, dificilmente aceitarão as regras impostas pela sociedade.

Democracia x família

Vemos, cada vez mais, as famílias se modernizando. Essa modernidade, também, traz as tratativas. Outrora umas palmadas eram vistas como que "quase obrigatórias". Hoje, alguns profissionais se posicionam terminantemente contra. Por isso, o diálogo também mudou. Hoje, felizmente, conversamos mais com nossos filhos do que a maioria dos pais há 30 anos. Devemos honrar esta conquista e a democracia que surgiu. Todavia, nem tudo pode ser negociado, o poder familiar exercido pelos pais ou por quem deter a guarda deve prevalecer. Sempre conversamos, negociamos, mas no final de tudo deve prevalecer a decisão dos pais.

Família contemporânea

A ideia de família passa sempre por modificações ao longo dos anos. De maneira que a visão de família há 30 anos não é a mesma de agora. Hoje, temos famílias sem a presença de pais, ou sem a presença de mães, ou com dois pais ou duas mães. Quanto à prevenção às drogas, o que foi dito até aqui aplica-se a todas as famílias, sendo imprescindível trabalhar qual a visão que a criança/adolescente tem da própria família. Não deixar de lado a maneira como se enxerga a própria família (que, claro, sofre influência externa, de como os outros a veem) pode se traduzir em fator de proteção, ou caso não haja uma aceitação e boa convivência, pode se tornar fator de risco.

Cuidados com o corpo, saúde e autoestima

Ter autoestima elevada, se achar bonito(a), ter preocupação com a própria higiene, com seu corpo e sua aparência, é um fator de proteção que deve ser trabalhado desde a primeira infância. Isso fica evidente quando mostramos para nossos filhos questões básicas e nos preocupamos com sua aceitação, com o seu corpo e intelectualidade.

Saúde emocional (ansiedade, perdas, stress, limites)

Estudar nas melhores escolas é algo super importante, cuidar de seu aprendizado, da qualidade dos conhecimentos que irá experimentar, preocupar-se com o futuro de nossos filhos, com sua futura profissão, é, sem sombra de dúvida, uma de nossas maiores obrigações. Todavia, pecamos quando não nos preparamos para lidar com essas questões, tão ou mais importantes, como sua saúde psíquica.

Hoje, conhecemos crianças e adolescentes estressados, sobrecarregados de tarefas, de conhecimento etc. Sentem-se estafados e sem as condições necessárias para enfrentar esse problema, muitos acabam caindo no mundo das drogas ou até pior, do suicídio.

Devemos prepará-los para enfrentar estes sentimentos que, com certeza, uma hora ou outra irão conhecer e deixá-los viver a infância, serem crianças e se preocuparem com coisas de crianças. Na vontade de se tornarem melhores, acabamos, às vezes, roubando sua infância, o que se torna uma carga insuportável para muitos.

A comunicação necessária em cada etapa da vida

Devemos estabelecer sempre uma comunicação efetiva com nossos filhos. Por efetiva, quero dizer "que eles entendam" aos seis meses de idade ou talvez não entendam a palavra "te amo", mas entenderão um abraço. Aos dois anos, talvez não entendam a palavra "drogas", mas entenderão a palavra "ruim", cada criança tem um nível de amadurecimento. E ele deve ser levado em conta na hora de estabelecermos a comunicação.

Se o seu filho de dez anos já entende termos técnicos, então você deve utilizá-los. Porém, se ele aos 14 não entender, é necessário que mude suas palavras e fale sempre da maneira compreensível.

Trabalhando a prevenção propriamente dita

Vejam que, até chegarmos a este ponto, falamos muito sobre a família e seu cotidiano, pois o maior fator de proteção continua sendo a família estruturada.

A pseudocultura do álcool

Embora não seja o foco deste artigo, ao abordar as drogas em espécie, convém falar do álcool, pois está presente na maioria das casas brasileiras e, por vezes, serve de porta de entrada às drogas.

Hoje em dia, todo acontecimento social ou familiar "enseja o uso de álcool". Se há um ente querido que deixou esta vida, geralmente as pessoas buscam o conforto bebendo. Também se há um nascimento, a comemoração é feita com o uso do álcool. Se o pai foi promovido no trabalho, ele comemora bebendo. E se foi demitido faz a mesma coisa.

Independente do tipo de acontecimento, seja bom ou mau, o álcool está presente. Embora possamos não notar, o inconsciente de nossos filhos está registrando estes dados e, assim, criam suas "verdades inconscientes" que, armazenadas em seu cérebro reptiliano, poderão ser repetidas de forma automática no futuro. Ou talvez amanhã e quando derem por si, já estarão bebendo, talvez abusando, até chegarem à dependência.

A verdade é que ninguém se torna dependente do dia para noite. Existe um processo diário, acontece aos poucos e por isso mesmo é tão difícil de ser evitado. Mas, agindo com consciência, planejamento e ressignificando nossas crenças, principalmente em relação às drogas lícitas, podemos criar uma sociedade mais distante do vício.

7

Ciclo da liderança: da visão ao resultado

Todo profissional de alta performance tem sua estratégia de vida e trabalho para alcançar os resultados que almeja. Descubra como o ciclo da liderança pode auxiliar você na trajetória de resultados superiores, além de ajudá-lo a deixar um legado de grande impacto por onde as ondas de sua carreira e vida levarem-no

Carlos Esau

Carlos Esau

Formado em Administração e *Marketing* pela FPU (Fresno Pacific University), nos EUA. Mestrando em Desenvolvimento Regional pela UNISC (Universidade de Santa Cruz do Sul). É palestrante e consultor internacional nas áreas de liderança, gestão de projetos, motivação e desenvolvimento de pessoas. Além do Brasil, já ministrou palestras e treinamentos nos Estados Unidos (Califórnia e Havaí). Trabalha com TEAL – treinamentos vivenciais ao ar livre. É *coach* certificado pela SBC – Sociedade Brasileira de Coaching. Docente internacional do Haggai Institute for Advanced Leadership. Sócio-proprietário da Chegar desenvolvimento humano. Foi diretor geral de grupo empresarial. Na gestão pública exerceu a função de gerente administrativo e RH. Além de diretor executivo responsável pela instituição e acompanhamento da agenda estratégica regional para 20 anos – ASCNOR: Associação Santa Cruz Novos Rumos.

Contatos
www.chegardh.com.br
carlos@chegardh.com.br
(51) 98029-9612

> Sonhos inspiram, objetivos transformam sua vida.

Em meados dos anos 90, mais precisamente no ano de 1992, passei por algumas experiências que mudaram bastante o meu jeito de abordar a vida. Entrei para o exército brasileiro e foi um ano de intensas descobertas sobre o que eu poderia, gostaria e não queria mais fazer do meu futuro. Fui posto à prova pelos desafios militares, em que o esforço físico e a busca pela excelência em cada movimento era constante. A disciplina para executar tudo de acordo com a voz de comando dos sargentos e tenentes, ressoava diuturnamente na cabeça e no coração. Tudo aquilo permitiu que eu experimentasse, pela primeira vez, superar meus limites físicos e emocionais, que até então nem conhecia. A gota que transbordou o copo foi uma experiência de risco de vida com a explosão de uma bomba de obuzeiro (canhão puxado por caminhões nos campos de treinamento do 25º GAC – Artilharia). Foi onde Deus entrou em cena para me salvar da morte certa e me despertar para sonhar e viver algo muito maior. Mas os detalhes desta experiência fazem parte de outra história a ser contada num outro momento.

O fato é que estas experiências que tive aos 19 anos de idade causaram um impacto profundo na minha vida. Entrei em uma busca constante por superação e novos desafios, que me ajudaram a desenhar, no decorrer da minha vida pessoal e profissional, uma estratégia de abordagem para alcançar meus objetivos e resultados desejados. Apresento de forma resumida aqui, neste artigo, o que eu chamo de estratégia de ciclo da liderança, que tenho adotado em todos os meus treinamentos e consultorias pelo Brasil e mundo afora. Aperfeiçoada com ferramentas de gestão e *coaching*, tem trazido excelentes resultados para todos os que a aplicam em mais de 15 anos de estrada.

O ciclo da liderança, na prática, segue uma sequência organizada de pensamento e ação que favorece o alcance de objetivos que todo profissional que almeja melhorar seus resultados pode aplicar.

1 – Visão

> "A visão é um retrato do futuro que produz paixão nas pessoas."
> Bil Hybels

Saber onde quer chegar é o princípio de qualquer profissional que busca a excelência. Quer seja para conduzir um projeto, uma equipe ou uma empresa, um dos fatores determinantes é identificar exatamente o que se deseja alcançar e qual é o objetivo a ser conquistado. Quando um profissional (de igual modo na vida pessoal) não define bem seus objetivos, tanto ele como a equipe ficam à mercê da situação. Essa situação é como atirar uma flecha sem ter o alvo em vista e esperar que ela acerte alguma coisa. Então, neste ciclo trabalhamos com o estabelecimento dos objetivos de curto, médio e longo prazo, para o indivíduo e para toda a equipe/empresa. Isso facilita o processo de tomada de decisão. Inclusive auxilia na hora de dizer "não" para alguns desperdiçadores de energia, que são aqueles projetos e pessoas que sugam a disposição tirando o foco do real objetivo. Para estabelecer estes objetivos, adotamos diversas ferramentas de gestão estratégica como a análise SWOT (em português FOFA), que auxilia na descoberta dos pontos fortes e fracos, oportunidades e ameaças do empreendimento, projeto e equipe. Também se utilizam diversas ferramentas de *coaching* com destaque para a missão e propósito (alvos de até 24 - 48 meses), auxiliando na formatação de uma visão de médio e longo prazo, possibilitando a implementação de grandes mudanças e, consequentemente, grandes conquistas.

2 – Estratégia

> "Ou você tem uma estratégia própria, ou então é parte da estratégia de alguém."
> Alvin Toffler

Após uma definição de alvos e objetivos para si, para sua empresa/negócio ou ainda para sua equipe, o profissional precisa definir o "como" fazer. Mudar o *status quo* de uma equipe exige um investimento (PDI – plano de desenvolvimento individual) criterioso, tanto de tempo como de acompanhamento para que a equipe não só participe dos objetivos propostos, mas também construa estratégias próprias na busca dos resultados estabelecidos. Se os objetivos desenhados forem de ordem individual, as estratégias dependem de sua perspicácia e conhecimento, podendo ainda ser necessário identificar os possíveis parceiros que poderão auxiliar no projeto/empreendimento. Para simplificar bem como agilizar esta etapa do ciclo, podem ser adotadas diversas ferramentas como a SMART, que especifica os objetivos tornando-os alcançáveis e o ROADMAP, que auxilia no processo de olhar para o alvo com o fim em mente. Além de fragmentar os objetivos visando facilitar seu alcance. E, por fim, utilizando o 5W2H para a implementação detalhada das estratégias e o PDCA (PLAN + DO + CHECK + ACT), entre outras, para organizar e acompanhar as ações referentes aos objetivos traçados, de forma que se consiga identificar os avanços e/ou mudanças necessários nas estratégias definidas.

3 – Disciplina

> "O que as pessoas dizem que querem e o que estão dispostas a fazer, são duas coisas diferentes."
> Hugh Macleod

Dentre os diversos desafios de qualquer líder de alta performance, está a condição de resiliência e perseverança para se manter nas estratégias propostas, visando alcançar os objetivos estabelecidos. Desta forma, a disciplina é um fator crucial de sucesso. Um profissional sem a devida disciplina não alcança resultados efetivos. Junto a sua equipe, o líder precisa demonstrar que tem gestão de si, das ações e das emoções, para criar a sinergia necessária mesmo em meio a situações difíceis. Se pensarmos na estrutura de um projeto (vendas, por exemplo), não se conquistam os resultados sem metas definidas e foco nos objetivos. Muitos falam que querem, mas ir lá, fazer e perseverar até alcançar é muito diferente. Quando falamos em disciplina, estamos tratando de priorização de ações e gestão qualificada do tempo. Neste caso, uma das ferramentas adotadas para auxiliar na priorização de ações é a gestão do tempo. Por meio da autoanálise crítica, cada profissional pode se perceber e rever onde está investindo e/ou desperdiçando energia. Sem a disciplina focada nos objetivos estabelecidos, não haverá conquista de resultados significativos.

4 - Integridade

> "A verdadeira medida de um homem não se vê na forma como ele se comporta em momentos de conforto e conveniência, mas em como se mantém em tempos de controvérsias e desafios."
> Martin Luther King

Toda vez que eu pergunto em uma palestra, treinamento ou ainda na sala de aula, as pessoas hesitam na resposta. O que significa integridade? Você se sente bem trabalhando em ambientes onde o seu líder, chefia, amigos ou o proprietário estão longe de entender seu significado? A integridade faz parte do seu conjunto de valores fundamentais? Vivemos tempos em que o desafio de permanecer no que é correto, nos valores que norteiam a boa conduta e um padrão mínimo para gerar relacionamentos sadios entre as pessoas, tem se dissipado e perdido seu valor. Mas, para o líder que quer manter sua equipe, empresa, clientes e sua família unida de forma perene, é imprescindível que o discurso esteja de acordo com a prática. A integridade se consolida somente quando os seus valores estão em consonância com a sua conduta diária. Penso que é muito simples ser íntegro. Será que você precisa se sujeitar a todas as transgressões impostas pela nossa combalida sociedade de consumo, somente para ficar rico mais depressa e fazer parte da elite em menos tempo? É difícil praticar aquilo que os nossos pais e avós praticavam com facilidade há menos de trinta ou quarenta anos? Integridade requer a prática de princípios universais como paz, amor, respeito, liberdade, humildade, igualdade e coisas simples que independem de credo, origem, cor e nível de instrução. Integridade depende do óbvio. O que vale para mim, vale para você e para o mundo inteiro. Um profissional de alta performance somente poderá colher resultados perenes junto ao seu projeto, equipe e empresa, se mantiver sua palavra e atitudes em sintonia. Esta parte do ciclo da liderança requer mais do que ferramentas de análise e gestão. São necessárias reflexões profundas e individuais para que se possa rever conceitos e implementar novas posturas e comportamentos na própria vida, bem como auxiliar a sua equipe a fazer o mesmo.

5 – Multiplicação

> "Antes de seres um líder, o sucesso passa pelo teu crescimento. Quando te tornas um líder, o sucesso passa por fazeres crescer os outros."
> Jack Welch

O maior legado de um líder, na minha opinião, é quando ele alcança a condição de se multiplicar junto a sua equipe. Em outras palavras, quando um profissional de alta performance consegue tornar sua equipe igual ou melhor que ele, seu objetivo como referência ou liderança foi alcançado. Isso só é possível se o foco do líder estiver nas pessoas que ele busca desenvolver e, por meio delas, buscar os objetivos e resultados. Dessa forma, o líder que investe no ciclo da liderança sempre terá uma equipe ao seu lado. Será uma referência para seu projeto, empresa/organização e, principalmente, será desejado pelo mercado e pela sociedade onde está inserido.

Iniciei este artigo falando de minha experiência pessoal de transformação após um evento de alto impacto vivido durante o serviço militar. Mudou minha percepção de vida e perspectiva, e estou convicto que o ciclo da liderança contribuiu e continua contribuindo para que meus resultados, bem como os de todos que já adotaram esta estratégia em seus projetos e negócios, sejam superiores. A funcionalidade do ciclo na gestão e condução de pessoas e organizações ficou comprovada em minha experiência como diretor de um grupo empresarial com aproximadamente 200 funcionários. Em menos de dois anos, houve uma verdadeira revolução tanto nos resultados de vendas, que atingiram 60% de aumento, como no acréscimo de 40% do *marketshare*. O que colocou a empresa entre as três melhores do Brasil em seu segmento. Tal êxito me impulsionou a compartilhar o modelo do ciclo da liderança para contribuir na formação de líderes para o mercado de trabalho e para a sociedade.

Portanto, se uma pessoa se propuser a definir seus reais objetivos (visão), montar e elaborar os meios adequados para alcançar estas metas (estratégia), e se mantiver firme no propósito por meio de rotinas e hábitos que favoreçam a conquista do que foi estabelecido (disciplina), bem como não negociar seus valores, gerando confiança e relacionamentos saudáveis (integridade), é certo que este profissional, esta pessoa, este líder deixará sua marca, seu legado, e servirá de inspiração para muitos a sua volta (multiplicação). Eu decidi viver assim e você?

8

Chega de ser medíocre, seja extraordinário!

Este capítulo não conclama que as pessoas abandonem o mundo alvoroçado e se refugiem em um claustro. Trata-se de um livro para homens e mulheres de ação, para o profissional assoberbado, para aqueles que cogitaram em desistir e para quem luta pela vida e enfrenta condições adversas. Este é apenas um organizador mental e um guia intelectual para um mundo cada vez mais carente

Débora Santos

Débora Santos

Formada pela FGV (Fundação Getulio Vargas) em MBA de Gestão Comercial, Débora Santos possui especialidade na montagem, reestruturação e gestão de diversos departamentos. Focada em resultados e atuando em variados nichos de mercado, gerenciou empresas como JR Diesel do grande Geraldo Rufino, e também palestrou em organizações como Mercedes Benz. Diretora da MiraH Assessoria, tem o intuito de orientar empresas a alcançarem seus objetivos por meio do planejamento estratégico. Executiva, palestrante, *head* de vendas, com mais de 20 anos de experiência na área comercial. Altamente profissional, tem autoridade para proporcionar sucesso para sua empresa com o uso dos três pilares: assessoria, palestras e treinamentos.

Contatos
www.mirahassessoria.com.br
debora@mirahassessoria.com.br
(11) 99555-5024

Ser sofrível e mediano é a melhor e mais clara definição de medíocre. É uma palavra que vem do latim *mediocris*, um adjetivo de dois gêneros que qualifica aquele ou aquilo que está na média, entre dois termos de comparação, ou seja, que não é bom, mas também não é ruim, que não é pequeno, tampouco grande.

A expressão medíocre é usada também para fazer referência àquele ou àquilo que é totalmente insignificante, irrelevante, tem pouco merecimento. O adjetivo medíocre é normalmente utilizado para qualificar o que está abaixo da média, que possui pouco valor, baixa qualidade, algo ordinário e insignificante.

Como sentido pejorativo, muitas vezes, é usado como um insulto, porém, de forma mais clara e precisa, ser medíocre é aceitar sua situação atual e não ter qualidades ou habilidades suficientes para se destacar naquilo que se propõe a fazer, seja na vida pessoal ou profissional.

A cultura da mediocridade

De acordo com o escritor Ernest Hello, o medíocre vence porque segue a correnteza e o homem superior triunfa porque vai contra ela.

Há tempos que grandes pensadores afirmam que a humanidade vive de acordo com uma mediocridade reinante. Pessoas que apresentaram destaque no que se dedicaram em toda a sua vida, são justamente aquelas que claramente tiveram embasamento de suas ideias observando o restante da população. Muitas delas não possuem a capacidade de dedicar 100% de suas energias na realização de suas atividades, mas criticam todos aqueles que, por merecimento, atingiram seu máximo.

É extremamente compreensível que vivamos em um mundo totalmente exigente em todas as suas áreas, são incontáveis tarefas desempenhadas simultaneamente, que torna quase impossível a apresentação de resultados acima da média. Mas, por outro lado, observa-se outros que se esforçam, exibem o seu máximo, atingem a excelência e ultrapassam o limite da mediocridade, conquistando realizações recordes, tornando-se destaques. Esses servem de exemplos, são lembrados e costumeiramente são alvos de manifestações e críticas de uma fatia da sociedade que segue a lei do menor esforço, da reclamação, do comodismo e da mesmice, implantando a mediocridade como regra e a autossabotagem.

Mas, afinal, o que é ser medíocre?

Citado como um livro histórico, a bíblia traz a reflexão de um texto com base em Apocalipse: assim, porque és morno, e não és frio nem quente, vomitar-te-ei da minha boca.

Qual o sentido do texto ao referir-se à palavra morno? Como compreender com exatidão essa citação? Morno = medíocre = mais ou menos = sem compromisso.

As pessoas mornas agradam aqueles que são imparciais e apáticos para qualquer tema, que não afirmam absolutamente nada e que apenas tratam com respeito as opiniões contraditórias, com o objetivo de não atrair inimigos espontâneos. Toda afirmação soa insolente, pois exclui a posição contrária, têm preferências por agradar ao invés de expor seus pensamentos.

São pessoas que, para elas, tanto faz, não se entregam, não mergulham explorando todas as possibilidades, não se dedicam totalmente. Mornas em seus pensamentos, na comunidade, em seu trabalho, no casamento, na amizade, com os filhos, em sua religião e nos estudos. Não são quentes, nem frias, são literalmente em cima do muro, são mais ou menos. Mais ou menos interessantes, competentes, religiosas, presentes, mais ou menos tudo.

A reclamação constante lhes apraz, não vislumbram nenhum fato esplêndido em suas vidas medianas. Seu maior inimigo é a própria mente e, decorrente disso, não encontram forças, nem mesmo motivações para atingirem suas metas reais.

Criar um diálogo com alguém que tem como princípio essa forma de raciocinar é frustrante:

- Como está no trabalho?
- Mais ou menos, ninguém me enxerga. Mas, fazer o quê? Preciso ganhar o pão.
- E o casamento?
- Ruim com ele, pior sem ele, vamos ver no que vai dar.

- E os estudos? Fiquei sabendo que você está estudando.
- Estou, o mercado me obriga.

Muitos que são demitidos queixam-se da falta de trabalho e da carência de oportunidade dentro das organizações. Todavia, enquanto ainda obtinha em suas mãos a grande chance de se tornar um colaborador acima da média, reclamava de sua remuneração e das atividades diárias. Acordava com pensamento de logo chegar ao final de semana e roubava o tempo daquele que o havia contratado, com horas desperdiçadas na internet e conversas paralelas. Inexistência de empenho, cravando em sua mente a crença medíocre "eu não sou pago para fazer mais do que isso."

O filho implora por sua atenção, pelo seu carinho e apenas para cumprir protocolo, diz que ficará míseros dez minutos ao seu lado. Nesse período, seu corpo está presente, entretanto, seus pensamentos estão em outro lugar, você ouve, mas não o escuta, isso quando suas mãos não estão sintonizadas no controle remoto ou mesmo em seu celular.

Não há o diálogo dentro de sua própria casa, não existe o interesse em descobrir como foi o dia daquele filho que sentiu a sua ausência durante horas. Futuramente, ao atingir a adolescência, você pode perdê-lo para as drogas, amigos de influência negativa e só o que restará é o lamento e o questionamento de onde você falhou.

Morno! Pessoas mornas! Que não fazem questão de deixar o seu legado.

Mindset e crenças limitantes:

- Eu não posso, não sou capaz, não consigo;
- Sou um fracassado, nunca conseguirei realizar meus sonhos;
- Não consigo me organizar, não mereço sucesso;
- Sou feio; sou gordo; sou magro demais; sou burro; sou muito velho para isso;
- O mundo está em crise, tenho que aceitar assim;
- O problema é a minha cor; eu sou pobre; sou infeliz.

Consegue se identificar com alguma dessas frases ou algo semelhante?

As crenças limitantes são representadas por todas as ideias ouvidas durante sua trajetória, que se tornaram uma verdade absoluta em sua vida. O resultado desse acúmulo de pensamentos é o motivo de indivíduos agirem, reagirem, compreenderem, encararem e receberem as informações de forma totalmente diferente, produzindo reações desconforme em situações idênticas.

Essa forma de pensar implantada em sua rotina se torna real em todos os sentidos. Se você acredita que a vida é muito difícil, porque ouviu durante todo tempo que ela não é fácil, que terá diversos obstáculos, que o tempo passará e nada mudará, então assim será. Você já determinou isso, não vê a necessidade de ir contra. Se acorda cedo e determina que aquele dia será péssimo, que a negociação dos sonhos não será arrematada, que aquela entrevista de emprego não será conquistada, é exatamente isso que irá acontecer, porque você já acreditou. Assim será.

Isso acontece porque você está conectado a essas palavras, não conhece a outra face. Essas reflexões são decorrentes de sentimentos durante a gestação, a educação recebida e o sistema familiar, frases expressadas por seus pais, ideias transmitidas por professores, amigos, pelo líder, por sua família, interpretações pessoais e convivências. Esse conjunto de referências e estímulos preenche suas crenças e ficam registrados em seu cérebro, que reiterado são negativos, criando-se as crenças limitantes, ou seja, restringe ao alcance do seu potencial supremo.

É exatamente esse tipo de vibração que será compatível com o seu cotidiano, pois você não consegue e não quer pensar de outra maneira, está acostumado agir assim. É necessário se conectar com tudo aquilo que realmente você quer para seu futuro e por isso ter próximo a você pessoas e atitudes positivas.

Formada em psicologia, Carol S. Dweck é conhecida pelo seu trabalho no traço psicológico da mentalidade. Responsável pelo desenvolvimento da filosofia de obtermos sucesso por meio do *mindset*, a estudiosa explica que essa forma de pensar demonstra o modo otimista ou pessimista de enfrentar diversas situações e defende que, para isso, existem dois tipos de mentalidades distintas: a fixa e a progressiva.

Indivíduos com mentalidade fixa acreditam que nasceram dessa forma e que não poderão mudar. Enfatizam que nasceram sem determinadas capacidades, com limitações e que estes não podem ser desenvolvidos ao longo do tempo, por isso, não buscam diferenciações e se sentem inseguros constantemente. Possuem a corriqueira sensação que sempre encontrarão pessoas mais competentes e com dons que não vivenciam.

Indivíduos com mentalidade fixa demonstram temor ao fracasso e, dessa forma, oprimem suas habilidades, enquanto os com a mentalidade progressiva não se abatem, pois percebem que seu desempenho pode ser melhorado e o fracasso serve apenas para fortalecimento de seu aprendizado. A mentalidade fixa mostra pensamentos negativos e manifestam desmotivação e estagnação diante de situações complicadas.

Já a mentalidade progressiva ou de crescimento acredita que seu sucesso possui base em um árduo trabalho, aprendizado, dedicação, busca, treinamento e obstinação. Essa concepção lhe permitirá uma vida menos estressante e bem-sucedida.

Pessoas que acreditam em seus talentos e habilidades possuem aptidão para transformar a dificuldade em oportunidade. Se erram, não há problema, o importante é que assimilem os pontos positivos do processo e implementem as ações de melhoria. Essas buscam vencer suas limitações diariamente, não são mestres, mas buscam ser, aprimoram conhecimentos e diariamente têm pensamentos e palavras positivas para proferir. São destinadas ao sucesso total.

Não é sorte, é paixão

Chegou a sua hora de dar um basta nessa situação. Se você não conseguia compreender e hoje se identificou com essa mentalidade pobre, independente de diversas circunstâncias que ao longo do seu caminho lhe trouxeram frustrações e fizeram desacreditar, chegou o momento de gritar chega!

Ainda há tempo para a grande mudança que fará a diferença em sua vida e lhe tornará um ser extraordinário. Busque soluções e não problemas, procure a felicidade e a não tristeza, descubra uma vida mais leve, com menos peso. Contemple as suas conquistas e a imensidão que está bem a sua frente apenas aguardando você. Construa pensamentos extremamente positivos, mesmo no momento em que nada parece dar certo.

Seja apaixonado por tudo que o envolve, se destaque, queira aprender, demonstre competência, interesse, seriedade em seu local de trabalho. Abrace outros departamentos, faça *network*, demonstre proatividade, acorde feliz e agradeça. Busque seu crescimento pessoal, estude mais, leia mais, tenha mais engajamento nas ações. Não se lamente.

Se está desempregado, liste as principais empresas das quais queira fazer parte. Cadastre-se no site, nas redes sociais, encontre por meio da *web* pessoas que fazem parte do quadro de colaboradores e adicione. Envie sua carta de apresentação virtual e também física com destinatário certo, demonstre interesse. Pessoalmente e muito bem apresentável dirija-se até a organização e se apresente. Crie oportunidades e não desista.

Sua empresa está comercializando pouco? Defina claramente seu modelo de negócio, independentemente dos anos de mercado. Identifique seu público-alvo, formas de manter relacionamento, canais para atingir o *lead* e revertê-lo em um cliente potencial.

Planeje e tenha um plano de ação claro e definido, não na mente e sim no papel. Invista em sua marca, se faça lembrado, explore todas as ferramentas que lhe mantêm próximo ao cliente. Surpreenda-o com contatos diferenciados, brindes, propostas, agradecimento. Prospecte cada vez mais e obtenha o crescimento exponencial. Meça resultados e tenha êxito.

Tenha ao seu lado pessoas que sejam exemplos a se espelhar, que dizem palavras certas para o momento, que conquistam e estão dispostas a repetir vitórias.

E, por último, porém, não menos importante, mas como fator principal: seja totalmente apaixonado primeiramente por si mesmo. Você é o ser mais lindo e inteligente, você é único, foi moldado detalhe a detalhe desde a sua concepção. Absolutamente nada pode pará-lo, você pode e deve ser feliz!

Analise qual foi o momento em que parou de sonhar, que enterrou seus pensamentos e criou uma barreira a suas metas. Reflita em que período suas forças se enfraqueceram, por que perdeu o caminho e mude agora. Ainda há tempo, recomece.

Para conquistar sonhos, independentemente de qual fase você esteja vivendo, é preciso ter a mira certa, a autoestima elevada e trabalhar a resiliência, pois essa característica o ajudará a superar as dificuldades e dará o poder de ressignificar. Não há ninguém que não possa alterar o curso da sua própria história. Você é capaz. Acredite!

Referências
BÍBLIA SAGRADA, *Apocalipse* 3.15-16.
DWECK, Carol S. *Mindset – A Nova psicologia do sucesso*, editora Objetiva, 2017.
VEJA. Citação do escritor Ernest Hello. Disponível em: <http://www.veja.abril.com.br>.

9

Três passos para você detonar o desânimo e alcançar seus objetivos

Foram muitas tentativas, muitos erros, muitos fracassos, muitas derrotas colecionadas para chegar ao objetivo tão sonhado e desejado. Não foi fácil, mas cheguei, apesar das quedas duras, aqui estou para compartilhar contigo a receita do sucesso. Estou certo de que se você seguir os passos que vou lhe ensinar, não precisará sofrer o quanto sofri, seu caminho não terá tantas curvas, morros, ladeiras, pedras e buracos. Com os passos que vou ensinar, você vai encurtar seu caminho e evitar muitas dores. Então, venha comigo...

Donivaldo Santos

Donivaldo Santos

Professor, palestrante e *coach* motivacional. Idealizador e executor dos projetos *Quem você quer ser amanhã*, *Estudar pode dar certo*, *Ensinar pode dar certo* e *Não seja pessimista*.

Contatos
Facebook: donivaldo.expeditodossantos
(35) 99851-3058

Quero que você entenda inteligência como comportamentos e ações assertivas, que partem de uma escolha consciente de alguém. Além de considerá-la a motivação capaz de fazer um indivíduo sair da zona de conforto e agir. Portanto, precisamos entender que possuir inteligência motivacional pressupõe agirmos na direção, na hora e na dosagem certa com pessoas certas visando o alcance de algo maior.

Minha história é parecida com a da maioria dos brasileiros. Nasci em família simples, humilde e com muitas dificuldades financeiras. Meus pais eram lavradores, ganhavam salários baixíssimos e tiveram que trabalhar mais da metade de suas vidas para conseguirem construir a casa própria.

Cresci presenciando todas essas limitações financeiras e sociais, assim, estabeleci para mim mesmo que eu queria uma vida diferente daquela que meus pais viviam. Decidi que daquela realidade eu só queria levar a honestidade, o amor por aquilo que faziam, o respeito pelo próximo, o otimismo apesar das dificuldades, a capacidade de se autossuperar e o trabalho sério e digno.

Cresci ouvindo minha mãe dizer que queria me ver formado e com um bom trabalho. Lá em casa, eu sempre fui tratado como o coitado, pois sempre tive bronquite e, por conta disso, minha infância foi difícil e marcada por idas e vindas a hospitais. Devido a esse problema, meus irmãos e meus pais me poupavam ao máximo.

Toda essa proteção me fez muito mal. Tornei-me um adulto fraco, sem atitude, morno, birrento, sem foco, sem um propósito e sem uma clareza de futuro. Eu acreditava que a vida e as pessoas iriam me proteger como minha família me protegia. Enganei-me e tive que aprender que o mundo simplesmente não se curvava frente as minhas dores.

Aos 14 anos, comecei a trabalhar na lavoura seguindo os mesmos passos dos meus pais e ganhando diárias baixíssimas. Chegava em casa muito cansado e ainda tinha que enfrentar a escola à noite. O estudo era a única esperança de mudar minha vida.

Embora nunca tenha sido um aluno autodidata, me esforçava bastante e conseguia uma boa nota. Perceba que disse boa nota, não bom conhecimento, o que era mais um erro meu. Achei que aquelas notas simbolizavam meus aprendizados, pois eu até era visto como um dos melhores alunos da sala. Com altíssimas notas, mais uma vez a proteção me prejudicou, meus professores me protegiam de qualquer crítica, pois eu era visto como o aluno modelo. Eu tinha notas altíssimas, mas pouca bagagem, nada contra, mas notas não simbolizam poder, conhecimento sim.

Aos 19 anos, ingressei no seminário diocesano para ser padre e fiquei por lá quatro anos, dois meses e nove dias. Fui presenteado com duas bolsas de estudos de história e filosofia. No vestibular de história passei em 32º, não muito bem, como disse, minhas notas eram uma mentira, eram fruto de uma cultura educacional que ensina o "decoreba" e não o aprendizado permanente. Mas, tudo bem, passei e naquele momento era o mais importante.

Em 2006 deixei o seminário depois de uma crise vocacional e voltei a morar com meus pais em Cássia, minha terra natal. Cheguei muito animado e orgulhoso de mim, afinal, era o único formado na minha família. Imaginei que arrumaria serviço como professor de imediato e ganharia uma fortuna. Comecei a ir de escola em escola e descobri que as coisas não eram bem como eu havia imaginado. Pegar aulas exigia uma inscrição e os salários não eram nada perto de uma fortuna.

Depois de muito tentar e não conseguir, voltei a trabalhar como lavrador. Além da derrota pessoal e profissional, tive que suportar as brincadeiras dos colegas de trabalho (filho de pobre nasce pobre e morre pobre, estudo não resolve nada) e muitas outras. O pior não eram os colegas de trabalho, mas a desconfiança e os olhares de cobrança da família. Cadê aquele que iria mudar nossa vida? Cadê aquele que achava que tudo era possível?

Até que um dia consegui ingressar na escola e permaneci por oito anos lecionando como contratado do Estado de Minas. Vivi muitas experiências boas, fiz várias amizades com colegas de trabalho e alunos. Ganhei pouco dinheiro, e o sonho de mudar a minha vida continuava.

Vendi iogurte, mandioca, alface e castanha de caju. Além disso, criei cursos e palestras para ministrar. Entrei em *marketing* multinível, prestei vários concursos e fui reprovado ou classificado em posições inferiores. Até que em 2012, passei no concurso da Companhia de Saneamento de Minas Gerais (Copasa) e fui nomeado em 21 de janeiro de 2015. Pensei que meus problemas haviam acabado. Afinal, estava concursado, ganhando um salário razoável, trabalhava dois dias e folgava dois. Porém, o empreendedorismo falou mais alto, então, fui em busca de algo que me fizesse sentir felicidade e realização. Não que eu não estivesse feliz, mas eu não me sentia realizado.

Foi aí que descobri o *coaching*, comecei a estudar muito, pesquisar tudo o que via a respeito do assunto, mas, me deparei com mais uma frustração. Todas as escolas de *coaching* que eu encontrava cobravam um valor expressivo por uma formação, e eu estava endividado. Pagava financiamento de carro, empréstimo pessoal e financiamento de casa. Mas decidi não parar, continuei pesquisando, assistindo vídeos, dando palestras motivacionais nas escolas para ganhar experiência e ouvindo histórias para ganhar uma *graninha*. Como busca por uma ajuda que complementasse a minha renda e acabasse com as minhas dívidas, eu me cadastrava nestes cursos que pegam seu *e-mail* para usá-lo como isca para vender.

Dizem que quem procura acha, bem, não se isso é balela, mas comigo não foi. Um dia, minha esposa entrou no *Facebook* e viu um anúncio de uma escola de *coaching* que pagava 90% da bolsa de estudo, oferendo, no final da bolsa, a oportunidade de atuar como *coach*. Aquilo era tudo o que eu queria e precisava para alcançar a mudança que desejava. Mas não foi tão fácil, apesar de o investimento ser baixo eu tive que parcelar em oito vezes no meu cartão de crédito.

Essa foi a melhor decisão que tomei na minha vida. Hoje, vivo a vida que escolhi. Ainda tenho muito para avançar, mas sinto que agora estou na direção certa, cada dia mais próximo da vida que sonhei e escolhi viver. Posso afirmar, com toda certeza, que hoje faço parte dos 8% das pessoas que vivem a vida que escolheram viver.

Com o *coaching*, descobri minha missão de vida, meus valores pessoais e minha visão de futuro. Ao fazer essa descoberta, me tornei uma pessoa com clareza, foco e ação. Dei o nome de inteligência motivacional a essa tríade (clareza, foco e ação) que mudou minha vida e vai mudar a sua também.

Quero que você saia dos 92% das pessoas que estão vivendo a vida que não escolheram. Este alguém pode estar entre a sua família ou seus amigos, mas isso não vai e não pode continuar. A vida é sua e você precisa construí-la e vivê-la com o formato, cores e sabores que você escolher.

Eu não passava de um fracassado vestido de vencedor. Minha mente vivia cheia de ladrões de sonhos, que me convenciam a desistir nos primeiros obstáculos. Começava um projeto feliz e otimista com a certeza de que agora iria dar certo, mas perdia a motivação logo em seguida. O pior, gastava tudo que eu ganhava. Perdi cinco carros nas tentativas fracassadas, fora as dívidas que minha esposa pagou.

Hoje, posso afirmar a você que minha esposa foi uma guerreira. Nunca desistiu de mim, mesmo vendo tantas tentativas seguidas do mesmo roteiro. E foi por meio dela que a oportunidade da virada da minha vida me alcançou. Agradeço a Deus por ter colocado mulheres maravilhosas em minha vida (minha mãe, esposa, avós, enteada e irmã).

Com o *coaching*, aprendi e descobri que o que me impedia de ser um vencedor eram minhas crenças. Medo, insegurança, idealismo exagerado, imediatismo, vontade de ganhar dinheiro fácil, pena de mim mesmo, falta de foco, procrastinação, vitimismo e desculpas. A culpa dos meus fracassos era sempre do outro e nunca minha.

Quando entendi essa minha realidade, não foi fácil, doeu bastante. Confesso que quis mais uma vez fugir e voltar para a proteção que sempre tive, mas, naquele momento, tudo era diferente. Eu conhecia a causa dos meus fracassos e tinha que ser forte para eliminar essas crenças e reprogramar minha mente para a vitória. Foi aí que criei um método de três passos que mudou minha vida e tenho certeza que vai mudar a sua também, pois ele foi testado, quantificado e orquestrado.

Passo 1 – Clareza de futuro

Como você quer que seja seu futuro? Como você quer estar fisicamente, financeiramente, profissionalmente, espiritualmente e pessoalmente em dez, cinco, dois ou um ano? E em seis meses?

A resposta a essa pergunta define sua clareza de futuro, ou seja, aquilo que você quer alcançar em sua vida. Só há evolução quando temos clareza do que queremos.

Não dá para fazer uma viagem sem antes termos certeza do lugar que queremos ir. Conta uma lenda que uma menina estava caminhando numa estrada quando se deparou com uma encruzilhada e, sem saber qual direção tomar, perguntou a um gato qual caminho ela deveria seguir. O gato então perguntou para onde ela queria ir e ela respondeu que não sabia, então ele disse que não importava a direção.

Se você não sabe o que quer, qualquer coisa serve. Se oferecem uma oportunidade ou uma furada, você aceita, pois não sabe o que quer. Assim, você vai construindo sua vida cheia de fracassos.

Se você não tem um futuro definido (passo a passo a seguir), com prioridades (o que fazer primeiro), com um planejamento (como fazer e quando fazer) e com ações certas que o levarão à realização de seus sonhos ou objetivos, você acabará como os 92% das pessoas que vivem uma vida abaixo de seus potenciais. Clareza de futuro é seu sonho ou sonhos em ação!

Passo 2 – Foco

Se você tem clareza de futuro, sabe o que, quando e como quer conseguir. Agora fica fácil manter um foco e uma direção num caminho que o ligará aos seus sonhos.

Diariamente somos bombardeados por convites, a maioria deles distante dos nossos sonhos e objetivos. Daí a importância de ter uma clareza de futuro, porque quando temos convicção do que queremos, somos capazes de focar naquilo que nos aproxima de nosso destino e distanciar daquilo que nos afasta de nosso destino.

Imagine que você decida fazer uma viagem com sua família para Caldas Novas, Goiás. Você define a data, faz uma pesquisa de preços, faz uma poupança para custear os gastos de hospedagem, transporte, alimentação, faz uma reserva no hotel que escolheram, define o horário de saída e define a rota que vão seguir para chegar ao seu destino.

Ao saírem de viagem, com a clareza do destino, vocês vão seguir a jornada curtindo cada momento, fazendo suas paradas para lanchar ou ver paisagens bonitas. Nunca esquecendo do foco.

Quando temos definida nossa clareza de futuro, somos capazes de traçar nossa rota e criar nosso mapa estratégico que nos mantém focados na jornada. Nessa hora, somos capazes de dizer não para tudo aquilo que desvie a nossa atenção. Focamos naquilo que é importante e evitamos aquilo que é circunstancial.

Passo 3 – Ação

Ação é a hora do botar o pé na estrada e fazer acontecer. Agora que temos clareza de futuro (destino) e criamos nosso mapa estratégico (foco), precisamos agir para tornar nosso sonho realidade.

Na ação, precisamos ficar atentos para não agir na direção errada ou contrária. Se você quer emagrecer com saúde, você precisa fazer uma reeducação alimentar somada com uma prática de atividades físicas. Não resolve fazer um e não fazer o outro.

Uma vez tendo a clareza de futuro (destino) e foco (estrategia), é preciso agir na direção, no tempo, na maneira, na intensidade e com as pessoas certas. Aqui precisamos entender que gostar ou não de algo, não é a receita certa, pois, se você quer emagrecer e gosta de comida gordurosa, terá que se perguntar se isso vai contribuir para a realização da sua meta. Então você precisa saber se o que está fazendo, se sua ação lhe convém ou não.

Se a resposta lhe disser que o que está fazendo, ou está pensando em fazer, vai lhe tirar do caminho que você traçou para chegar ao seu destino. É hora de você parar e voltar ao seu foco. A partir de agora, todas as suas escolhas devem lhe aproximar do seu objetivo e não afastá-lo. Lembre-se: a sua condição atual não define a sua condição futura, mas as suas ações atuais definem a sua condição futura.

10

O que você deixou de ser quando cresceu? Devolva as habilidades empreendedoras que há em ti!

É comum ouvirmos de uma criança: quando eu crescer quero ser astronauta!! Com o tempo, perdemos a capacidade de sonhar. O que você deixou de ser quando cresceu trará à tona tudo o que precisa para voltar a ter brilho nos olhos. Devolva e dê vida à criança criativa e questionadora que há em ti

Douglas Henrique de Oliveira

Douglas Henrique de Oliveira

Administrador graduado pela Faculdade Adventista de Minas Gerais – Fadminas, com pós-graduação em Gestão Estratégica de Negócios e Pessoas pelo Centro Universitário de Lavras – Unilavras. Formação em *Coaching*. Palestrante Profissional, Escritor e Professor em cursos técnicos. Possui inúmeros trabalhos científicos publicados em Congressos e Revistas de Administração. Possui o Prêmio Gen/ATLAS de Produção Científica 2017.

Contatos
www.dhpalestras.com.br
contato@dhpalestras.com.br
Instagram: dhpalestras
Facebook: DHPalestras
LinkedIn: www.linkedin.com/in/douglas-henrique-2915a682
(35) 99180-2134

> Nunca deixe ninguém dizer que você não pode fazer alguma coisa. Se você tem um sonho, tem que correr atrás dele. As pessoas não conseguem vencer, e dizem que você também não vai vencer. Se quer alguma coisa, corra atrás.
> À procura da felicidade

Crescemos e no decorrer de nossa vida perdemos a capacidade de sonhar, imaginar e criar. Viramos prisioneiros do medo, do desconhecido, de partir para uma nova aventura e de ousarmos dar passos rumo aos nossos objetivos, por nos sentirmos derrotados pelo tempo e por termos perdido as oportunidades de arriscar. Assim, assumimos a condição de derrota sem mesmo termos dado o primeiro passo.

Já sentiu isso alguma vez?

A maior barreira que podemos enfrentar não é a física, aquela em que é preciso dar a volta para atingir o objetivo, mesmo que demande tempo e energia, e sim aquela barreira mental, onde ficamos parados durante anos, e às vezes por toda vida, pois essa demanda criatividade e ousadia.

Em toda nossa história, a maior distância a ser percorrida é aquela entre onde estamos e onde pretendemos chegar, pois isso exige de nós ação e, para agirmos, precisamos decidir e assumir riscos. Se perdemos lentamente a nossa capacidade de sonhar, consequentemente perdemos nossa capacidade de arriscar.

As mais lindas histórias são escritas por mentes inquietas e ousadas, em busca de sentido e significado para vários aspectos da vida. As crianças possuem habilidades incríveis de escrever onde não há papel ou caneta, em rabiscar onde não há espaços para letras ou pontos, pois elas não precisam de condições ou espaços adequados. Uma vez que a criança cria a condição e situação para executar seus pensamentos, tudo isso vem de forma mental, onde todos os grandes empreendimentos começam.

A concepção de uma criança é a mais bela obra já criada, um ser capaz de desenvolver inúmeras atividades, com a mais complexa programação mental, intelectual, indecifrável e imprevisível. Ainda que condicionada a determinadas condições, haverá sempre a vontade própria adquirida com todo contexto e situações que a cercam.

Nascemos envoltos de habilidades incríveis, como: curiosidade, questionamento, coragem, força, criatividade, adaptação, agilidade, pureza, ousadia, determinação, persistência e resistência.

Dentre tantas outras habilidades que nos acompanham desde o nascimento, viemos com um pacote de características que, se trabalhadas da forma correta, podem gerar inúmeros benefícios em nossa fase adulta.

Porém, somos semelhantes a um diamante bruto, que precisa ser lapidado e trabalhado, até atingir sua forma e resplandecer o seu verdadeiro brilho. Isso ocorre mesmo que não haja em nossa vida a forma final de ser, pois somos constantemente desafiados e provocados à mudança, e a mudança positiva nos liberta e nos permite ir além!

É muito comum ouvirmos de uma criança: quando eu crescer quero ser astronauta! O desejo de ser astronauta não se relaciona diretamente com o desejo de fazer, e sim com a imaginação de poder dominar o espaço e atingir a lua. Uma mente pura e inocente é capaz de ultrapassar as limitações físicas e alcançar o espaço, conquistar o intocável, apenas com o desejo de ser. Na mente da criança não há a definição de impossível ou difícil.

Os sentimentos gerados pelo desejo de ser algo, são capazes de mover a mente humana, impulsionando-a a inventar, reinventar, criar e recriar quantas vezes forem necessárias, apenas para atender a suas vontades e desejos de alcançar, e chegar a lugares tão distantes quanto sua imaginação puder alcançar. Isso sem se cansar e pensar na distância a percorrer no imaginário, considerando que as maiores maratonas começam com o preparo e a definição de metas diárias, antes mesmo de darmos o primeiro passo real, percorremos milhares de quilômetros no pensamento.

A criança carrega consigo a infinitude dos pensamentos e da criação de novas formas de ver e fazer as coisas. Sempre com agilidade, desenvolve, cria novos caminhos e incansavelmente reinventa várias maneiras de brincar e descobrir o mundo. Indesistível é a palavra que define a característica comportamental de uma criança.

Nenhuma habilidade se concretiza sem que seja estimulada e praticada. Em nossa infância não temos limites para sonhar e criar, não medimos força para inovar as velhas formas de brincar e agir, não desistimos até alcançarmos o que queremos.

A maior liberdade de um ser humano é a capacidade de imaginar, e é comum notarmos que muitas funções hoje desempenhadas pela maioria não exigem habilidade de imaginação nenhuma. Simplesmente executam e repetem atividades, pois disseram que é dessa forma, e nem mesmo questionam o motivo de ser assim.

Para que possamos dar os frutos das habilidades que possuímos, é imprescindível que sejamos submetidos a situações que exijam de nós tais características. Porém, nem sempre é dessa forma que acontece, pois a sociedade acaba exigindo que sejamos todos iguais e façamos as mesmas coisas. Além de termos que seguir os padrões impostos, e desempenharmos funções simplesmente operacionais, onde raramente lapidamos as habilidades da criatividade e inovação, ousadia e determinação.

É importante pararmos para analisar como temos desempenhado nossas funções, e como estamos submetendo os nossos colaboradores em suas atividades diárias. Para isso, sempre me questiono e ouso induzi-lo ao mesmo: qual foi a última vez que você fechou os olhos e se sentiu um astronauta ou algo que um dia sonhou em ser?

Você se recorda da última vez que desejou ser um super-herói com superpoderes? Como foi a última vez que viajou sem sair do lugar? Quando criou algo novo, brincadeira nova, ou apenas brincou novamente? Qual foi o personagem da infância que você quis ser ou já fingiu ser diante do espelho? Quando se permitiu andar descalço no jardim e contemplar a beleza das flores? Sentar-se no chão e se divertir como se não houvesse outra coisa mais importante? Qual foi o sonho de infância que você já realizou? Existe algum sonho que gostaria de realizar?

Recordo-me de quando era ainda bem jovem e desejava fortemente ser um piloto famoso de Motocross... boas lembranças! As condições não favoreciam, mas a minha mente inquieta e indesistível não me permitia passar um dia sequer sem me imaginar sentado atrás de um guidão de moto e realizando grandes saltos! Saltos até maiores dos que os da maioria dos grandes pilotos, pois eles faziam apenas o que a pista permitia e eu ousava ir até o limite da minha imaginação — já ganhei dezenas de campeonatos imaginários, mas também perdi alguns.

Esse desejo constante de pilotar me levava a sonhar acordado por diversas vezes, mas não me tirava da realidade e tampouco me fazia dispersar do foco em um dia realizar. Era um sonho alimentado diariamente por recortes de papel em revistas de MotoCross, preparados por uma mulher inspiradora e criativa que me fazia desejar cada vez mais. Sempre com palavras de incentivo da minha maior *coach* — minha mãe, em cada recorte da coleção: você se tornará somente aquilo que acredita ser capaz! Sonhe grande!! E só é possível relatar em palavras, devido ao grande escritor que tenho a honra de conviver: meu pai!

Nossa capacidade de imaginar e de criar situações e cenários nos coloca na condição de protagonistas de nossa existência, pois não aceitamos menos do que o papel principal do nosso ser. Grande parte da frustração dos adultos surge devido à ausência de coragem de ousar, dar vida à sua mente e seus desejos escondidos por trás de medos, que alimentamos diariamente com a covardia de não libertar a criança que há em nós!

É interessante o conflito entre ser e fazer, que vamos detectando em nossa trajetória, pois nem sempre o que sonhamos em ser lá atrás, hoje fazemos, e pode até ser que não iremos fazer. Mas o que somos não pode perder seu sentido e valor, pois não podemos deixar de ser sonhadores e esperançosos, assim perdendo nossa essência!

A questão nem sempre é o que deixamos para trás, e sim o que foi capaz de transpor o tempo e permanecer em nós até hoje. Eu ainda me pego pilotando a moto imaginária que me acompanhou durante toda infância, mesmo que eu ainda não tenha me tornado um piloto, não abandonei a capacidade de imaginar, sonhar e criar situações em minha mente. Isso é um exercício diário de fortalecer e alimentar meus sonhos — esses não podem perecer!

A atividade que iremos desempenhar em nossa vida adulta não pode roubar de nós o desejo de ser uma criança, pois podemos realizar grandes cirurgias enquanto médicos. Já nas horas vagas, temos a liberdade de ir à lua e voltar, sobrevoar a cidade com nossas asas da imaginação e retornar ao hospital. Isso não é ser louco, isso é ser adulto sem deixar de ser criança, isso é viver e não apenas existir. Dentre todas as coisas que vamos perdendo com o tempo, vamos ganhando e conquistando outras, mas vale destacar duas que julgo relevantes em nossa vida profissional, e que acredito ser o diferencial nas pessoas de sucesso: pureza e inocência.

A inocência aqui mencionada não se trata de um ser frágil, exposto aos riscos por não ter malícia nos negócios, e sim daquela inocência de muitas vezes não medir riscos de algo que quer fazer, e mesmo sendo arriscado, ousa ir adiante e enfrenta as dificuldades em busca das realizações – e as realiza, e se satisfaz! Isso é sucesso!

Nos negócios é da mesma maneira que em nossa vida, pois a concepção de uma criança é semelhante à criação de empresas. São concebidas, envoltas de inúmeros planos, projetos, metas e projeções, mas acabam, muitas vezes, não tomando os rumos previstos, simplesmente por serem conduzidas por pessoas que sofreram adultização precocemente.

Sofrer adultização é quando perdemos a capacidade de sermos criança, mesmo quando somos crianças! É inserir contextos adultos em lugar de coisas compatíveis com a faixa etária de uma criança, onde não é permitido o faz de conta. Somos inseridos nesse lugar onde só podemos fazer o que a condição permite, sem criar o que queremos ser, mesmo que contrarie toda a condição humana de fazer.

O resultado de empresas criadas nesse contexto é uma estrutura rígida, com pouca capacidade de se reinventar e se posicionar em um mercado altamente competitivo, que demanda cada dia mais capacidade criativa e mentes férteis, para transporem os obstáculos do engessamento da mente humana. Nesse cenário incerto, de grande flexibilidade e resiliência, se faz necessário possuir as habilidades que acompanham a inocência e pureza das crianças, pois é preciso "reinventar" as formas de jogar o jogo e criar novas brincadeiras, tornando o negócio mais atrativo.

Diante de todas as características citadas anteriormente, nota-se que a criança é empreendedora por natureza, e o empreendedorismo é um tema amplamente discutido e objeto de diversos estudos, uma vez que os impactos gerados e os benefícios proporcionados por meio de atitudes desse tipo são numerosos. Esse cenário de inovação e criatividade demanda uma nova forma de liderar, enxergar e gerir os negócios. Já não basta administrar recursos sem que haja envolvimento, engajamento e contribuição por parte dos liderados. Essa postura é exatamente o que irá diferenciar as organizações, pois nesse cenário de constantes transformações é preciso criar um ambiente favorável ao espírito empreendedor entre os colaboradores.

Quando entendemos os anseios de quem lideramos ou convivemos, torna-se mais fácil a assertividade de nossos atos e ações, pois podemos alinhar os objetivos de forma clara para ambas as partes envolvidas. As relações com base no respeito e no incentivo ao desenvolvimento são capazes de extrair o melhor de cada indivíduo, potencializando sua capacidade criativa e valorizando sua história e objetivo de vida. A abordagem do empreendedorismo trata de algo bem mais amplo do que simplesmente a criação de novos negócios. Ser empreendedor é criar, modificar, alterar e inovar em todos os níveis, desde a abertura de uma nova empresa ou na forma de executar uma tarefa já existente. Ver os problemas cotidianos e solucioná-los, mudar o meio em que está inserido externamente e internamente, tudo isso está relacionado ao perfil empreendedor.

Podemos perceber que uma empresa tem muita relação com a criança: ambas precisam ser submetidas a desafios, provocações e questionamentos, pois dessa maneira será possível dar asas à imaginação. Quando imaginamos, somos capazes de enxergar além das paredes fixas de um escritório, ou podemos também ir além das paredes rígidas da mente humana. Objetivando, com isso, a resolução de problemas e conflitos, sempre de maneira eficiente e inovadora. Essa é a chave do sucesso! E é exatamente o objetivo que buscamos alcançar: criar soluções criativas!

Quando entendemos esse contexto, podemos começar a escrever uma nova história, afinal só é possível definir uma visão de futuro quando temos raízes e sabemos quem somos e o motivo pelo qual fomos criados! Só se chega longe quem um dia começou a caminhar. E você? Por onde tem andado? O que deixou de ser quando cresceu?

Não importa! Apenas recomece a sonhar e dê vida à criança criativa que há em si! Vamos juntos reescrever essa história!

11

Neuromarketing: os gatilhos mentais da persuasão

Persuasão é poder! Neste conteúdo, você encontrará ferramentas práticas para ser um vencedor em vendas. Aplicando essas técnicas infalíveis de persuasão com base nos gatilhos mentais, você estará pronto para ser um verdadeiro campeão. Com uma linguagem simples, Edgard Santana traz conceitos inovadores e já testados com grande sucesso por suas equipes de vendas. Aproveite a leitura e boas vendas!

Edgard Santana

Edgard Santana

Atuante há 20 anos em vendas, tendo sido reconhecido como uma das mais consolidadas lideranças no mercado imobiliário do Rio de Janeiro. Atuou nas maiores empresas do segmento, gerenciando e conduzindo equipes de vendas ao sucesso. Com diversas formações em *coaching*, PNL, hipnoterapia e liderança, é especialista em vendas, negociação, gestão de equipes, liderança e empreendedorismo. Seus ensinamentos já impactaram milhares de vendedores, que mudaram para melhor seus resultados com a prática do entusiasmo. Sua linguagem motivadora arranca de dentro dos seus interlocutores o mais profundo sentimento de esperança, à medida que nos convence que tudo o que precisamos para sermos profissionais de sucesso já está em nós. Convidar Edgard Santana para palestrar em seu evento é a certeza de um evento dinâmico, com foco na mudança de comportamento, que acarreta na escalada positiva dos resultados.

Contatos
www.edgardsantana.com.br
contato@edgardsantana.com.br
(21) 99933-2737

Você sabe o que são gatilhos mentais? Quase todas as nossas decisões são tomadas, primeiro, no subconsciente e só depois transbordam a nossa consciência, geralmente seguidas de uma justificativa. Na verdade, existe um grande número de decisões que nosso cérebro toma sem que a nossa mente consciente tome conhecimento. Como seria se nosso cérebro tivesse que analisar cada situação minuciosamente, para que pudéssemos tomar uma decisão complexa? Com certeza, a fadiga mental seria para nós uma constante companheira. Nosso cérebro, como todo o nosso corpo, é, por si só, inteligente. Por isso, existe no sistema nervoso um filtro para validar as nossas decisões. Se as nossas decisões complexas são normalmente tomadas inconscientemente, haveria um modo de influenciar essas decisões mentais? A partir desse conhecimento, você irá desfrutar do seleto grupo de pessoas que detém o poder da persuasão. Neste capítulo, você encontrará os gatilhos mentais mais poderosos e descobrirá como usá-los para melhorar seus resultados em vendas. Tenho certeza de que, ao usar essas técnicas, ficará surpreso com o seu resultado!

Gatilhos mentais são pequenas crenças instaladas no nosso subconsciente, que fazem com que tomemos algumas decisões de forma automática.

Gatilho mental da escassez:

Ao longo do tempo a humanidade criou as suas crenças, uma delas é a crença de que tudo o que é escasso é potencialmente valioso. Você já tropeçou num diamante, por exemplo? Acredito que não!

Os metais e pedras preciosas sofrem uma alta valorização à medida que são escassos.

É por isso que, se você estiver de frente para dois restaurantes, aparentemente iguais, sendo que um deles está vazio e o outro está cheio, tendemos a decidir almoçar no que está cheio, simplesmente por entendermos que "se está cheio, a comida deve ser melhor!".

A escassez é tão importante que determina se um profissional, um produto e até mesmo você é bom o suficiente para ser namorado de alguém! Lembro-me que não raramente, na adolescência, costumava ouvir amigos dizerem que quando estavam sozinhos não aparecia ninguém, mas quando começavam a namorar, chovia na horta deles.

Se você precisasse fazer uma importante cirurgia e, ao ligar para o consultório médico, a secretária dissesse que o médico está com a agenda vazia, provavelmente você não iria sequer à consulta.

Lembre-se disso! Se você deseja ser competitivo, em tudo o que fizer, seja escasso!

Gatilho mental da urgência:

Quantas vezes, como gestor de vendas, ensinei meus vendedores a "criarem senso de urgência". Em vendas, se você não usa o gatilho mental da escassez, pode ter certeza de que você pode triplicar seus resultados ao usá-lo com inteligência. Grandes empresas de vendas usam constantemente o gatilho da urgência para nos fazer comprar. Você deve estar lembrando agora daquele site de reservas de hotéis, que enquanto você estava olhando as opções, ele lhe informava quantos clientes estavam olhando o mesmo que você. A escassez faz você comprar, simplesmente por que está acabando. A urgência desperta, em seu cérebro, o desejo de tomar uma decisão mais rápida, para que não perca uma oportunidade.

E está aí a grande palavra do gatilho da urgência: oportunidade!

Gatilho mental da autoridade:

Tudo o que qualquer consumidor quer é ser atendido por um especialista. Não importa o seu mercado. Saiba que o que você precisa para fidelizar seus clientes é uma postura de autoridade.

Existem diversas maneiras de conquistarmos a autoridade junto aos nossos clientes, algumas delas bons profissionais fazem sem perceber. Foi o caso do meu mecânico de confiança. Certa vez, meu carro deu uma pane. Como não sou nenhum profundo conhecedor de mecânica de automóveis, achei que o problema fosse sério. Chamei o reboque e levei o carro para a oficina. Na minha visão limitada, iria gastar um bom dinheiro com o serviço. Talvez precisasse de peças caras etc. Enquanto esperava a conclusão do mecânico, fui tomar um café no escritório da oficina. Alguns minutos depois ele entrou no escritório e eu de pronto lhe perguntei: quanto terei que pagar? E ele me respondeu o seguinte: Não precisa pagar nada, era só um cabo que se desconectou. Pronto! Como num passe de mágica, passei a ter um mecânico de confiança. Alguém que, para mim, representa a figura de autoridade quando se trata de mecânica.

Quem é tratado como autoridade é respeitado e levado a sério. Antes de oferecer qualquer produto pago ao seu público, ceda materiais úteis e gratuitos. Se possuir imagens suas em palestras ou eventos do seu segmento, use-as! A postura também tem grande importância, afinal, autoridade se comporta como autoridade!

Gatilho mental da prova social:

Como seres sociais, precisamos pertencer a grupos. Quanto mais pessoas optam pelo mesmo profissional, produto ou comportamento, mais nós temos necessidade de optar pelo mesmo.

Já experimentou chegar num grande centro de uma cidade e ficar por cinco minutos olhando para o alto de um prédio? Em pouco tempo, várias outras pessoas também estarão olhando. Isso acontece simplesmente por conformidade social.

O gatilho mental da prova social é simples e poderoso! Obtenha depoimentos de clientes satisfeitos e os use para promover seu negócio e você verá que os seus resultados irão surpreendê-lo!

Dica: prefira um depoimento em vídeo, pois depoimentos em texto podem facilmente ser fraudados, o que não gera tanto resultado. Ter uma página de depoimentos em vídeos no seu site fará muita diferença!

Gatilho mental da novidade:

Crie sempre um fato novo. Quando somos expostos a algo novo, há um aumento na liberação de dopamina (neurotransmissor responsável pela sensação de prazer).

Seja no seu negócio, na sua vida profissional ou amorosa, gerar um fato novo pode ser uma chave para obter sucesso. Se você tem um produto, surpreenda seus potenciais clientes com atualizações. Você pode vender para aquele cliente que lhe disse não há meses atrás. Como? Crie um fato novo e volte a se relacionar com ele!

Gatilho mental dor x prazer:

Em muitos treinamentos com equipes de vendas, costumo fazer uma pergunta: vocês acham que o cliente compra mais pela satisfação que ele terá com o produto ou por alguma insatisfação que ele tem hoje?

A grande maioria sempre me responde que o cliente compra pela satisfação que ele terá com o produto. Na verdade, isso é um erro!

A dor (problema, necessidade) é muito mais poderosa do que o prazer futuro. Por uma razão muito simples. O prazer é futuro e o problema é vivido agora!

Entenda que a dor é o principal motivador de compra de um cliente. Quanto maior o problema, mais motivado esse cliente estará para comprar seu produto. Eis a chave para vender valor e não preço!

Quando o cliente entende que o seu produto é importante para eliminar uma dor que ele sente, ele entende o valor e se esforça para comprar.

Busque entender qual é a dor do seu cliente. Vende muito mais quem atua diretamente na necessidade do cliente.

Gatilho mental da simplicidade

Nosso cérebro é treinado para encurtar caminhos. Economizar o tempo é algo que fazemos inconscientemente. Se houver várias maneiras de fazermos uma mesma tarefa, escolheremos sempre a maneira mais simples.

Mostrar que algo no seu produto ou serviço trará praticidade e economia de tempo pode ser um diferencial competitivo no seu negócio!

Tempo é mais do que dinheiro. Tempo é vida!

Gatilho mental da surpresa

Surpresas positivas geram sensação de felicidade. Muitas vezes, ao surpreender minha esposa com rosas vermelhas, ela corre ao meu encontro com seu lindo sorriso no rosto!

Todo mundo gosta de ser surpreendido positivamente!

Tudo o que precisa fazer é entregar mais do que contratou com seu cliente.

Clientes dão muito valor a isso. Isso fará com que esses clientes tenham uma experiência muito bacana de compra e isso não tem preço!

Gatilho mental da exclusividade

Todos nós gostamos de pertencer a grupos, ainda mais se forem grupos seletos. Fazer com que o cliente perceba que ele tem um benefício exclusivo, fará com que ele compre com muito mais facilidade. Por isso, faça parcerias com empresas que tenham em seus quadros de funcionários pessoas consumidoras do seu tipo de produto e gere um benefício exclusivo para eles.

Gatilho mental da curiosidade

Tudo o que aguça a nossa curiosidade nos interessa. Se você vai anunciar seu produto ou serviço, não coloque no anúncio todas as informações. Se todas estiverem no seu folheto, por exemplo, por qual motivo um cliente iria ligar para você?

Uma propaganda, para ser efetiva, precisa ser interessante e precisa, principalmente, aguçar a curiosidade das pessoas.

Quero agora, nestas últimas linhas, fazer uma pergunta. O que você tem feito de diferente para mudar os seus resultados?

Desafio você a colocar em prática cada um desses gatilhos mentais da persuasão e desfrutar de um futuro profissional de sucesso. Tudo isso que está nas linhas acima tem sido estudado por todos os grandes nomes da neurociência. Topa o desafio?

Não poderia terminar este capítulo sem lhe entregar um pouco mais do que você achou que receberia! (Olha aí o gatilho da surpresa!)

Você sabe a diferença real entre preço e valor?

Guarde com você esta frase:

"Tudo o que tem preço, não tem valor e tudo o que tem valor, não tem preço".

Para quem já fez algum treinamento de vendas, já deve ter ouvido alguém dizer: não venda preço! Venda valor!"

O valor do remédio é determinado pela dor que ele cura. Entender a real necessidade do cliente é a chave para conseguir agregar valor ao seu produto. Produto que vale muito é solução para alguma grande necessidade.

Se você quiser me dar a sua opinião sobre a utilização destas técnicas, ficarei muito feliz em receber seu depoimento. Um forte abraço e até o próximo livro! Persuasão é poder!

12

Inteligência emocional e relacionamentos saudáveis nas perdas e na superação

Neste capítulo, você vai encontrar estratégias para desenvolver sua inteligência emocional e relacionamentos mais saudáveis, diante das perdas da vida. Na superação, a inteligência emocional torna a pessoa mais resiliente, ou seja, mais tolerante às frustrações

Edilamar Fagundes

Edilamar Fagundes

Psicóloga clínica e palestrante de desenvolvimento humano. Graduada pela Universidade São Marcos – São Paulo – Capital – 1985. Tem formação em Treinamento e Dinâmica de grupo pela Sociedade Brasileira de Psicoterapia Dinâmica de Grupo e Psicodrama – SOBRAP/Brasília-DF. Pós-graduada em Comportamento Organizacional e Gestão de Pessoas- Faculdade APOGEU-DF. Possui formação em psicoterapia de traumas e terapias psicossensoriais, de traumas e lutos. Participou do *workshop* de Hipnoterapia Cognitiva, Analítica e Comportamental (Abordagem Integrada e Eclética, com Técnicas de Diagnóstico e Análise, Hipnose Ericksoniana- Hipnos Portugal, Sociedade Portuguesa de Hipnose e Motivação – 2016). Desenvolve trabalhos clínicos, organizacionais e grupos de vivencias (*workshops*), voltados para a promoção da saúde, autoconhecimento, autoestima, qualidade de vida, crescimento e desenvolvimento pessoal e profissional. Atualmente, participa do programa de entrevista da Rádio 96 FM e TV Rio Verde, canal 3- "Família em Evidência".

Contatos
edilampsico@yahoo.com.br
Instagram: edilampsico
Facebook: PsicologaEdilamar
www.facebook.com/group/126828566539779

> "A vida é aquilo que acontece enquanto fazemos planos para o futuro."
> John Lennon

Cada vez que nos deparamos com uma perda, nossa tendência é nos paralisarmos diante da "dor", caindo em uma grande tristeza, ou até mesmo nos revoltando com muita raiva da situação.

Como você tem se apresentado para o mundo e para as pessoas diante de suas dificuldades e perdas?

Todos nós desejamos ter relacionamentos saudáveis. Porém, mediante a uma "dor" que somente nós temos que vivê-la e elaborá-la, isto se torna um desafio, uma avalanche de sentimentos que vivemos dia após dia.

Ora queremos estar no meio das pessoas para não "lembrar" da nossa dor; ora queremos nos isolar e vivê-la intensamente com rios de lágrimas.

Será fácil manter relacionamentos saudáveis nessa situação?

É por isso que, neste capítulo, estaremos falando de inteligência emocional e o desenvolvimento de relacionamentos saudáveis, diante das perdas e sua superação.

A inteligência emocional é capaz de proporcionar experiências maravilhosas de um renascimento mesmo diante da dor, quando caminhamos para a superação.

Inteligência emocional, segundo Daniel Goleman, é sabermos lidar de maneira a ir para o lado positivo das quatro principais emoções básicas: medo, tristeza, raiva e alegria.

Ir para o positivo, saber tirar uma lição mesmo diante das adversidades da vida, com serenidade e gratidão. Fácil? Claro que não.

Muitas pessoas perguntam se podemos desenvolver inteligência emocional, ou se já nascemos com ela.

Nós sabemos que, em termos de tudo o que existe no comportamento humano, algumas pessoas têm uma facilidade já inicial, mas todos podem desenvolver. A inteligência emocional é uma.

O que é fundamental observar, antes de tudo, são as quatro características essenciais ao desenvolvimento da inteligência emocional.

A primeira delas seria o autoconhecimento. Muitas pessoas não se conhecem, não sabem o que sentem; negam certas emoções, não admitem que têm inveja, raiva e rancor.

Como é que eu vou mudar aquilo que eu acho que não tenho?

O primeiro passo é conhecer a si mesmo.

Esse autoconhecimento vai nos permitir ter uma segunda característica, o autocontrole. Porque se eu conheço os meus atributos e sei exatamente o que sou, não vou ser pego de surpresa. Por exemplo, em um evento que eu vou ficar com raiva de uma crítica.

Se eu sei que sou uma pessoa que tenho dificuldades em lidar com críticas, eu tenho que me preparar, vou para uma reunião e sei que lá as pessoas vão comentar sobre meu trabalho.

Consciente da minha dificuldade, terei autocontrole ao ser criticado. A capacidade da consciência social irá surgir a medida em que eu adquirir autoconhecimento e autocontrole. Por exemplo, irei conseguir ouvir a crítica vinda de uma pessoa e não retrucar, mesmo que ela tenha feito de forma grosseira. Eu vou pensar que é importante, que minha reação denote que vou concentrar na mudança e não na rejeição da crítica. Essa consciência faz com que eu saiba lidar com as pessoas e ambientes.

Há gente que faz piadas e comentários inadequados na hora errada. Isso é fruto da perda do *feeling*, que é obtido pela ausência de autocontrole, autoconhecimento e má gestão de relações sociais.

A partir daí, nós vamos ter algo primordial nos relacionamentos pessoal, profissional e interno: a gestão dos relacionamentos.

Já é difícil gerirmos a nós mesmos, imagine os relacionamentos.

Quando nós temos autoconhecimento, autocontrole e gestão social, nós desenvolvemos a capacidade de gerenciar nossos relacionamentos.

Essa melhor administração de sentimentos irá trazer mais empatia. Consequentemente, irei entender o que o outro está passando, me colocar no lugar dessa pessoa e, então, poderei ponderar e pensar.

Enfim, a inteligência emocional é algo importante a ser desenvolvido, mesmo que você não a tenha, pense em desenvolvê-la.

Temos, sim, a capacidade de desenvolver a inteligência emocional. É um trabalho lento, mas é fantástico.

Muita gente diz que é difícil mudar, mas difícil é permanecer como estamos. Por isso, que venha mais inteligência para a nossa vida...

É todo dia se dedicando que alguém vence. É sempre uma escolha, o vetor quem escolhe somos nós.

Há sofrimento que entra e não bate na porta, quando vê já chegou e, sem que se perceba, estará mergulhado na dor, sem forças para levantar.

Há uma letra de Fernando Brant, cantada pelo Milton Nascimento, que se chama "Outono". Ela diz o seguinte:

"(...) Acolher esse amor com essa dor..."

Nós precisamos aprender isso, há uma hora em que você tem que abraçar a "dor", porque ela não vai embora e terá que lidar com ela. Além de conviver e aprender a amar o que está por trás da face tenebrosa. Mas, por quê?

Porque hoje, estou absolutamente convencida de que a dor é a maior mestre divina. Ela não tem limite e vai até onde for necessário para regenerá-lo...

É a última razão, último instrumento.

Quando ela é acionada, entra na sua vida e vai até o fim!

É importante dizer que existem elementos na vida que escapam do nosso controle, dentre eles: envelhecer, adoecer, ser abandonado, perder alguém, sofrer um revés etc.

Precisamos aprender a lidar com esses sentimentos.

Algum propósito vai se caracterizar e, no momento da dor, a capacidade de se dimensionar o colocará no exato tamanho.

"Vejo Deus na dor, que nos hermana."
Poeta José Soares Cardoso

Acolher as dores e conjunturas, não é fácil, é um desafio, mas não há outro caminho...

Quando adotamos essa postura, o inusitado acontece.

Nossa atitude cria possibilidades para que a providência divina alcance seus propósitos.

Ela vem e dá propósito e sentido ao que parece que não estar claro.

Somos nós que fazemos a vida...

O problema não é o problema, mas a forma como lidamos com ele.

Só você pode mudar isso.

O problema não é o apego pelas coisas. É o apego que a gente tem pelos sentimentos, é a teimosia de querer que a coisa ou situação seja do jeito que "encasquetei" que é, mas nada funciona assim.

Vou contar uma parábola:

Era uma vez dois monges, caminhando, e eles não podiam tocar em mulheres.

Eles passaram por um lago, viram uma mulher se afogando e não puderam tocá-la.

E um momento, um deles não conseguiu permitir que ela se afogasse. Ele foi lá, a tirou do afogamento e colocou na beirada do rio, continuando o caminho.

O outro monge falou:

— Nossa, nós não podemos tocar em mulheres e você tocou.

— É... é verdade, não podemos, mas eu não consegui, não podia deixar ela morrer.

Então o monge do lado concordou e eles continuaram caminhando.

De repente, o monge começou com aquela história de novo:

— Nós não podemos tocar em mulheres e você tocou!

— É verdade!

Depois de dois dias, o mesmo assunto veio à tona:

— Você tocou na mulher...

Então o outro monge respondeu:

— É verdade, mas eu a larguei na beirada do rio e você continua carregando!

Podemos comparar a nossa vida com essa parábola, quando refletimos sobre o fato de insistir em carregar um relacionamento que acabou.

Insistimos em carregar aquele pai que já morreu ou aquelas dores.

Somos nós que escolhemos carregar aquilo ou não.

Então você pode me dizer:

— Ah, mas é difícil me livrar!

Para isso, existem os tratamentos. Mas, infelizmente, existem pessoas que não querem enxergar e não desejam verdadeiramente se libertar.

Entende que há coisas que não queremos, por que temos que soltar?

Liberte-se da situação, pessoa ou sentimento. Acabou! Seja grato!

Esqueça a ideia de que se você soltar não terá mais nada, abandone esse processo de dor.

Após perder um ente querido surge a sensação de "estar sem chão". Consequentemente, esse sentimento gera o apego com a dor.

É importante resgatar o "seu eu", para que você consiga a superação. Pois o que controla e determina a qualidade da nossa vida são as emoções.

Como migrar para o lado positivo das emoções?

Vamos falar de quatro emoções básicas da inteligência emocional.
Medo
Lado negativo: nos trava e nos paralisa.
Lado positivo: superação; enfrentamento.
Tristeza
Lado negativo: também nos paralisa. É uma energia muito baixa; sensação de perda.
Lado positivo: superação; lidar com a dor.
Raiva
Lado negativo: reclamações em excesso, busca culpados e ir para cima das pessoas como um trator.
Lado positivo: nos permite construir castelos, temos que sair literalmente do ambiente, dar um tempo, respirar.
Alegria
Lado negativo: na euforia, gera a perda do foco das conquistas.
Lado positivo: energia positiva, manter o foco e celebrar as pequenas conquistas.

É importante me conhecer, transformar e agir agora. Quanto mais me conheço, mais eu me curo.

Para isso, são necessárias algumas estratégias que nos levem ao lado positivo das emoções:

1° Fisiologia (postura depressiva).
Amy Cuddy, psicóloga americana, no seu livro *O poder da presença*, recomenda as pessoas a fazerem um exercício. Ela o chama de postura da "Mulher Maravilha". Para realizá-lo, é necessário que você esteja com as mãos na cintura, peito estufado, queixo erguido; e antes de qualquer situação, que requeira uma presença impactante, por dois minutos. O resultado disso é: uma taxa de testosterona elevada em 20%.
2° Faça exercício físico (20 minutos no mínimo).

3° Técnica: para as pessoas religiosas, recomendo que se perguntem: o que Jesus faria nessa situação?

A busca pelo autoconhecimento vai ajudá-lo a lidar consigo. Só assim a inteligência emocional será desenvolvida e as dores geradas nas adversidades da vida serão curadas.

Lembre-se: quanto mais eu me conheço, mais me relaciono melhor comigo, com o outro e com o mundo. Encontrando, assim, a minha missão de vida, que é me aprimorar cada vez mais enquanto ser humano.

Às vezes, na vida, aparentemente tudo está bem, até que o inesperado acontece. O importante é saber como reagir transformando os problemas em oportunidades.

Isto é inteligência emocional. Simples assim!

> "Ser feliz não é ter uma vida perfeita, mas deixar de ser vítima dos problemas e se tornar o autor da sua própria história."
> Abraham Lincoln

Referências
GOLEMAN, Daniel. *Inteligência emocional: teoria evolucionista que redefine o que é ser inteligente.* Ed. Objetiva, 1997.
GOLEMAN, Daniel. *Inteligência emocional.* Ed. Kairós, 2010.
GROLLMAN, Earl A. *Alguém que eu amava morreu.* Ed. Crescer, 2002.
PIOVAN, Ricardo. *Resiliência: como superar pressões e adversidade no trabalho.* Ed. Reino, 2012.

13

Seja líder de si mesmo

Neste capítulo, o leitor terá uma visão geral de como ser tornar um líder extraordinário, liderando a si mesmo e a outros em qualquer ambiente, familiar ou corporativo, convidando-o a se desenvolver e buscar o seu melhor e o de sua equipe

Edison Parente da R. M. Neto

Edison Parente da R. M. Neto

Advogado graduado pela Pontifícia Universidade Católica do Rio (PUC/Rio), gestor imobiliário pela Universidade Veiga de Almeida (UVA/RJ), com pós-graduação em Negócios Imobiliários pela FUNCEFET/RJ, certificado como *coach lifeforming* pelo Institute of Coach Federation (ICF/EUA). Palestrante e professor da UNICRECI e da Universidade Cândido Mendes/RJ. Participou como facilitador em dezenas de cursos de qualificação em todo Brasil. Empreendedor e líder de mais de 1500 colaboradores ao longo de sua carreira. Edison tem uma paixão pela liderança servidora, que transforma verdadeiramente pessoas normais em líderes extraordinários.

Contatos
edison@admrenascenca.com.br
Facebook: edisonparente
Instagram: edparente75
LikedIn: linkedin.com/in/edison-parente-neto-53a751a7

> "Liderança é uma jornada, não um destino.
> É uma maratona, não uma corrida de velocidade.
> É um processo, não um resultado."
> John Donahoe, presidente do eBay

Há muitos anos, ouvi pela primeira vez que para ser um verdadeiro líder, é preciso, primeiro, ser líder de si mesmo. Lembro que minha primeira reação foi pensar que eu era sim, líder de mim mesmo, afinal, fazia o que, como e quando queria de forma autossuficiente. Durante longos anos refleti sobre esta mesma frase que teimava em perseguir meu subconsciente: seja primeiro líder se si mesmo! Mas o que, diabos, isso queria realmente dizer?

Antes de entrar no cerne do assunto, vou passar um pouco da minha trajetória. Sempre fui um cara alegre, bem-humorado, alto astral e de bem com a vida. Tive uma infância e adolescência bastante agradáveis, meus pais puderam me oferecer acesso a boas escolas, bons cursos, esportes, muito lazer e diversão. No início da idade adulta já havia me encontrado profissionalmente e ganhava o suficiente para sustentar minhas necessidades.

Alguns anos mais tarde, sem perceber, havia me tornado tudo aquilo que sempre abominei: o olho de urubu. Aquele que só vê desgraça. Havia criado uma carcaça pesada em minhas costas, uma proteção contra tudo e todos, muito cansativa para carregar. Na minha vida tudo ia mal, obrigado. Brigas com a esposa, amigos, pais, colaboradores, vizinhos, no trânsito e com qualquer pessoa que tivesse a infelicidade de cruzar o meu caminho. Vivia cansado, mal-humorado, estressado e culpando a todos pelos meus problemas. A culpa era sempre de alguém ou de alguma coisa.

Lembro que, cheio disso tudo, virei para minha esposa e disse que seria uma pessoa melhor dali para a frente! Houve em mim uma autoconscientização e uma mudança de pensamento, busquei mais conhecimento entendendo que, para haver uma verdadeira transformação, é necessário agir, ou melhor, "tirar a intenção da cabeça e levar para o coração" (cor+ação).

Inobstante, em minha trajetória sempre busquei aprimorar meu estilo de liderança, pensei ser um grande conhecedor do tema, ou pelo menos, acima da média. Mas, esbarrava na grande dificuldade de muitos: colocar em prática tudo aquilo que aprendemos na teoria. Uma nuvem carregada de energia ruim teimava em pairar sob minha cabeça, pois não conseguia incorporar a verdadeira liderança em minha essência, afastando talentos e oportunidades.

A verdade é que muitos sabem na teoria o que é ser um bom líder, capaz de engajar uma equipe, sendo exemplo, fonte de inspiração e influenciando pessoas positivamente, mas o que normalmente acontece é que os anos passam e os resultados não aparecem.

Foi quando, aos poucos, fui entendendo o que significa a frase título deste capítulo: seja líder se si mesmo. Entendi que para ser líder de si mesmo é preciso se conhecer cada vez melhor, tanto as coisas boas, quanto as ruins, entendendo nossa história, dificuldade e insegurança. Além de entender que um grande castelo se constrói tijolo por tijolo, que as pessoas são diferentes umas das outras e que a liderança é um processo e não, apenas, o objetivo.

Você é o responsável

"Conheça-te a ti mesmo."
(Inscrição no templo Grego de Delfos
Datada do século VI A.C)

A primeira e mais importante constatação, necessária para tornar-se líder de si mesmo, é entender que a situação que nos encontramos hoje, seja positiva ou negativa, é culpa única e exclusivamente nossa. Não é da nossa mãe, nem do pai, não é da nossa esposa, patrão ou empregado, não é do governo, tampouco da economia, mas sim, nossa!

A maioria das pessoas é condicionada a achar justificativas por suas falhas. Reconhecer nossas falhas sem justificativas parece fácil, mas não é, mas só assim assumiremos o controle real de nossas vidas.

O leitor "olho de urubu" agora está pensando: então se minha mulher/esposa me trair, a culpa também é minha? Exato. Dentre as inúmeras razões que poderia citar para essa traição, há, na pior das hipóteses, o fato de ter sido você quem escolheu casar com uma mulher/esposo infiel. A decisão foi sua!

A forma com que reagimos ao que acontece conosco (seja uma separação, crise econômica, assalto, desastre...), também é fundamental para determinar nosso sucesso ou fracasso.

Resultado = acontecimento x reação

O resultado da vida da gente é o fruto das reações, que tivemos aos acontecimentos bons ou ruins ocorridos no passado. Tem gente que tem sua perna amputada, se tranca no quarto e entra em depressão para sempre; tem gente que, sob a mesma situação, vira atleta paraolímpico. Enfim, em ambos os casos, são frutos de nossas reações. Nós, simplesmente, temos que atentar em como reagimos ao estímulo do acontecimento.

Não temos nenhum controle ao que acontece conosco, então a única forma para alcançarmos melhores resultados é reagir bem aos acontecimentos externos. O jeito mais fácil de saber se estamos fazendo da forma certa é analisando como nos encontramos. Chegamos, estamos próximos ou no caminho de onde queríamos estar hoje? Caso a resposta seja negativa, releia os parágrafos acima.

Outro ponto importante a frisar: não adianta entender que somos – também – responsáveis pelo acontecimento. O fato de justificar o seu erro com o de outra pessoa, não é a melhor maneira de resolver essa situação. Nunca, ninguém, jamais, terá culpa também pelo resultado da sua jornada. Confesso que, para algumas pessoas, não é fácil entender esse conceito logo de primeira, mas a reflexão sobre o assunto já ajudará de alguma forma.

Você é aquilo que pensa

"Quem você é grita tanto no meu ouvido, que não consigo escutar o que diz."
Ralph Waldo Emerson – Filósofo Norte-americano

Ter um pensamento negativo sobre alguém é como tomar veneno e esperar que o outro morra. Para evitar interpretações críticas e negativas, é necessário mudar nosso *mindset*. Isto é, nossa forma de interpretar as coisas, pensar e reagir ao que acontece em nossas vidas.

Se entendermos como premissa verdadeira que nossos pensamentos geram sentimentos, ações e resultados, podemos afirmar que se nossos pensamentos forem negativos, inevitavelmente teremos resultados inesperados, certo? Quando nascemos somos puros, sem crenças limitadoras, paradigmas ou coisas que nos sabotem a vida. Quando crianças, queremos o que queremos e ponto. Choramos para demonstrar a nossa vontade e fazemos birra quando não alcançamos o objetivo, simples assim. Com o passar dos anos, os adultos (pais, família, educadores, treinadores, etc.), inconscientemente e sem qualquer maldade, vão nos podando, limitando nossos desejos e, com isso, criando crenças, paradigmas e sabotadores em nossas personalidades. Por exemplo: não podemos ter tudo o que queremos; quanto maior o gigante, maior é o tombo; mamãe não tem dinheiro, pede para o papai. São exemplos de crenças que nos são repassadas por outras pessoas e que tomamos para nós como uma verdade incontestável. Da posse dessas verdades, nos tornamos adultos limitados.

Dessa forma, nos transformamos em indivíduos com verdades alheias, que acham não merecer o melhor, que terão medo de progredir financeiramente e que acham que mulheres não têm dinheiro. É claro que ter tais crenças adquiridas de outros não é o fim do mundo, todos temos sabotadores em maior ou menor escala, o desafio é conseguir percebê-los e controlá-los conscientemente.

Nossos sabotadores são como entidades, que incorporam nossas mentes e nos convencem de que é melhor ter as mesmas reações aprendidas ao longo de nossa vida, de forma a nos proteger de dores que são causadas inconscientemente. Afinal, seu cérebro pode ser seu melhor amigo ou pior inimigo, e se o sabotador está incorporado, pode ter certeza de que, tentando protegê-lo, ele será seu pior inimigo.

Mas, como alguma coisa que está tentando me proteger pode me prejudicar? Para entender isso, precisamos voltar ao tempo das cavernas. Isso se dá, pois nosso cérebro, formado desde essa época, entende que qualquer fato ou situação nova e incompreensível pode ser perigosa ou fatal. Imagine o homem das cavernas acostumado a colher determinadas frutas verdes se deparando com frutas vermelhas. Seu cérebro imediatamente liga um alerta de perigo, pois não está acostumado a ver, tocar e experimentar essa fruta de cor tão diferente, que pode representar algo venenoso e imprevisto. Por isso que os sabotadores nos fazem reagir sempre da mesma forma, com as mesmas crenças adquiridas no passado, evitando o perigo iminente.

Segundo Shirzad Chamine, autor do badalado livro *Inteligência positiva*, existem dez tipos de sabotadores, um fixo e nove variáveis, de acordo com a personalidade de cada qual. Para ser muito econômico, pois o tema é extenso, sempre que temos um sentimento ruim, provavelmente algum desses está tentando nos dominar. Recomendo fortemente que faça o teste e conheça os seus: www.companhiadasletras.com.br/testeinteligenciapositiva.

Como evitar, então, esses sentimentos ruins? A resposta: não dá para evitá-los. Eles nos perseguirão para o resto de nossas vidas. O segredo é saber identificar e controlar esses sabotadores e mudar o foco, diminuindo sua força. Sempre indico alguns exercícios que podem ser usados para mudar o sentimento logo que percebido que algo está errado. Respire bastante fundo três vezes e/ou pense numa passagem bonita na sua vida, uma viagem feita, o nascimento de um filho, um dia na praia ou no parque, enfim, qualquer coisa que distraia sua mente.

Ter sentimentos de raiva, decepção, culpa ou vergonha é um processo normal e, às vezes, até necessário, manter o foco nestes sentimentos é o que gera o problema. Não é fácil administrar o que sentimos, mas com um pouco de interesse e treino, qualquer um consegue identificar e mudar sua forma de pensar. Caso não consiga mudar fácil seu *mindset*, controlando seus pensamentos, tenho mais uma dica fundamental: filtre as informações que chegam ao seu cérebro.

O que lê, assiste e com quem anda?

Nunca conseguiremos afastar pensamentos negativos se darmos atenção demais aos telejornais cheios de tragédias, corrupção e morte. Isso também será impossível se vivermos em redes sociais, nos deparando com todas as pessoas "sendo felizes para sempre" e nós, pobres mortais, tendo que dar um duro danado na vida, pagando contas, passando por problemas que todos passam ou, ainda, convivermos com pessoas que são verdadeiras mensageiras do apocalipse, que só contam desastres.

Vida feliz = menos pensamentos negativos

A equação acima é muito simples. Quanto mais pensamentos negativos tivermos, menos resultados positivos teremos ao longo do dia, semana, ano ou vida. Parece óbvio, mas não é.

Liderança servidora

> "Não gerenciamos gente, gerenciamos coisas.
> Pessoas, nós lideramos."
> (James Hunter – Autor de *O monge e o executivo*)

Depois de uma profunda reflexão sobre quem somos e de nos conhecermos melhor, é fácil perceber tanto nossas fortalezas quanto nossas fraquezas. Assim, estaremos mais preparados para liderar pessoas nas empresas, em casa ou na comunidade. E não existe melhor forma de ser um líder exímio do que pela liderança servidora.

O autor *bestseller* James Hunter, em seu livro *O monge e o executivo*, nos ensina com muita propriedade que há uma nítida diferença entre o chefe e o líder. O chefe comanda pelo poder, pelo medo, pelo cargo e pelo controle, enquanto o líder é genuíno, é paciente, é exemplo e não joga sujo, funciona como um catalizador de sua equipe, enfim, lidera por amor. Sim, a base da liderança servidora é o amor aos seus liderados. Ocorre que o amor aqui referido não é o amor erótico, entre duas pessoas, chamado de amor *eros*, nem o amor fraternal *philos*, mas o amor Ágape, o amor por meio do comportamento.

A síntese de amor ágape, e, portanto, da liderança servidora, é ter: paciência, humildade, respeito, abnegação, honestidade, escuta e exemplo.

São comportamentos que levarão tanto o líder quanto os liderados a fazer aquilo que é necessário por meio da admiração e não do poder, em prol do bem comum. Alguns têm mais facilidade nessas qualidades, outros precisam praticar para adquiri-las. Como um legítimo olho de urubu, naturalmente, me tornei um chefe temido em vez de líder admirado. Em maior ou menor grau, tive que praticar, e continuo praticando com muita dedicação, cada uma dessas qualidades acima. Percebi na pele que a liderança não é um dom e sim uma habilidade adquirida. Se temos profundamente a vontade consciente de mudar, certamente a prática e interesse irão transformar a sua vida, assim como a minha.

Alguns podem pensar que esse tipo de liderança é terreno fértil para uma liderança permissiva, onde tudo se pode, levando a uma espécie de anarquia na comunidade de liderança. Mas não! Conheço líderes servidores que aplicam esse modelo de liderança com muita propriedade em ambientes de grande *stress* e comando. A liderança servidora não se confunde com a submissão ou subserviência, é possível ser um líder servidor firme e exigente com os seus, basta conseguir conscientizar o grupo que este estilo busca o melhor para todos e, definitivamente, o caos não é bem-vindo.

Obrigado por ter dedicado seu tempo à leitura deste capítulo, espero ter contribuído de alguma forma!

Referências
CANFIELD, Jack. *Os princípios do sucesso*. Editora Sextante, 2007.
CHAMINE, Shirzad. *Inteligência positiva*. Editora Fontanar, 2013.
COVEY, Stephen R. *Os 7 hábitos de pessoas altamente eficazes*. Editora Best Seller, 1989.
HUNTER, James C. *O monge e o executivo*. Editora Sextante, 2004.

14

Os desafios da liderança em organizações temporárias

Quando o trabalho já se inicia com data de término, a temporalidade influencia diretamente o ciclo de formação das equipes. A estrutura das organizações pode potencializar conflitos, comportamentos do indivíduo e do grupo e causar modificações dos resultados do empreendimento. O líder deve conhecer estes aspectos e saber lidar com eles para superar as intempéries de um projeto, mantendo sua equipe unida e, assim, alcançar resultados de alto impacto

Eli Rodrigues

Eli Rodrigues

Graduação em Análise de Sistemas, pelo Centro de Ensino Superior FUCAPI, pós-graduação em Tecnologias *Web*, pela Universidade Federal do Amazonas e MBAs em *Marketing* e Gestão Internacional pela Fundação Getulio Vargas (FGV). Desenvolveu sua carreira em empresas de tecnologia, participando de projetos em diversos segmentos, como: finanças, *marketing*, telecomunicações, *people* e operações industriais. Sua jornada como gestor iniciou em 2005 e inclui mais de 200 projetos, fábricas de *softwares* e gestão de TI. Entusiasta das ciências sociais, tem particular interesse no comportamento político, estrutural e processual das organizações. Tem o objetivo de encontrar formas mais harmoniosas de alcançar resultados. É autor dos livros *21 erros clássicos da Gestão de Projetos, Plano de Carreira nos dias de hoje* e mantenedor do blog Gestão de Projetos na Prática desde 2009, onde procura democratizar lições aprendidas em projetos. Atualmente, se dedica a projetos de transformação digital para modernizar o atendimento dos clientes. Seu trabalho abrange a concepção e operacionalização de estratégias digitais e a construção de ativos sustentáveis, utilizando ofertas de consultoria, desenvolvimento e parcerias tecnológicas.

Contatos
www.elirodrigues.com
contato@elirodrigues.com

A liderança é, sem dúvida, o maior desafio de qualquer gestor. Coordenar o trabalho de outras pessoas rumo a um objetivo, organizar agendas, capacitação, desempenho e lidar com conflitos, fazem parte desta jornada.

Este desafio se exponencia quando se trabalha os projetos em organizações temporárias. Projetos são esforços temporários empreendidos para criar um produto, serviço ou resultado exclusivo (PMI, 2017).

O processo de formação de uma equipe em projetos consiste em cinco fases: a formação é a fase em que as pessoas são reunidas de outras partes da organização para compor uma equipe. Na fase de conflito, cada membro da equipe busca seu lugar, tentando destacar-se conforme suas habilidades e testando uns aos outros até descobrir quem cumpre cada papel, quando se entra na fase de acordo. Uma vez estabelecido o papel de cada um, pode-se avançar à fase de desempenho, buscando alcançar o objetivo inicial do projeto até que, enfim, o projeto termina e as pessoas são devolvidas aos seus postos de origem, fase de dispersão.

A temporalidade

Como você deve ter imaginado, o primeiro aspecto a observar na liderança de pessoas neste contexto é a própria temporalidade. Ter a certeza de que aquele grupo de pessoas será dispersado, logo após terminar a missão, exige que o líder tenha consciência de que empenhará o mesmo esforço repetidas vezes, a cada projeto, o que pode parecer um pouco frustrante.

Mas, o tempo em si é algo abstrato. Muitas vezes um mês pode parecer um ano e cinco minutos podem parecer uma eternidade, dependendo do que se está fazendo. Por exemplo, um dia muito corrido no trabalho parece passar rápido, mas para quem deseja visitar um parente próximo numa UTI, pode parecer tempo demais (DeRose, 2007).

Entendendo esse mecanismo, um gestor pode construir experiências que acelerem a passagem para a fase de acordo, utilizando, por exemplo, discussões e dinâmicas para que as pessoas descubram mais rapidamente seu papel no grupo. Desse modo, o processo que normalmente levaria semanas ou meses pode ser convertido em dias e até mesmo horas.

A estrutura

A forma como as organizações temporárias se estruturam também configura um belo desafio. As estruturas organizacionais que suportam projetos podem ser funcionais, matriciais ou projetizadas.

As funcionais são as estruturas tradicionais, em que as pessoas se agrupam por função ou conhecimento. Nas matriciais, continuam fazendo parte de seus departamentos, mas são alocadas num projeto ou prestam serviços a partir de suas áreas de origem. Já as estruturas projetizadas são aquelas em que as pessoas se tornam funcionários exclusivos dos projetos.

Em todas as estruturas há desafios. Nas organizações funcionais há uma visão clara de carreira e da cadeia de comando, mas pode gerar competição por recursos humanos. Nas matriciais, a alocação é otimizada, mas a gestão é complexa e o comprometimento das pessoas pode ser prejudicado pela duplicação na cadeia de comando. Nas estruturas projetizadas, embora a exclusividade seja uma vantagem, ocorre a duplicação de funções entre departamentos e, ao final do projeto, as pessoas podem perder o emprego (PMI, 2017).

Cada projeto se estrutura de uma forma diferente, por isso o maior desafio para o líder é se adaptar, gerir os riscos relacionados aos recursos humanos e, principalmente, gerenciar as pessoas por meio de metas, exemplos e *feedbacks*.

A conformidade social

A conformidade social é a alteração de comportamento e crenças de uma pessoa em decorrência da pressão de grupo (Witkin, et al., 1973). Isso ocorre por consequência da repressão de um comportamento, a censura de opiniões, ações físicas ou psicológicas etc.

Ocorre durante todo o projeto, mas fica bem evidente na fase de conflito do ciclo de formação de equipes.

Este fenômeno é inconsciente e inevitável. Se refletirmos a respeito, veremos que a família, a escola, a igreja e a comunidade em geral nos direcionam a comportamentos similares aos demais membros de cada grupo. De modo que muito do que somos e acreditamos é fruto do meio onde vivemos.

Existem muitos experimentos que comprovam a influência da conformidade social sobre uma pessoa (Asch, 1955; Chiavenato, 1985; Sherif, 1936). O fato é que os indivíduos são pressionados a se adaptarem à normalidade, de modo que as frequências extremas de um comportamento, seja ele mensurável como a produtividade ou não-mensurável como a forma de falar, se aproximem. Há que se observar também a influência de grupos externos, como outras empresas e clientes, pois a tendência é que as pessoas se adaptem ao comportamento da maioria, àquele que lhes parecer mais relevante ou mais frequente.

Ao líder cabe o papel de observar as lideranças informais que se formam (Chiavenato, 1985), e se as mudanças de comportamento configuram algum risco, ao projeto e à estabilidade do grupo, para que possa reforçar positiva ou negativamente o que for mais benéfico ao projeto e, assim, reduzir o potencial de conflitos.

A dinâmica dos motivos

As pessoas se motivam pelo desejo de alcançar um objetivo. Quando alcançado, é imediatamente substituído por outro, mas quando não é alcançado pode gerar comportamentos curiosos. Há quem procure racionalizar o motivo da frustração, repita um mesmo comportamento, substitua um desejo por outro ou, simplesmente, bloqueie o que desejava. No entanto, alguns comportamentos podem ser nocivos, como a dissonância cognitiva, a agressividade e a resignação (Paul & Kenneth, 1974).

Entender os desejos de uma pessoa requer conhecimento em psicologia e pode levar anos. Tentar alcançá-los nos expõe ao risco de interpretar erroneamente, projetando nossas próprias frustrações nos outros.

Como líderes, nos cabe acompanhar a partir da superfície, observando o que é comunicado, de modo verbal ou não, para tentarmos construir ambientes em que as pessoas possam realizar seus sonhos. Para isso, existe uma ampla gama de ferramentas que podem ajudar (March & Simon, 1993; Vroom, 1964; Lewin, 1935; Friedler, 1964; McClelland, 1961; Herzberg, 1959; Mayo, 2003; Maslow, 1943), mas, no final das contas, nada é mais importante do que a escuta ativa e a empatia.

Referências
ASCH, S. *Opinions and social pressure*, vol. 193. Scientific American, pp. 31-35, 1955.
CHIAVENATO,I. *Teoria geral da administração*. São Paulo. McGraw-Hill do Brasil, 1985.
DEROSE, Luís. *Tratado de yôga*. São Paulo.Nobel, 2007.
FRIEDLER, F. *A Contingency model of leadership effectiveness*. Advances in Experimental Social Psychology, 149-190, 1964.
HERZBERG, F. *The motivation to work*. New York: Wiley, 1959.
K., RAMIREZ, M., & van Meel, J. *Social Conformity and psychological differentiation*. Research Bulletin, pp. I-64, 1973.
LEWIN, K. *A Dynamic theory of personality*. New York and London: McGraw Hill, 1935.
MARCH, J., & SIMON, H. *Organizations. Cambridge: Wiley-Blackwell*, 1993.
MASLOW, A. H. *A Theory of human motivation*. Psychological Review, pp. 370-396, 1943.
MAYO, E. *The human problems of an industrial civilization*. New York: Boutledge, 2003.
MCCLELLAND, D. *The Achieving Society. Princeton*, New Jersey: Van Nostrand, 1961.
PAUL, H, & KENNETH, B. *Psicologia para administradores de empresas: a utilização de recursos humanos*. São Paulo: Universidade de São Paulo, 1974.
PMI. *Um guia do conhecimento em gerenciamento de projetos*. 6. ed. EUA: Project Management Institute, 2017.
RODRIGUES, E. *Gerenciando a cultura organizacional através de heróis, rituais e metas*. Fonte: Gestão de Projetos na Prática. Disponível em: <https://www.elirodrigues.com/2013/10/17/gerenciando-a-cultura-organizacional-atraves-de-herois-rituais-e-metas/>.
RODRIGUES, E. *Como a conformidade pode afetar os negócios*. Fonte: Gestão de Projetos na Prática, 2016. Disponível em: <https://www.elirodrigues.com/2016/01/18/como-a-conformidade-social-pode-afetar-os-negocios/>. Acesso em: 10 de julho de 2018
SHERIf, M. *The psychology of social norms*. Oxford: Harper, 1936.
SHERIF, M., HARVEY, O. J., Hood, W. R., Sherif, C. W., & WHITE, J. *The robbers cave experiment:*. middletown: Wesleyan University Press, 2010.
TORRES, C. V., & NEIVA, E. R. *Psicologia social: principais temas e vertentes*. Porto Alegre: Artmed, 2011.
VROOM, V. H. *Work and motivation*. New York: Wiley, 1964.
WITKIN, H. A., PRICE-WILLIAMS, D., BERTINI, M., CHRISTIANSEN, B., OLTMAN, P. *Social conformity and psychological differentiation*. Research Bulletin, pp. 1-64, 1973.

15

Visão de futuro para uma vida feliz

Visão de futuro é o sonho que provoca em alguns o desejo de remover montanhas para atingi-lo. Ela é o marco onde queremos chegar e provoca em nós um incrível desejo de mudança, com indagações do tipo: o que eu quero ter? Onde eu quero chegar? O que devo fazer para realizá-lo? Na verdade, o que nós buscamos é a felicidade, que acontece quando realizamos coisas que nos deem prazer e beneficiem outras pessoas

Fátima Cristo

Fátima Cristo

Advogada, gestora de RH, *life, professional & executive coach, practitioner* em PNL, especialista em crenças, palestrante. Criou o Método Cristo de *Coaching* Vocacional e orienta jovens do ensino médio e universitários para escolha profissional. *Coach* de Desenvolvimento Humano e Empreendedorismo.

Contatos
www.fatimacristo.com
fatimacristo@fatimacristo.com
(21) 98463-5725

> "Se você pode sonhar, você pode fazer."
> Walt Disney

Quando me propus a escrever sobre visão de futuro, escolhi dar ao tema uma linguagem simples, para que qualquer pessoa possa compreendê-la.

Este capítulo homenageia as mentes privilegiadas que conheci, por meio de mentorias diretas e indiretas, leituras e ensinamentos das mentes brilhantes que vêm fortalecendo o *coaching* e a programação neurolinguística.

Cada um de nós dirige a própria mente, com o poder de pensar e atrair emoções com imagens mentais capazes de atrair nossos melhores desejos. A visão de futuro é a arte de criar e conseguir ver as coisas desejadas, seja profissão, bem material, negócio, ou tantas outras coisas que atendam às nossas aspirações.

Sonhar é criar uma imagem no cérebro. Mas, para realizar o sonho, temos que transformá-lo em propósito e arquitetar um plano de ação.

As pessoas se dividem nas categorias das que nascem com dons e desde cedo sabem o que querem ser no futuro, das que precisam de um acontecimento extraordinário para criarem o futuro e, ainda, daquelas que passam pela vida sem saber o que querem, por isso, nada realizam.

Quem identifica o seu propósito e tem uma visão clara da sua missão na vida, supera os obstáculos, vence desafios, cria um plano de ação e tem uma vida bem-sucedida. A vida é assim mesmo, simples. Então, por que uns conseguem e outros não conseguem ser vencedores?

Se você ainda não tem uma visão de futuro, comece a perguntar-se: como me imagino daqui a um, cinco, dez anos ou vinte e cinco anos?

Crie a sua visão de futuro

Visão de futuro é um sonho, um desejo que não pode ser medido. Sonhar é o primeiro passo para criar um objetivo. Então, já que é assim, podemos sonhar, sonhar alto, sonhar o mais alto que quisermos. Pode-se sonhar com bens materiais (dinheiro, casa, carro, moto etc.), constituir uma família, ter sucesso na profissão, viajar etc. Sem reprimir as ideias que visualizamos, mesmo que elas nos pareçam malucas ou fora da realidade. No momento de sonhar, a mente deve ficar livre, não devemos censurá-la, reprimi-la ou corrigir as ideias. Cada uma delas deve ser anotada com a maior riqueza de detalhes possível.

A visão de futuro não tem limite, a não ser as questões éticas e morais da maioria das pessoas.

A viagem do sonhador é livre, sem fronteiras, ele imagina os propósitos, anota todas as ideias que lhe vêm à cabeça, fala em voz alta, ouve a própria voz, mas para realizar o sonho, ele deve se transportar ao seu estado interior de racionalidade, planejamento e organização. Essa é a medida do sonho, que é o momento de dar-lhe forma, criar tarefas e priorizá-las, examinar o seu projeto de maneira realista, levando em consideração o custo, o tempo e os recursos necessários para a sua realização.

O sonhador não deve jamais acreditar que vai ser fácil tornar o seu sonho realidade, porque vai encontrar obstáculos, conhecer o fracasso e ter momentos em que pensará em desistir. Mas, ao invés disso, poderá fazer ajustes ao seu planejamento, ou criar um plano alternativo para proteger-se dos possíveis imprevistos.

Quem acreditar no sonho, elaborar um plano para alcançar as suas metas e objetivos, com ações positivas e entusiasmo, preparar-se para as mudanças necessárias e persistir, apesar de todos os obstáculos, sairá vitorioso.

Da mente ao papel

Criar alvos tem uma ligação direta com o futuro que se deseja alcançar. Alvos são tarefas, simbolizadas pelos passos que temos que percorrer, ou pelos degraus de uma escada que temos que subir para alcançar a nossa visão de futuro.

Tudo na vida depende do pensamento, do raciocínio e da vontade, por isso, imagine-se no topo de uma escada segurando um troféu. Perceba quais foram os degraus que você teve que subir para chegar lá. O que você fez? O que deixou de fazer? Como planejou? Que ações desenvolveu? A quem incomodou?

De maneira simples e aleatória, escreva numa folha de papel todas as tarefas que você imaginar que tem pela frente, provoque uma tempestade de ideias ou coisas para fazer, peça ajuda a outras pessoas (família, amigos, a quem acredita no seu sonho). Se quiser, faça um mapa dividindo as tarefas por setores, tais como: tempo, dinheiro, materiais, fornecedores, investidores, mobilidade, enfim, o que lhe vier à mente. Não economize alvos.

Priorize

Uma vez relacionados os alvos, dê-lhes prioridade. Estabelecer prioridades quando tudo parece importante, não é tarefa fácil, mas tudo fica mais claro quando os alvos estão bem definidos, relacionados e enumerados. Sim, isso mesmo: priorizar é numerar os seus alvos: 1, 2, 3, 4, 5, 6...

Existem algumas regras, princípios e ferramentas que podem nos auxiliar nessa tarefa de priorizar.

Richard Koch nos ensina que a Regra de Pareto, conhecida como "o princípio 80/20", pode – e deveria – ser usado por toda pessoa inteligente em seu cotidiano, organização, grupo social e forma de sociedade. É um conceito que ajuda os indivíduos e os grupos a obterem muito mais com muito menos esforço.

Se de acordo com esse princípio, as pessoas podem ser mais eficazes e felizes, podemos utilizá-lo para priorizar e organizar nossas tarefas, a exemplo de: ser pontual; identificar, cultivar, estimular e multiplicar o que funciona bem; reduzir ou eliminar o desperdício; não desistir diante do primeiro fracasso; utilizar sempre mais vezes os recursos com efeitos positivos.

Christian Barbosa, na sua tríade do tempo, divide as tarefas em:

Importantes: são significativas em sua vida, têm prazo. O que é importante tem tempo para ser feito, pode esperar horas, dias, semanas, meses etc.

Urgentes: o tempo é curto ou se esgotou. Devem ser feitas imediatamente. Geralmente causam estresse.

Circunstanciais: desnecessárias, não trazem resultados, apenas frustrações.

Planeje

Agora que está tudo priorizado, vale a pena planejar, atento a todas as mudanças que estão ocorrendo no mundo.

Pense em tudo o que você vai precisar para começar e monte um gráfico, usando os seguintes tópicos: 1) Vai precisar de dinheiro? 2) Quanto tempo vai precisar? 3) Que conhecimentos deve buscar? 4) Quantas pessoas vai precisar para trabalhar? 5) Vai precisar de equipamentos, máquinas, utensílios?

Lembre-se de que este é o momento em que você inicia o seu planejamento, portanto, não deixe nada de fora.

```
                        VISÃO DE FUTURO

     T    $    F        M    U    E        C    GC   EF
```

T = TEMPO   M = MATERIAIS   C = CONHECIMENTO
$ = DINHEIRO   U = UTENSÍLIOS   GC = GESTÃO DE CARREIRA
F = FORNECEDORES   E = EQUIPAMENTOS   EF = ESPAÇO FÍSICO

Entre em ação
Depois de tudo devidamente definido e planejado, é só entrar em ação. Simples assim! Fazer o que tem que ser feito, seguindo o próprio planejamento e respeitando as prioridades.

As interferências e adversidades na caminhada
No caminho ao encontro da nossa visão de futuro vão ocorrer interferências que podem desviar-nos e derrotar-nos. Mas, temos que estar preparados para os espinhos que nos fortalecem e nos ensinam tanto quanto as flores no caminho. Temos que vencer as razões pelas quais as pessoas falham, como o medo, a fadiga, o desconhecimento dos próprios recursos, e o desejo de desistir cedo demais. Tudo isso nos aproxima do sucesso.

A boa notícia é que o autoconhecimento, o desenvolvimento de competências, a autogestão da vida e da carreira e o domínio da voz interior são molas propulsoras do encontro com o sonho.

Domine a voz interior que todos temos. Não aja como a hiena que só sabe dizer: Oh! Eu sabia que isso não ia dar certo. Quando ouvir um "não", siga em frente, tente outra vez, de outra forma, com outras pessoas.

Preste atenção: é chato ouvir um "não", mas o que você vai fazer com isso é que é relevante. Aprenda a dominar a sua voz interior, enfrente da mesma maneira, tanto a situação que vai fazer você se sentir um derrotado quanto a que vai fazer você lidar com o sucesso.

Busque entender o lado positivo de qualquer situação, saiba lidar com as adversidades, dizendo para si mesmo que não é um simples e isolado "não" que vai gerar um efeito negativo sobre você.

Não deixe que a sua voz interior o derrote. Continue transmitindo confiança a si mesmo e afirme: eu sei que vou conseguir. Diga frases positivas, se possível em voz alta, mesmo que você não acredite. Essa é uma forma de reprogramar a sua mente.

O tripé que sustenta a visão de futuro

Quando nos lançamos a qualquer projeto sem esperança, sem uma visão de futuro, sem planejamento, tudo vai dar errado.

Assim como as pessoas, uma empresa constrói seu caráter a partir de sua missão, visão e valores.

Missão: a missão de vida traduz os nossos sonhos. Ela identifica três tipos de pessoas. As que querem ter, compartilhar e doar-se.

Tornar a sua missão cristalina é transformar o sonho em uma frase curta, com um exercício bem simples: pegue papel e caneta, concentre-se e responda a perguntas do tipo: o que me motiva? Para que eu existo? Qual é o meu propósito? Como eu quero vencer na vida? Como eu quero ser lembrado?

A sua missão será a composição de uma frase curta, a partir das respostas a essas perguntas.

A missão descreve o motivo da sua existência, a razão pela qual uma pessoa ou uma empresa se considera necessária, e a maneira como elas querem ser vistas por outras pessoas ou pelo mercado. Tanto pessoas quanto organizações correm o risco de se tornar desnecessárias se não demonstrarem claramente a sua razão de existir.

Visão: é por meio da visão que nós criamos a imagem pelo pensamento e, se quisermos, a materializamos para um fim específico.

Pergunte: onde você quer chegar? O que quer alcançar? O que está ajudando a construir? Dessa forma será possível descrever o futuro desejado para uma pessoa, empresa ou negócio. Nas organizações, a visão tem de ser realista e visível para todos os seus colaboradores.

Valores: são conceitos amplos que contribuem para um código de conduta para viver em grupo.

As pessoas guiam-se pelas suas ideias e crenças, que servem de critérios para comportamentos, atitudes e decisões, no exercício de suas responsabilidades e na busca dos seus objetivos.

Nossas decisões são baseadas em nossos valores. Portanto, para termos as melhores soluções em nossas vidas, temos que saber controlar nossos pensamentos, nossos ímpetos e inclinações reprováveis.

A grande jornada

No fundo, todos queremos encontrar o estado de plenitude que chamamos de felicidade. Tenha sempre em mente que não existe fim da linha, que você vai encontrar a felicidade muitas vezes durante a sua jornada, que a sorte vai estar sempre lhe esperando, porque ela precisa do seu talento. Se em algum momento você fracassar, aceite isso como *feedback* e faça de novo, de novo, mais uma vez, até conseguir ter sucesso. Celebre sempre que você conseguir realizar um pequeno ou um grande feito.

A visão de futuro e a PNL

A visão de futuro nos dá o norte para um futuro brilhante.

Richard Blander e John Grinder nos ensinam que foi a sua atitude de curiosidade e de experimentação em suas descobertas originais, que culminaram na PNL (programação neurolinguística).

É com essa mesma atitude que eu o convido a tratar a sua visão de futuro, experimentando coisas, outra coisa e mais outra, sempre experimentando, obtendo resultados, usando o *feedback* e experimentando com outra coisa. Se algo não funcionar, tente diferente e continue tentando até alcançar o seu propósito.

Dois pressupostos da PNL vão ajudá-lo muito na sua jornada:

- "As pessoas têm (ou potencialmente têm) todos os recursos de que precisam para agirem de forma eficaz?"
- "Se é possível para o mundo, é possível para mim."

Vamos ser felizes!

Referências
KHOCK, Richard. *O princípio 80/20*. e-Book Kindle Ed. Gutemberg, 2015.
FERNANDES, João, RIBAS, Rodolfo. *Sobre mentes criativas e empresas inovadoras*. Rio de Janeiro, Ed. Brasport, 2015.
SINGER, Blair. *Dominando a voz interior*. Ed. Xcell Press, 2011.
BARBOSA, Christian. *A tríade do tempo*. Sextante, 2012.
*Referência especial a meu *coach* e mentor André Sampaio, *Coach* de Intervenção Estratégica, fundador do Instituto Superando seus Limites, *trainer* de PNL e criador do CONAPNL.

16

Família: como se conectar e viver em harmonia

Como perceber que as relações em casa estão confusas? Como saber quando a comunicação e a conexão entre pais e filhos estão abaladas? Quais as causas e consequências dessa desconexão? Este artigo vai abordar estas e outras questões pertinentes ao universo familiar. Além disso, irá apresentar-lhe o método C.A.M.I.L.E, que ensina como se conectar de uma vez por todas com seu filho

Fernando Tepasse

Fernando Tepasse

Especialista em ajudar pessoas a se tornarem a melhor versão delas mesmas, por meio da arte, educação e comunicação. Graduado em Teatro/Licenciatura pela Universidade Estadual do RS, pós-graduado em Gestão de Ensino, com especialização em *Marketing* de Diferenciação, Inteligência Emocional e Palestras. Atua como arte educador há 15 anos. Fundador e CEO do Espaço da Arte, possibilitou a mais de 11 mil alunos o contato com o teatro e a dança, proporcionando experiências transformadoras a eles. É ator, diretor e escritor. Autor do livro *Caminhos para a cena: desenvolvendo teatro de qualidade na escola*. Já ministrou treinamentos e palestras para inúmeras organizações e secretarias de estado do RS. Palestrou e contou histórias para mais de 2.500 empresários no FATOR X LIVE 2018. Além do *workshop* de Imersão Conexão Propósito e Liberdade Emocional, criou e ministra as palestras: *Família: como se conectar e viver em harmonia. A jornada de Odin: reencontrando sua essência, Empreender, por quê?* e *Liberdade emocional: primeiros passos.*

Contatos
www.fernandotepasse.com.br
www.espacodaarte.org.br
fernandotepasse@gmail.com
Facebook: fernandotepasseoficial
Instagram: fernandotepasseoficial
(51) 99334-5377

Família: como se conectar e viver em harmonia

"Depois da última noite de festa, chorando e esperando amanhecer."
Nenhum de nós

Eu passei toda a minha adolescência cantando essa música e só quando já era professor me dei conta sobre o que ela fala. Eu não sei se você sabe, mas o Teddy Corrêa e seus parceiros do *Nenhum de nós* tinham uma colega de escola em 1985 que sofria com um namoro abusivo. "Ela tinha apenas 17 anos e baixava a cabeça para tudo, era assim que as coisas aconteciam, era assim que via tudo acontecer". Eu me pergunto, que tipo de relação ela mantinha com seus pais? Será que eles se importavam? Ela tinha mais medo dos pais ou desse namorado? Será que eles enxergavam "a vergonha no espelho, daquelas marcas"? Talvez sim, talvez não. O que tenho certeza é que se não perceberam, eles tinham a mesma relação daqueles que não enxergam quando seu filho se automutila, sofre *bullying* na escola ou na rua, está em depressão, chora escondido no quarto, relaciona-se com amigos ou amantes tóxicos, usa drogas lícitas ou ilícitas ou quando ele se suicida.

Durante mais de 16 anos como educador, tenho escutado os mais variados relatos sobre a desconexão entre pais e filhos. Este artigo, que é fruto da palestra homônima, tem como objetivos ajudar os pais a conectarem-se de uma vez por todas com seus filhos e contribuir com informações e métodos, para que haja êxito na difícil missão de educar. Você é a pessoa que mais vai influenciar seu filho durante sua vida e essa influência pode ser positiva ou negativa, a escolha é sua! Entenda, você é o mais importante educador do seu filho, jamais delegue essa missão a outra pessoa! Parafraseando Cortella, "maldita hora que denominaram o ensino escolar como educação", lá se faz escolarização, a educação acontece em casa. Para ajudá-lo nesse processo, vou contar algumas histórias, apresentar dados impressionantes e revelar o método que desenvolvi nesses anos como educador. Isso fará com que você tenha uma conexão intensa com seus filhos, independentemente da relação atual. Pode acreditar!

Meu grande exemplo de conexão

Era 1974, dona Schirley dava luz ao seu sexto filho. Sozinha naquele hospital, enfrentou uma de suas maiores dores: o João Daniel não resistiu a uma infecção e, algumas semanas depois do nascimento, morreu. Onde estava seu marido? Ela não sabia e só foi descobrir 22 anos depois, quando eu, seu filho mais novo, acabei encontrando minhas tias no Paraná, mas essa é outra história. O que importa é que, depois de sumir, nós ficamos na miséria, sem ter o que comer. Minha irmã mais velha, com 13 anos, cuidava de nós quando não estava trabalhando na fábrica de calçados e o meu irmão de 11 anos foi morar de favor na casa de uma prima da nossa mãe. Durante alguns anos, a situação foi terrível, mas minha mãe era uma guerreira e, na primeira oportunidade, juntou a família e nunca mais se desligou de seus filhos. Ela foi trabalhar em casa, costurava roupas dia e noite e cuidava da gente. A dona Schirley preocupava-se tanto conosco que o seu último ato antes de falecer, em 2015, foi avisar que tinha um dinheiro guardado e que ele deveria ser usado na compra das passagens do Ceará para o Rio Grande do Sul, para que meu irmão mais velho pudesse estar presente no seu enterro. Mesmo com toda essa luta, uma vida que não foi fácil, nunca ouvi minha mãe falar coisas como essas que escuto dos pais dos meus alunos, e tampouco disse ou ouvi meus irmãos falando algo parecido com o que os próprios alunos dizem a respeito de seus pais:

"Eu não sei mais o que fazer com esse guri, ele não obedece!", "Já tentei de tudo, mas não adianta!". "Ela vive trancada no quarto e quando tá com a gente, não larga o celular!", "Professor, eu vou ter que tirar ela do teatro, tenho que castigar e tirar o que ela mais gosta!", "Não sei o que tá acontecendo com ele, de uma hora para outra resolveu brigar na escola!". "Falei muitas vezes, mas ele não me ouve". "Sai todas as noites e nem sei que horas chega em casa!".

"Não adianta falar com meu pai, ele não me escuta!", "Eu não consigo conversar com eles, é muito difícil. Toda vez que eu tento, eles vêm com sermão!", "Eles não me entendem", " Meu pai e minha mãe vivem brigando e sempre sobra para mim!", "Ele me bate e não deixa eu fazer nada!", "Eu até queria falar com ela, mas nunca tá em casa!", "Sei lá, é muito estranho dar um abraço no meu pai!", "Para fazer as coisas que eu quero eu sou criança, mas para ajudar em casa, cuidar do meu irmão, trabalhar, daí sou grande!", "Eu não amo a minha mãe!".

Essas frases são tão reais quanto tristes de se ouvir. Infelizmente, eu as escuto quase semanalmente. Contudo, o importante é nos darmos conta de que elas são só sintomas de uma "doença", que eu costumo chamar de "síndrome da confusão familiar". Pode parecer loucura, mas é justamente essa desordem de papéis e propósitos dentro da família que origina esses sintomas.

O psicólogo Rossandro Klinjey fala que "o amor é uma escolha e uma construção entre você e seu filho", mas para que ele possa florescer é indispensável o respeito. Não é incrível isso? O respeito vem antes do amor! Antigamente, os pais priorizavam o respeito e, consequentemente, tinham o amor dos seus filhos. Hoje, os pais imploram pelo amor dos filhos, negligenciando com o respeito e, assim, acabam sem os dois. Rossandro fala que o amor é um sentimento muito sofisticado e incompreendido por crianças e adolescentes. Eles gostam muito, sentem falta, apaixonam-se até, mas não compreendem ainda o verdadeiro e o profundo significado do amor. Essa negligência com o respeito acabou nos tornando os pais mais bobos e inseguros da história.

As causas da desconexão

É natural que, com o crescimento dos filhos, haja certo distanciamento entre eles e seus pais, o que é saudável e necessário. O problema é quando isso se transforma em ruptura. As principais causas desta desconexão são:
- Falta de diálogo
- Incompreensão e intolerância
- Impaciência
- Reclamações contínuas
- Preconceitos
- Brigas e gritos
- Decepções
- Traumas
- Excessos e faltas
- Pressão excessiva
- Mentira.

As consequências da desconexão

Toda ação gera uma reação e com o distanciamento entre pais e filhos, não é diferente. Destaco as principais consequências desta desconexão:
- Frustrações e mágoas profundas
- Tristeza e infelicidade
- Baixa autoestima
- Ansiedade excessiva
- Medo de tudo

- Raiva, automutilação
- Depressão
- Rompimento definitivo com seus pais
- Suicídio.

Como identificar a desconexão
Uma das maiores dificuldades dos pais é perceber que estão se afastando dos filhos. Quando percebem, a distância é tão grande que, em alguns casos, a reaproximação se torna muito difícil. Preste atenção nestes seis "quandos" e veja se eles já fazem parte de sua vida:
- Quando alguém fala e o outro não escuta
- Quando você não sabe mais o que ele faz, gosta, sente, vive, sonha
- Quando você não conhece seus amigos
- Quando você pede e ele não obedece, tudo tem que ser no grito, na ameaça, na chantagem
- Quando ele não lhe pergunta mais nada de importante
- Quando você ou ele passa mais tempo no celular ou no computador do que conversando.

Fala-se tanto em crise moral, sistema de ensino falido e pouco sobre a mais importante célula de toda a sociedade: família. Enquanto não voltarmos a fortalecer os laços entre pais e filhos, pouca coisa irá melhorar. Somente com uma excelente educação em casa é que essas crianças e adolescentes terão condições de promover alguma mudança no futuro. Para que essa educação aconteça, de fato, é imperativo que pais e filhos se conectem. Qual o segredo?

C.A.M.I.L.E
Depois de muito pesquisar, eu compilei um método simples e eficaz, que se traduz nesse nome próprio: Camile. Ele está alicerçado no respeito. Até porque, qualquer ação, ideia ou método, só funcionará se tiver o respeito como base.

Na verdade, CAMILE é um acróstico que fala sobre:

C = carinho: o carinho é a forma de demostrarmos amor pelos filhos. O toque, o abraço, o cafuné, o olho no olho, a leitura de um livro, assistir filme juntos e passear. Tudo isso é sinônimo de carinho e são ações imprescindíveis para a saúde emocional de ambos!

A = aprendizado constante: o segredo da conexão é aprender a se relacionar. Entender de uma vez por todas que as novas gerações mudam rapidamente. "Ontem" não havia celular, as empresas mais ricas do mundo produziam algo palpável, hoje, elas gerenciam conhecimento e facilitam a vida das pessoas. Tudo mudou e evoluiu, inclusive a forma como seus filhos enxergam o mundo. Então, se você quiser fazer parte dele, deve abrir a mente e buscar novos conhecimentos, especialmente o da educação atual.

A = atenção: dedique atenção qualificada e reserve um tempo exclusivo para cada filho. Preste atenção no que ele faz. Os filhos vão testá-lo a vida toda, fique atento. Se você realmente quiser cuidar do seu filho, você tem que:
- Saber onde ele está
- Saber com quem ele está
- Saber o que ele está fazendo
- Saber que horas ele volta
- Saber com quem ele volta
- Saber como ele volta.

M I = momentos incríveis: uma das ações mais eficazes na conexão entre pais e filhos é ter experiências e viver momentos incríveis com eles. A partir deles, vocês terão assunto para conversar, conhecimentos para dividir, sonhos para sonharem juntos. Assim, sugiro que no mínimo você:
- Tenha duas horas exclusivas para cada filho na semana
- Faça um passeio de um dia inteiro, por bimestre, com cada um de seus filhos
- Faça uma grande aventura de cinco dias por ano, com cada um dos seus filhos.

L = limite: limite é proteção, não punição. É necessário ter os limites muito claros em sua casa. Se notar que uma regra deva ser alterada, refaça as combinações junto com todos, mas nunca permita que as regras sejam simplesmente descumpridas. Cuidado com o excesso de normas, sua casa e sua relação não podem ser prisões. Liberdade vigiada é o segredo, mas ela deve ser conquistada, assim como a autonomia da criança.
- Escreva, deixe as regras muito claras e expostas em sua casa
- Seja o primeiro a respeitar as regras criadas, elas devem ser para todos
- Ações representam muito mais do que discursos
- Seja o exemplo.

E = empatia: colocar-se no lugar do outro, considerando suas histórias, valores e o contexto que está inserido. Normalmente falamos: "se eu tivesse no seu lugar eu faria isso, pensaria aquilo, agiria de tal forma", mas, de verdade, você não está no lugar do outro, mas pensando com suas crenças e, muitas vezes, preconceitos.

Quando trazemos para o universo familiar, esta ação torna-se ainda mais difícil. Como sair desse lugar de autoridade e olhar com os olhos do seu filho? Não adianta pensar como era quando você tinha aquela idade, pois isso foi no século passado e, de lá para cá, o mundo e a nossa forma de viver e agir mudaram. O que fazer então? Perguntar, aprender, experimentar, arriscar, avaliando todas as possibilidades (uma delas será a forma como seu filho enxerga) e, o mais importante, escolhendo amá-lo. Não aquele "amor" permissível, sufocante, dependente. Isso não é amor! Amor é querer o melhor, mesmo que não seja exatamente aquilo que você acha que seja o certo ou que você sonhou para seu filho.

Eu preciso alertar que saber isso tudo não será o suficiente e esperar o momento certo para começar é um erro. Se você quer manter essa conexão para sempre, é necessário voltar a se ligar ao seu filho. Saiba que a ação é o grande segredo. Mude para ser exemplo e comece por você, seja a mudança que quer em seu filho. Não se iluda, nenhuma transformação é fácil, quebrar padrões dói e dá trabalho, mas a recompensa vale todo o esforço.

Você pode transformar a educação dos seus filhos e a convivência com eles em algo prazeroso ampliando muito mais as suas qualidades de vida. Tenha certeza de que vocês merecem! Não justifique os equívocos cometidos com seu filho com uma possível "falta de educação" que recebeu dos seus pais. Agora você tem conhecimento e capacidade de fazer diferente. Ajude seus filhos a superarem frustrações, fazerem suas escolhas com sabedoria e se tornarem mais carinhosos e participativos em família, ensine-os com o seu exemplo. Seja grato e apresente a eles o verdadeiro sentido dessa palavrinha mágica, que fará toda diferença: gratidão!

Ser grato é valorizar tudo o que se tem e conquistou. Ensine seus filhos a serem positivos e seja o exemplo, enxergando em cada situação uma oportunidade de aprendizado. Desenvolva o senso de realidade neles, de forma a valorizar suas vitórias, evoluções e também a casa onde mora, os bens materiais que tem e que ganhou das outras pessoas, as viagens, as festas, ou seja, tudo de bom que a vida proporcionou a eles. Quando damos valor às pequenas e grandes coisas, os problemas e frustrações tornam-se um pouco menores, pois conseguimos enxergar que aquilo faz parte da vida e, o mais importante, que teremos sempre pessoas com quem contar, nosso porto seguro: os pais.

17

As três fases de um negócio: em qual você está?

Neste capítulo, você vai aprender um pouquinho sobre as três fases que toda empresa passa: infância, adolescência e maturidade. Além disso, terá a oportunidade de identificar qual é a fase atual do seu negócio e entender qual é o seu próximo passo. Isso será de extrema importância para o seu desenvolvimento empresarial. Tenha uma excelente leitura!

Guilherme Cruz

Guilherme Cruz

Fundador da JDE coaching empresarial, criador do projeto jornada de desenvolvimento empresarial, sócio da Palestrantes do Brasil, servo de Deus, especialista em desenvolvimento empresarial e em *marketing* digital. Criador de oito empresas do absoluto zero, criador e desenvolvedor de 14 projetos altamente rentáveis, criador de conteúdos *on-line*, *coach business* pela empresa Line Coaching, coautor do livro *Segredos de alto impacto*, treinador e desenvolvedor de pessoas da alta performance.

Contatos
www.jornadadedesenvolvimentoempresarial.com
contato.jde@outlook.com
Facebook: guilhermecruzcoach jde.coachingempresarial
Instagram: @guilhermecruzcoach @jde.coachingempresarial
(34) 99961-2324

Tudo começou no ano de 2011, quando eu tive uma proposta do meu pai, Sr. Geraldo Cruz de abrir minha primeira loja. O local já estava em funcionamento por outra pessoa e se chamava A Boa Pesca, uma loja de artigos para pesca, caça e *camping*.

Então eu aceitei a proposta do meu pai, afinal, ele queria me ajudar e fazer com que eu me desse bem na vida. Nessa época, eu tinha meus 16 anos de idade e já era bem para a frente, mas confesso que não tinha noção do que eu estava fazendo. Desde novo levo uma frase comigo que diz o seguinte: antes feito do que perfeito.

A segunda loja, então, foi inaugurada, o Pet Shop Cães e Cia, isso um ano após ter iniciado a primeira no ano de 2012. Passado mais um ano, um pessoal de Carmo do Paranaíba, cidade onde morava, me procurou. Estavam vendendo uma outra loja em outro ponto da cidade, chamada Point Animal. Acreditei que seria uma oportunidade bacana de comprar aquela loja e, então, fiz minha terceira aquisição, e reestruturei o Point Animal, que virou uma lojinha de animais fantástica.

Foi daí que me veio a oportunidade de fazer um curso promovido pelo SEBRAE, o EMPRETEC, curso esse onde tive a oportunidade de conhecer diversas ferramentas de desenvolvimento de negócios. Também tive a oportunidade de conhecer diversos empresários da cidade, foi então que aprendi que para ter mais de uma empresa você precisa ter uma já estruturada e que caminhe sem ter você sempre dentro dela.

Assim, desenhei uma planta onde eu faria uma mudança nas duas lojas iniciais as unificando em uma só. Vendi o Point Animal, e já na próxima semana eu comecei a fazer as modificações necessárias. Tudo deu certo como planejado, e então eu comecei a crescer de uma forma incrível e rápida, onde em pouco tempo eu inaugurei uma super loja, o Pet Shop Cães e Cia. A loja cheia de produtos, móveis planejados, com um *layout* moderno e muito bem localizada na cidade, rapidamente me deu novas ideias e sem pensar e planejar, também coloquei em prática. Construí uma clínica veterinária moderna que atenderia toda a cidade, a Cães e Cia.

Pouco tempo depois de a clínica estar em funcionamento, decidimos criar uma escola de banho e tosa, pensando no modelo de franquia que precisaria ter um centro de treinamento para os franquiados. Assim eu fiz, inaugurei o centro estético canino Cães e Cia.

Pouco tempo depois de ter inaugurado a escola de banho e tosa, eu parti para uma nova empreitada muito maior, afinal, dessa vez, eu estava vislumbrando conquistar outros solos, uma nova cidade. São Gotardo – MG foi a cidade que eu escolhi para abrir a nossa 4ª empresa ativa, uma loja linda seguindo o mesmo padrão de *layout* das outras. Porém, dessa vez eu cometi o maior erro de todos, retirei a minha gerente da loja matriz, a pessoa que era responsável por manter a loja em pé para ser a minha sócia nessa nova loja e, assim eu fiz, inauguramos a 4ª loja, sempre com muitos problemas e nenhuma organização e planejamento.

Passados cinco meses, descobrimos que não seria viável permanecer com a loja de São Gotardo aberta. Porém, quando percebemos isso já era tarde, eu havia me afundado em dívidas. Meu foco estava dividido em vários projetos inacabados que precisavam de mim e da minha presença.

Foi quando eu tive a oportunidade de ir fazer uma viagem para a cidade de Curitiba e eu realmente precisava daquilo. Eu estava cheio de dívidas e problemas, mas peguei minha mala e fui. Enquanto ainda estávamos em Curitiba, tive a oportunidade de assistir à palestra do Mágico Renner, onde ele contou um pouco da sua história e deu ênfase na parte em que ele descobriu qual era o seu verdadeiro motivo de fazer todas as coisas. Minha ficha caiu nessa hora, e quando dei por mim, eu estava chorando ao acabar de descobrir que a minha verdadeira motivação era a minha família, meu pai Geraldo, minha mãe Arlete e meu irmão.

Voltei com a decisão tomada, vendi todas as lojas. Aos meus 22 anos, estava devendo cerca de R$ 160 mil sem ter nenhuma fonte de renda e então tive que criar oportunidades. A primeira chance que eu tive foi de ter criado um projeto para a campanha política, onde uma amiga minha, a Maira Queiroz era candidata a vereadora e me pediu que fizesse um orçamento para ela, pois eu já desenvolvia alguns trabalhos de *marketing* e, a partir dessa ideia, eu montei uma proposta e apresentei para alguns candidatos. Acabei fechando com alguns que me rendeu mais de R$ 10 mil. Após as eleições, criei o mesmo projeto para empresas e tive a oportunidade de desenvolvê-lo para muitas outras em várias cidades. Isso contribuiu diretamente para o meu crescimento profissional.

Quando eu tinha meus 19 anos, havia começado a dar diversas palestras de empreendedorismo. Porém, pelo fato de terem acontecido todas essas complicações eu havia parado. Até o momento que as coisas começaram a se encaminhar para mim. Voltei a fazer palestras e, dessa vez, criei produtos, treinamentos e cursos que me capitalizaram e me fizeram adquirir um grande amor pela função. Então comecei a investir em mim, e conquistei cinco formações de *coach* na Line Coaching de Florianópolis. Iniciei uma vasta caminhada ajudando e desenvolvendo inúmeras empresas com conteúdos significativos e transformadores, até porque eu passei por várias situações quando tinha as lojas e via que o certo era ajudar o máximo possível de empresas. Até que vi a oportunidade e criei uma nova empresa, a JDE Coaching Empresarial, que trabalha com uma metodologia simples e tem como representantes e parceiros diversos *coaches* no Brasil.

De uma forma bem resumida, esse é um pouquinho da minha história, espero que ela possa contribuir com você. No final do meu artigo vou deixar meus dados, para que possa entrar e continuar consumindo nossos conteúdos.

As três fases de um negócio

Para ter um negócio de sucesso não adianta você apenas entender do negócio, você também tem que entender de negócio.

Infância

A fase da infância é a mais complicada de todo negócio, afinal, é a fase em que o proprietário tem que trabalhar *full time* ou seja estar 100% comprometido com o seu negócio. Vou dar um exemplo e depois eu o trago para a vida real.

Suponhamos que hoje você tenha um bebê recém-nascido, imagine o trabalho que ele está dando. Agora pense no quanto de esforço você tem que fazer para que seu neném cresça com força e saúde, o tanto que tem gasto com ele, o sacrifício feito para que tudo ocorra bem. Imagine que se ele passar mal você tem que sempre estar por perto para ajudá-lo, agora pense em uma outra pessoa cuidando do seu bebê enquanto você está trabalhando.

Se seu bebe chorar você não vai estar lá para cuidar, mas a outra pessoa vai cuidar para você, porém você não consegue acompanhar o crescimento dele. O tempo passa e a cada dia uma nova necessidade aparece, ou seja, é preciso estar sempre atento(a).

Agora eu quero que você imagine que existe um segundo bebê, ou melhor, que existe um terceiro bebê, ou até mesmo um quarto, a minha pergunta para você é: você acredita que quatro bebês dão mais trabalho do que um só? Acredito que a sua resposta seja sim, agora eu quero trazê-lo para a realidade comercial.

O que eu mais tenho acompanhado nesses últimos anos trabalhando com inúmeras empresas é o despreparo dos empresários quando se trata de expansão dos negócios. Expandir é importante? Sim, com toda certeza, mas é ainda mais importante estabilizar seu negócio inicial de uma forma que ele não dependa mais de você.

Lembra lá do neném que precisa de você a todo momento para crescer e ficar forte? Justamente isso tem que acontecer antes que você esteja se preparando para investir em outras lojas. Afinal, o modelo de sucesso consiste em ter um sistema simplificado que não dependa somente de mim para fazê-lo funcionar. Nós precisamos criar um processo que seja fácil de controlar por todos os integrantes da equipe, ou até mesmo por um estranho. Caso isso não aconteça, ficaremos impossibilitados de dar sequência ao nosso crescimento. A questão é que crescer é algo maravilhoso, mas crescer com conflitos e com sistemas mal formatados gerará um grande problema a longo prazo.

Adolescência

Vamos entrar no contexto e entender ao certo o que é um adolescente. O adolescente é inconsequente, ele não mede as consequências e não tem maturidade para desenvolver a sua vida de uma forma adulta.

Ele sempre está fazendo as coisas sem pensar, às vezes acerta, erra e, na maioria das vezes, faz de tudo para chamar a atenção. Durante a fase da adolescência pode acontecer algo que o mesmo ficará marcado para toda a eternidade. Eu acredito que essa fase seja a mais perigosa, afinal o adolescente, por ser inconsequente, gosta de correr riscos incalculados. E por que eu estou falando sobre o jovem adolescente? Porque a sua empresa ou seu negócio pode estar vivendo a fase da adolescência. Posso já lhe adiantar que, se você se encontra nessa fase, vai precisar de um mentor, uma pessoa com experiência para se desenvolver e conseguir chegar na maturidade. Caso contrário, vai viver o resto da sua vida na adolescência, estagnado na vida, no comodismo e seus resultados serão sempre os mesmos.

Você deve estar se perguntado como faz para descobrir em qual fase o seu negócio se encontra.

Tenho uma dica, acesse o site:
www.jornadadedesnvolvimentoempresarial.com/questionário
e descubra qual a sua fase atual.

Crescer ou morrer?

Sabe quando você já não está mais conseguindo atender a demanda de seus clientes? Quando você tem em sua frente grandes dificuldades de acudir tudo a tempo? Quando você percebe que precisa contratar mais alguma pessoa? Quando o seu espaço começa a ficar pequeno ou que a sua produção não está na velocidade necessária?

É nesse ponto que você percebe que a sua empresa está crescendo, afinal, o seu serviço é excepcional, seus produtos são inigualáveis, sua entrega é diferenciada, seus clientes são apaixonados pelo seu atendimento e atenção. Porém, você percebe que quanto mais crescimento, novas dificuldades surgem e começa um novo questionamento: vale a pena crescer? Pois quanto maior o negócio, maiores serão suas responsabilidades e é exatamente nesse lugar que mora o perigo.

Maturidade

A maturidade é aquela fase em que todo empresário sonha em conseguir alcançar um tempo maior onde seus colaboradores se engajam com o propósito da empresa. Onde os processos empresariais são executados com maestria, onde a oportunidade de duplicar o negócio com segurança e lucratividade torna-se possível. Um tempo onde os sonhos se realizam.

Mas a maior dificuldade de as empresas chegarem nesse tempo é que tudo depende de uma única pessoa, do proprietário ou dos sócios. Afinal, tudo acontece a partir dos líderes da empresa.

Então, nosso maior desafio não é mudar a realidade da empresa e, sim, a mentalidade do proprietário. Mudar a forma de pensar e de agir dos representantes do negócio, pois nós temos o conhecimento e as ferramentas necessárias para treinar pessoas a serem melhores e, como consequência, conseguirem chegar ao seu objetivo final.

Mas, posso contar-lhe uma coisa? Se hoje o seu negócio se encontra na infância, não é necessário atravessar a fase da adolescência para chegar à maturidade. Ou mesmo se você ainda não tem uma empresa ou um negócio real, com as ferramentas certas, você pode pular as etapas e evitar todos os riscos que o mercado oferece.

Para que você compreenda de uma forma perfeita qual é a fase da maturidade, vou lhe contar uma história de um empreendedor visionário que, com a ajuda de uma empresa profissional, conseguiu alcançar o sucesso e duplicou o seu negócio para várias cidades do país.

Como disse acima, o sonho de todo empreendedor e proprietário de uma empresa é automatizar os processos de uma forma que o seu próprio negócio ande sozinho e dependa o mínimo possível de ter sempre a sua presença no negócio. Justamente por esse motivo, eu me coloco a sua inteira disposição.

Entre em contato comigo e vamos conversar!

18

A vida além dos sonhos

Em algum momento da vida, você já parou para se perguntar: por que estou aqui? Qual é o meu papel na sociedade? Qual é o significado da minha existência? Qual é a minha missão de vida? A plenitude do homem está em viver de acordo com a sua missão de vida! Você está pronto para descobrir a sua?

Helaine Rodrigues

Helaine Rodrigues

Life e *executive coach*, palestrante *coach*, analista comportamental e líder, pela Line Coaching. *Practitioner* em PNL – por Felipe Gibim, hipnoterapeuta – por Marcelo Botelho e reprogramação de crenças – por Jean Takayama. Escritora, cantora, compositora e empreendedora.

Contatos
www.helainerodrigues.com
helainerodrigues@helainerodrigues.com
Facebook: helainerodriguescoachpalestrante
Instagram: helainerodriguescoach/

Eu acredito que uma das melhores coisas que podem acontecer na vida do ser humano é sonhar, lutar e ver a materialização dos seus sonhos. Está em nossa essência sonhar. Saber quem você quer ser na vida e onde quer chegar, é o primeiro grande passo para o sucesso!

Lembra quando você era criança? Quem você queria ser? Quando somos crianças, não há limites para sonharmos. Podemos ser quem ou o que quisermos! Super-herói, bombeiro, cantor, dançarino, médico, enfim, o que quisermos. Acontece que, quando crescemos, descobrimos que não é tão simples assim. Existe um preço a pagar e não se trata de dinheiro.

Poderia citar aqui vários nomes de pessoas, que, no passado, viviam na pobreza, com a vida cheia de privações, mas que decidiram mudar a sua história, realizar os seus sonhos e conseguiram! Estou falando em criar alvos, prioridades, planejamentos, agir e concluir cada etapa desta jornada. Superar limitações, ser flexível, fazer ajustes, potencializar habilidades, descobrir pontos que necessitam de melhoria e alcançar estas melhorias.

> Sem sonhos, a vida não tem brilho. Sem metas, os sonhos não têm alicerces. Sem prioridades, os sonhos não se tornam reais. Sonhe, trace metas, estabeleça prioridades e corra riscos para executar seus sonhos. Melhor é errar por tentar, do que errar por se omitir!
> Augusto Cury

Conquistar o sucesso profissional, o carro dos sonhos, a casa, o casamento, os filhos, as viagens, aquilo que é importante para você, tudo isso é maravilhoso! Mas você já se perguntou o porquê de muitas pessoas possuírem tudo isso e sentirem infelizes?

Nós não nascemos apenas para conquistar riqueza material e satisfazer todos os nossos desejos, isso não basta para nos sentirmos realizados, você entende? Podemos até buscar preencher este vazio existencial, no trabalho em excesso, no consumismo desenfreado, nos diversos relacionamentos amorosos, no alcoolismo e nas drogas. Por conta disso, infelizmente, existem casos de pessoas que já foram ídolos, mas que acabaram num estado degradante, perdendo tudo, inclusive a vida. No lugar onde havia sucesso, alegria e entusiasmo, encontramos uma grande multidão, sem entender a razão deste triste desfecho.

De acordo com uma pesquisa feita pela Organização Mundial da Saúde (OMS), datada em 2015, são 322 milhões de pessoas que estão sofrendo de depressão no mundo. Só no período de 2005 a 2015 houve um crescimento no índice, de 18,4% na América Latina, e o Brasil ocupa o primeiro lugar.

5,8% da população está depressiva, ou seja, 11 milhões de pessoas estão tristes, ansiosas, vazias, desmotivadas, sem esperança, sentem-se culpadas e com dificuldade para seguir em frente! Sem contar os casos, que por algum motivo, são desconhecidos!

Eu não sei como você está agora, mas eu sei que a sua vida pode ser muito melhor do que já é. Quer saber como isso é possível?

Neste momento, eu o convido a fazer uma viagem imaginária, reflita comigo:

O sol nasceu para brilhar! Você já sabe disso, não é mesmo? Mas e se você acordasse para o seu novo dia e o sol desaparecesse? Como seria? Entre outras funções vitais para nossa existência, o sol aquece a terra, traz alegria, traz calor, nos dá a vitamina D, possibilita o crescimento das plantas, das flores, do alimento, traz luz e vida!

Durante o dia, a lua parece tímida, porque o sol brilha mais forte e ela fica quase imperceptível! Mas, quando chega a noite, ela aparece com o seu brilho e ilumina nossos caminhos. Os meses, dias do ano e estações, têm influência da lua! E se a lua sumisse?

E a água? Como seria a vida sem a água? Simplesmente não existiria! Nosso corpo é formado de 65% de água! Tira a água, tira a vida, não tem alimento, não tem nada!

Você já imaginou o mundo sem as flores? Quando você olha o campo repleto de flores... Rosas, orquídeas, margaridas... Como são lindas! Como exalam perfumes maravilhosos! Imagine agora, aquele campo verde. Os alimentos semeados ali, como é lindo! Como é saudável este alimento! Tudo o que o seu corpo precisa vem da terra, e falando em terra, como é maravilhoso pisar na terra, na grama verdinha, que energia boa! A terra... tudo de bom!

E os animais então? Cada um com a sua beleza e sua particularidade. Selvagens, domésticos... Eu tenho uma cachorrinha, a Meg, pequenininha, uma York Shire. Minha companheira. Muito linda! E você? Qual animalzinho você tem? Gato? Cachorro? Cavalo? É uma delícia ter o amor dos animais! Os pássaros! Ah, os pássaros! Várias cores, tamanhos, cantos... Como seria a vida sem eles? A águia, especialmente, é uma inspiração para mim.

Percebeu que tudo tem uma razão para existir? E você? Qual é o seu lugar no mundo? Quais são os seus dons e talentos? Qual é a diferença que você tem feito na vida das pessoas que o cercam? Qual é a sua missão de vida? A vida é como uma peça de teatro, mas sem o *script*. Descobrir a sua missão e o motivo de ser quem você é, seria como perguntar ao Steve Jobs como utilizar e quais os recursos que o *iPhone* oferece.

Partindo do princípio de que nada existe por acaso, e que tudo tem algo a oferecer, você também nasceu para cumprir um propósito e tem algo a oferecer. A sua vida só tem sentido quando você descobre isso! Bom, temos um problema agora... Você não é um *iPhone*. Para quem você irá perguntar? Como descobrir algo tão importante?

Há 150 anos foi assinado um decreto em que os cientistas foram proibidos de assumir a existência de um Ser criador, mesmo contrariando as evidências, na época. Vou compartilhar com você algumas dessas evidências:

Isaac Newton foi um astrônomo, alquimista, filósofo natural, teólogo e cientista inglês, mais reconhecido como físico e matemático. Sua obra, *Princípios matemáticos da filosofia natural* é considerada uma das mais influentes na história da ciência. Ele provou que a Terra flutua. Interessante como esta, e muitas outras descobertas feitas pela ciência, já estavam descritas na Bíblia 3.500 anos, antes. Todos diziam ser uma loucura, mas o fato é que foi constatado que a Bíblia está correta.

"O Norte estende sobre o vazio; e suspende a terra sobre o nada."
(Jó 26:7)

Bertil Lindblad foi um astrônomo sueco. No século XX, descobriu que o sol gira em torno da galáxia, com velocidade de 240km/s.

A sua linha se estende por toda a Terra, e as suas palavras, até ao fim do mundo. Neles, pôs uma tenda para o sol, o qual é como um noivo que sai do seu tálamo, e se alegra como um herói a correr o seu caminho. A sua saída é desde uma extremidade dos céus, e o seu curso até à outra extremidade, e nada se esconde ao seu calor."

(Salmos 19:4-6)

Camadas da Terra, descobertas pelos Geofísicos, Andrij Mohorovicié (1857-1936) – Descobriu o manto em 1905, por meio de ondas sísmicas –, Beno Gutenberg (1889-1960) –Descobriu o núcleo externo na Terra em 1930 –, Inge Lehmann (1888-1993) – Descobriu o núcleo interno da Terra, em 1936, formado por fogo que chega até 6.000 °C.

"Da terra procede o pão, mas por baixo é revolvida como pôr fogo." (Jó 28:5)

Galileu Galilei foi um físico, matemático, astrônomo e filósofo italiano, personalidade fundamental na revolução científica (1564-1642). Ele disse o seguinte: a matemática é o alfabeto no qual Deus escreveu o universo.

Na atualidade temos os cientistas como:

Marcos Eberlin, químico brasileiro, cientista, professor do instituto de química da Universidade Estadual de Campinas. Presidente da Sociedade Designer Inteligente. Em parceria com os principais cientistas americanos, criaram uma linha de pesquisas, pois acreditavam que, pela complexidade extremamente sofisticada da vida e perfeição na natureza, existia um Ser Superior, contrariando o que a ciência dizia por imposição, há 150 anos atrás. Há evidências na vida e no universo, que tudo foi feito pronto.

Maicon Behe, bioquímico norte-americano, professor-adjunto de bioquímica da Universidade Lehigh, Pensilvânia, e defensor do design inteligente. Ele descobriu que em nosso DNA existem seis bilhões de informações condensadas. Imagina! Como isso pode ser fruto do acaso? Não é fantástico saber que dentro de cada partícula – impossível de se ver a olho nu –, existe esta quantidade de informação? É o mais avançado código que se tem notícia!

Douglas Axe é um americano que estuda a biologia molecular, há mais de 25 anos. Garante que não existe a mínima possibilidade de a vida ser um acidente, um caso da evolução do planeta. Para ele, as células são complexas demais e só podem ter sido criadas de propósito, por um ser inteligente.

Gregg Baiden, físico norte-americano, em 27 anos de estudos com sua equipe, descobriu um código no DNA 10565. Este código se repete sempre. Ao buscar respostas para o significado deste código, consultaram a professora de língua hebraica, a Prof. Naama Silverman Forner. Ela explica que, em hebraico antigo, dez anos antes da era comum, não existiam os algarismos numéricos, portanto, as letras representavam os números. Ao substituir os números pelas letras correspondentes, obtiveram:

YUT HEY VAV HEY = JAVE. Ou seja, Deus é nosso criador e Ele colocou sua assinatura em nós! Isso não é maravilhoso?

Não se trata de religião, igreja "x" ou "y". Somos criaturas espirituais! O problema é que, negar esta verdade, causa dor e sofrimento ao homem. A alma é afligida, porque não cumpre o propósito pelo qual veio a existir. Para aqueles que queiram, sinceramente, descobrir a sua origem, não restará dúvidas! Existem ainda, muitas outras evidências que não mencionei aqui.

Procure, pesquise! Todos nós podemos confiar que a Bíblia é o nosso manual, e que Deus é o nosso criador! Lá encontramos tudo o que precisamos para ter uma vida plena e feliz, independente das circunstâncias, favoráveis ou não! Ao nos aproximarmos daquele que nos criou, descobriremos a nossa missão de vida!

Quero deixar aqui algumas dicas para que você descubra a sua missão de vida, vamos lá!

Relacionamento com Deus: falamos com Deus por meio da oração, da meditação da palavra e do louvor.

Relacionamento com pessoas que se relacionam com Deus: ao estar próximo de pessoas que se relacionam com Deus, certamente, elas poderão auxiliá-lo a descobrir qual é o perfil e o que você faz melhor.

Servir: servir ao próximo é servir a Deus! Com seus talentos, você se conecta a sua missão de vida! Em tudo o que você fizer, seja onde for, a sua missão de vida estará presente. No seu trabalho, na sua família, em todas áreas da sua vida.

Influenciar: sua missão de vida influenciará de maneira positiva e todas as pessoas ao seu redor serão impactadas!

Anunciar a sua missão: faça questão de cumprir e anunciar a sua missão de vida. Quais são as ações as quais você se conecta? Escrever, ensinar, realizar, capacitar, doar, ajudar, organizar? Anote tudo! Escolha algumas ações que você sente prazer em fazer e faça o melhor que puder!

Lembre-se: você não está aqui por acaso! Você não é apenas mais um. Você nasceu para ter uma vida além dos sonhos!

Referências

NAÇÕES UNIDAS. *Índice de depressivos no mundo.* Disponível em: <https://nacoesunidas.org/oms-registra-aumento-de-casos-de-depressao-em-todo-o-mundo-no-brasil-sao-115-milhoes-de-pessoas>. Acesso em: 25 de jun. de 2018.

RECORD. Domingo espetacular. *Reportagem sobre Design Inteligente.* Disponível em: <https://www.youtube.com/watch?v=UG0TF27QHq4>. Acesso em: 25 de jun. de 2017.

19

Atender? Você vai encantar

Em uma era cada vez mais digital, as empresas vêm perdendo a essência que tem o poder de elevar seus resultados: o relacionamento. Atender bem nunca foi tão fácil como é hoje, em uma sociedade carente de atenção e repleta de relacionamentos frios. As empresas que estão cientes desse fato já agem e estão um passo à frente de todas as outras

Leonardo Ricardo

Leonardo Ricardo

É palestrante motivacional, estrategista de vendas e atendimento ao cliente, escritor. Especializado em transformar o relacionamento com os clientes. Criador dos treinamentos *Impulsionador 5x*, *Desafiando o destino* e *Atendimento Essencial*

Contatos
www.leonardoricardo.com.br
info@leonardoricardo.com.br
suporte@leonardoricardo.com.br
Instagram: leonardoricardo
Facebook: leonardoricardo
(34) 3411-2324
(34) 99644-8477

Existe um momento em nossa vida em que tudo muda, principalmente a maneira como você vê o mundo, e a minha mudou aos nove anos de idade. Todos os dias costumava sair da escola e ir para minha casa. Quando estava chegando, já conseguia ver minha mãe me esperando no portão com um sorriso e com aquela cara de preocupada em saber se eu estava bem. Essa era uma rotina que se repetia, até o dia que cheguei em casa e não vi ela me esperando. Então fui procurar por ela e a achei no quarto deitada, mas quando meu pai chegou e a viu, ele começou entrar em desespero. Naquele dia, minha mãe havia tentado tirar a própria vida. Ela tinha tomado vários remédios diferentes com a convicção de que aquilo a mataria, mas acabou tendo apenas uma overdose. Por que uma mulher que parecia tão feliz faria algo assim? Ela teve depressão pós-parto no meu nascimento, e quando meu pai me disse isso, eu tomei a primeira decisão da minha vida. Ainda muito jovem, eu já sabia o que ia fazer. Disse a mim mesmo: nunca mais irei ver minha mãe dessa maneira, eu vou fazer tudo que estiver ao meu alcance e até o que não estiver, para transformar a vida dela. Parece simples, um sonho de uma criança, mas são nesses momentos que a nossa vida muda. Depois daquela promessa, eu comecei a fazer tudo o que era necessário para mudar a vida dela e aprendi a minha primeira lição.

1-Relacionamentos são a força do mundo

Você não é culpado pelos acontecimentos de sua vida, mas é responsável pelo o que vai fazer a respeito. A partir daquele dia eu procurei entender mais sobre pessoas, procurar a razão pelo qual tantas pessoas sofrem, e raramente têm uma vida realizada. Com esse avanço das redes sociais, os relacionamentos estão cada vez mais frios, fazendo com que as pessoas comecem a perder a essência que nos une, e nos leva cada vez mais longe como seres humanos. Estamos perdendo o amor, o sentimento que nos faz desejar cuidar do próximo, se interessar por ele, querer ajudar e, assim, estão aparecendo cada vez mais pessoas individualistas, que apenas se preocupam com o que interessa a elas. Um empreendedor, que precisa lidar com pessoas todos os dias, precisa aplicar em sua vida o efeito "divórcio".

Quando um casal chega ao ponto de querer se separar, essa decisão não ocorreu do dia para a noite, foi um acúmulo de vários acontecimentos que não foram resolvidos, de regras violadas que eram importantes, e com tudo isso acumulado, chega a um ponto em que não dá mais. Ou a relação acaba ou você para de se importar com a pessoa. Se a relação continuar sem uma solução, se apenas continuarem "empurrando com a barriga", isso vai ficando cada vez mais tóxico, e afetando as pessoas ao redor.

Em qualquer relacionamento é preciso cultivar uma série de comportamentos, para que ele não apenas dure, mas seja inesquecível. O primeiro passo é suprir o primeiro fundamento: mostrar e fazer com que a pessoa sinta que é especial. Quando se concretiza essa primeira etapa, começa a se criar magia.

O principal cliente é interno

Foi nesse momento que entendi: para mudar a vida das pessoas, era preciso que cada uma soubesse como criar verdadeiros relacionamentos.

As empresas que apenas se preocupam com os números e resultados no papel, dificilmente alcançará o nível mais elevado na mente dos seus clientes. Não estou dizendo que empresas não precisam de lucros, o que importa é como elas criam lucro.

O seu primeiro cliente é você, para realizar o seu objetivo, é preciso acreditar na sua capacidade e depois começar a se especializar para conseguir alcançá-lo. Não somos perfeitos, mas podemos cada vez mais aprimorar quem somos. E se você deseja alcançar o nível de atendimento que encanta e fideliza os clientes, é preciso ultrapassar a primeira barreira: buscar por ajuda e procurar evoluir. A maioria das pessoas sabe o que é preciso fazer, mas não aceita a realidade e não se permite crescer, porque acredita que procurar por ajuda é parecer fraca. Então, se prende a essa realidade infinita, não permitindo que a luz chegue até ela. Pessoas alcoólatras são um exemplo, pois sabem que o que estão fazendo é prejudicial, que precisam mudar, mas elas não querem mudança. Nada vai acontecer para você até que haja uma tomada de decisão real em sua vida.

Seja o gatilho da revolução, esteja disposto a arriscar, criar novos métodos e experimentar outras iniciativas. Os tempos estão mudando, então acompanhe. O mundo está cheio de empresas "zumbis" que não se adaptam a novas realidades e comportamentos, por acreditarem no êxito adquirido no passado. Porém, esses mesmos hábitos não garantem o sucesso para sempre.

No momento em que você absorve a mentalidade de que é responsável pelos seus resultados, certamente irá procurar por maneiras de melhorar a experiência dos seus consumidores, enquanto os seus concorrentes vão estar esperando que algo "caia do céu" e faça aumentar suas vendas.

2- É preciso cuidar de quem importa

Certo dia eu estava conversando com meu pai, que me chamou para ir olhar algumas coisas que ele havia plantado. Cultivar plantas é um *hobby* para ele e daquela conversa pude aprender a minha segunda lição com sua explicação: Léo, olha aqui esses dois recipientes com terra. Eu coloquei o mesmo tipo de semente em cada um deles no mesmo dia, e após 50 dias, as sementes brotaram. No da esquerda, todos os dias eu coloco água e adubo, já no da direita, apenas deixei se virar sozinho. Hoje, após 70 dias que brotaram, o que eu cultivei bastante já começou a gerar frutos, mas o da direita, que não teve nenhum suporte, mal se desenvolveu e ainda está longe de dar frutos. Se um dia você quiser cultivar plantas, você precisa estar sempre cuidando.

Naquele momento, entendi que isso não se aplica somente às plantas. Se você quer alcançar o degrau mais alto no quesito atendimento, precisa cuidar dos seus colaboradores, proporcionar a eles um ambiente onde eles possam crescer e se desenvolver, onde possam arriscar novas abordagens sem que sejam punidos por terem procurado melhorias. O que faz as pessoas não entregarem o máximo de seu potencial não é o emprego em si, mas o ambiente no qual elas trabalham. Se não estiver sempre cultivando, elas vão murchar e a empresa vai cair junto.

E o primeiro nutriente que elas precisam é de um propósito, um sonho em que possam acreditar, um objetivo que seja maior do que elas, que faça a diferença na vida de outras pessoas. É necessário uma luz que coloque esse plano em ação e você precisa guiá-las nesse caminho. Cada vez mais, os indivíduos estão em busca de fazer algo grandioso, que possa torná-los lembrados, despertando o sentimento de orgulho. Então, a primeira iniciativa que deve ser tomada é entender e decidir pelo que a sua empresa vai ser responsável. Faça a seguinte pergunta: o que eu quero alcançar com a minha empresa? Como posso fazer a diferença na vida das pessoas fazendo o que faço? Na maioria das vezes, você acaba vendo que a resposta é simples.

O segundo nutriente é composto por: confiança e segurança. Já foi a época em que as empresas apenas cobravam seus funcionários por resultados, apenas porque estão pagando seu salário, sem proporcionar um ambiente seguro para eles trabalharem. Porém, ainda é comum ver empresas agindo assim, e tenho certeza de que você conhece algum lugar que ainda age dessa maneira.

É preciso que o líder responsável pelo pessoal esteja ciente de que a responsabilidade por extrair o máximo potencial de cada um é dele. É necessário que haja uma procura por conhecimento, treinamento do pessoal, e demonstração de confiança. E para gerar uma verdadeira confiança, é preciso reconhecer as pessoas pelo que estão fazendo. A grande maioria das empresas apenas proporciona reconhecimento financeiro, e isso pode dar um pequeno salto momentâneo, entretanto, isso não é suficiente. Imagine por um momento o seguinte: você tem um relacionamento pessoal e, nesse tempo, vem sempre tentando melhorar a relação por meio de atitudes que mostram que está ocorrendo uma luta pela relação. Mas, no final, a pessoa amada não lhe diz nada, não agradece o seu esforço, e diz que não é mais do que a sua obrigação. Logo em seguida, para não deixá-lo triste e sem nada, dá uma nota de cem reais. Como você se sentiria? Ainda teria vontade de estar junto com essa pessoa? De fazer ainda mais por ela? É nesse momento que o nível de atendimento vai morro abaixo, e podemos adivinhar quem perde no final, né?

As pessoas necessitam de reconhecimento emocional e moral, lembra do que disse no início? É necessário que a pessoa se sinta especial, desde elogios, até novas responsabilidades. Se você estivesse em alguma palestra ou treinamento meu, iria passar pelo processo de transformação de encantamento, que o leva a sentir o que importa de verdade.

Quando você consegue mostrar para cada pessoa do seu ambiente de trabalho, que ela pode confiar em você, que se mostrar que está se esforçando e tentando melhorar, irá ser reconhecida e que se deixar de fazer o que é preciso você também vai estar avaliando, você constrói confiança. E se alguém trabalha em um lugar que tem um líder confiável, que passa segurança aos funcionários e busca por melhorias, a esse ponto, o objetivo de encantar clientes está bem próximo.

3- É preciso mostrar para o mundo

A partir do momento em que você criou a sua base, é preciso mostrar ao mundo seu potencial. O impacto de passar por esse processo resulta na transformação de vidas. Quando você se aprimora como pessoa, já começa a ter impacto nas outras com quem irá trabalhar ou atender todos os dias.

Há dias em que parece que tudo dá errado, alguém fura um compromisso importante com você, quando levanta da cama ao acordar acerta o dedo mindinho do pé em alguma quina, recebe alguma notícia triste sobre alguém importante. E o seu cliente externo pode estar passando por um dia assim, chegando mal-humorado e, às vezes, até sendo grosso. É nesse momento que os resultados de quem você se tornou vêm à tona. Quando você tem que atendê-lo, e sabe que é preciso fazer ele se sentir especial, vai escutar o que ele precisa, conversar não somente sobre sua empresa, mas também sobre o dia dele, porque em muitas ocasiões ele quer apenas ser ouvido.

E esse simples ato de humanidade vai fazer com que os rendimentos de sua empresa aumentem, porque, nesse momento, ela vai deixar de ser uma organização que se preocupa apenas com dinheiro, e vai passar a se importar com as pessoas. A partir daí, você inicia um propósito que tem a força de deixar um legado e mudar a vida de muita gente, gerando, consequentemente, aumentos significativos no lucro.

Fazer o que é preciso, não o que você quer

Quando a maioria pessoas acorda pela manhã para ir trabalhar, o que realmente quer é voltar para a cama e dormir mais um pouco. Porém, sabe que precisa sair para trabalhar e construir um futuro, e é isso o que faz.

Mesmo sendo tão simples, ainda há diversas empresas fechando suas portas por ter um mal atendimento. Isso acontece porque a maioria continua fazendo o que quer, e não o que é preciso. O ideal é que a cada dia, todos da equipe estejam preparados para surpreender os clientes, utilizando técnicas, dedicando tempo e atenção e se preocupando com o melhor que ele pode oferecer. Isso precisa ser o propósito da empresa, porque um verdadeiro atendimento tem o poder de mudar o nosso Brasil, causando um efeito cumulativo na vida das pessoas. Quando uma pessoa sente que é especial e importante, em algum momento, e de alguma maneira, ela vai querer transmitir isso ao próximo. Então apenas comece!

20

Mentalidade imparável

Neste capítulo, profissionais terão acesso às estratégias de performance que os colocarão em um nível de competitividade avançado e atual. O futuro não é mais como era antigamente, a estabilidade tão almejada por gerações passadas deu lugar a uma constante disrupção econômica, social e profissional. O mundo já não aceita amadores

Lincoln Carrenho

Lincoln Carrenho

CEO da Beta X Educação e Gestão, conselheiro e mentor em empresas, coidealizador do aplicativo financeiro pessoal GESTORGUIA, empresário do setor de tecnologia, professor e coordenador de MBA em Negociação e Gestão de Empresas. Mestre em Gestão Estratégica (Instituto Universitário de Lisboa, Portugal), MBA *International Business Management* (Fundação Getulio Vargas / INDEG – ISCTE Portugal), *business* e *master coach* (*Behavioral Coaching Institute*) certificado em "*Family Business Corporate Program*" (INSPER), "*High Performance Leadership*" (IMD – Suíça). Artigos publicados em revistas como EXAME, InfoMoney, VendaMais, Gazeta do Paraná. Lincoln acredita na mentalidade imparável, inovadora, exponencial e resolutiva.

Contatos
www.lincolncarrenho.com.br
lincoln@lincolncarrenho.com.br
Instagram: lincolncarrenho_oficial
Facebook: carrenholincoln
linkedin.com/lincolncarrenho/
YouTube: LincolnCarrenho
(45) 99806-4040

Você já teve a sensação de estar ficando ultrapassado? A sensação de que tudo está mudando a sua volta? Não? Então cuidado, pode ser que você não tenha atualizado seu *software*.

Novos negócios, novos mercados, globalização real, tecnologia exponencial, novos aplicativos, novas formas de fazer, interagir, criar, trabalhar e socializar estão transformando em uma velocidade avassaladora a competição em nossa vida profissional. Em menos de dez anos, o UBER mudou o mercado de transporte urbano pelo mundo a fora, assim como a *Big Data* está mudando a interação dos mercados, o Pagamento móvel como forma de retirar intermediários, Economias compartilhadas como opção factível de acesso a mercados inexplorados ou "tradicionais", Robótica, Carros autônomos, Impressão 3D, entre outros.

Sou mentor e conselheiro de empresas e executivos há muitos anos, além de empresário e palestrante, e o que mais vejo no meu dia a dia são as constantes mudanças que vários mercados vêm sofrendo. Algumas certezas e estratégias que tínhamos há três, dois, às vezes um ano, já não são mais verdades. Mas, não é só a tecnologia que está provocando mudanças, nosso comportamento, novas demandas, novas gerações de clientes e funcionários estão causando uma corrida intensa, que eu gosto de chamar de "esteira de atualização exponencial".

Nossa vida profissional segue esse ritmo, ao passo que todo conhecimento, tecnologia, inovações, novos mercados vão surgindo, você vai se ajustando e adaptando como profissional para estar ainda em cima da esteira, porém, há um fato interessante, na vida real não é você que ajusta o ritmo da esteira, aumentando, diminuindo ou até mesmo desligando. E o mais importante, o ritmo dela nos últimos anos só vem aumentando, portanto, se parar para descansar ou diminuir o seu ritmo existe uma enorme possibilidade de você, sua empresa, seu produto ou serviço estar obsoleto ou usando uma palavra um pouco mais dura, irrelevante.

Obterá a "estabilidade" aquele que agir e se adaptar às instabilidades, investindo em pessoas, tecnologia e gestão de longo prazo.

E de uma coisa tenho certeza, no futuro você vai desejar profundamente ter começado hoje.

O que precisa acontecer para você acordar?

Em um dos livros de Daniel Golemam, *O poder da inteligência emocional: primal leadership*, afirma que apenas 2% da população mundial são aquelas que realmente provocam mudanças, 13% são as que percebem mudanças e 85% são as que sequer notam as mudanças a sua volta. O que na minha visão é desesperador, mas, também muito esclarecedor, grande parte das pessoas que conhecemos na vida é passageiro dessa aeronave chamada vida, olhando para pela janela, esperando que alguém tenha habilidade para pousar.

Agora vem uma pergunta que quero que responda verdadeiramente, imagine-se nessa aeronave chamada SUA VIDA, você se vê realmente como piloto ou como passageiro? Nos últimos anos, sua carreira ou sua empresa seguiu os rumos que você traçou ou você vai me provar por A + B que foi a economia, a equipe, os concorrentes, o câmbio e a falta de tempo que não o colocaram à frente dos resultados que você traçou?

Com toda a delicadeza, vou falar: pare de inventar mentiras, não precisa me provar nada, você não é o que você pensa sobre você, nem o que as pessoas pensam, você é obra dos seus resultados.

E, quais são suas obras? De zero a dez, respondendo verdadeiramente, que nota você se daria como cônjuge, líder, empresário, executivo ou pai? Que nota? Pense nas áreas de sua vida e faça essas perguntas.

Você impacta ou é impactado?

Não confunda produtividade com estar ocupado!

Em uma de suas inúmeras palestras, o filósofo paranaense Mario Sérgio Cortella usa uma frase que sempre me impacta: se você não existisse mais, que falta você faria? Imagine só, se a partir de agora, você não estivesse mais aqui, qual a falta que você faria para sua família, equipe, empresa e filhos?

Durante muitos anos fui executivo em instituições financeiras, e o que mais vi foram profissionais que se tornaram "esquecíveis". Quem aqui nunca perguntou para alguém no seu local de trabalho: como era mesmo o nome daquela pessoa que trabalhava aqui conosco no comercial na época do João?

Eu chamo isso de "Percentual de esquecimento contínuo", quanto menos você impactou, mais você se torna irrelevante, não importante ou ainda "esquecível".

Resultados se constroem com ações, e ações nascem de atitudes, que, por sua vez, são estruturadas em nosso comportamento padrão frente aos desafios. Quando você vê uma pessoa ou uma empresa de sucesso, acredite, ali houve método, ação e treino.

Então, vamos a um método simples e rápido que uso para averiguar se minhas ações estão me colocando nos trilhos de ganhos extraordinários ou não.

Matriz de Esforço x Resultado

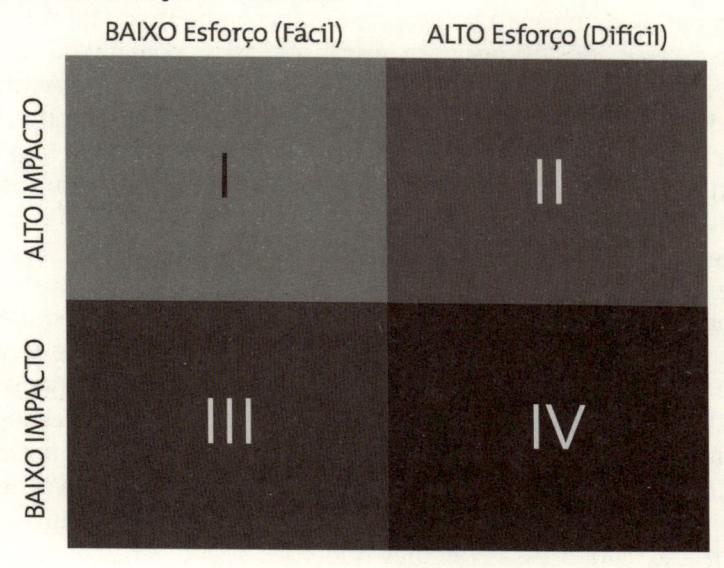

	BAIXO Esforço (Fácil)	ALTO Esforço (Difícil)
ALTO IMPACTO	I	II
BAIXO IMPACTO	III	IV

Gosto de utilizar por ser extremamente simples e prático. Faço uma lista de todas as minhas ações na última semana, quinzena ou mês e coloco cada ação em um dos quadrantes.

É claro que você já entendeu, o seu foco deve ser ter muitas ações no Q1, uma vez que trarão resultados exponenciais e em menor tempo. O Q2 precisa ser trabalhado, você precisa buscar conhecimento, método, entrar em ação e se tornar um especialista.

O Q3 é imensamente perigoso, pois estão ali aquilo que eu chamo de ações de morte lenta, como: televisão, vídeos sem foco, redes sociais diversas. Para entender melhor, se você passa ao longo do dia mais de uma hora na frente de algum dispositivo de mídia como TV, celular ou algo assim, seriam 360h por ano que você poderia, por exemplo, usar para se graduar em um MBA, veja, por ano!

E o quadrante mais prejudicial para você é, com certeza, o Q4, onde você está colocando o seu maior esforço, com baixo ou baixíssimo impacto. Elimine-os agora mesmo.

Há um provérbio russo que diz: se você persegue dois coelhos ao mesmo tempo, não vai pegar nenhum dos dois.

Como você tem alimentado seu cérebro?

É muito comum hoje em dia falarmos sobre alimentação balanceada, *fitness*, corpo ideal, músculos e barriga tanquinho. Longe de mim criticar a atividade física e também uma alimentação de qualidade, inclusive por que ambas ajudam muito no próprio desenvolvimento do bem-estar que promove resultados ótimos para nossas atividades cognitivas.

O fato que me fez pensar neste texto foi observando minha filha Luiza de apenas seis anos. Eu e minha esposa temos o hábito de promover o máximo possível de ambientes que forneçam a ela o hábito da leitura, observação e aprendizado. Mas, é fato que vivemos numa época onde tudo está conectado, portanto, você tem TV, música, *internet*, jogos eletrônicos, livros, aulas etc.

E ao observar seu desenvolvimento, atitudes e seu comportamento, me questionei sobre com o que eu tenho alimentado intelectualmente minha filha. Eu mesmo comecei a me perguntar, com o que tenho me alimentado nos últimos anos. Você já pensou nisso? Quais livros você leu nos últimos 60 dias? Quais revistas e jornais você lê regularmente? E não estou falando só da mídia impressa, estou falando do mundo *online* também. Quais *podcasts* você ouve regularmente? Quais filmes e séries você tem o hábito de ver? Quais as pessoas que você segue nas mídias sociais, e sobre isso, o que essas pessoas que você segue acrescentam? Quais as pessoas com que você se relaciona regularmente? Enfim, acho que já entendeu a ideia... A maior parte dessas perguntas responde como você toma decisões no seu dia a dia, como encara o mundo, quais suas percepções de criatividade e produtividade, responde, em média, a sua capacidade de comunicação, de convencimento, de influência e muito mais.

Quais são seus mentores e conselheiros?

Como sou professor, palestrante e empreendedor na área de educação e tecnologia, sou constantemente atingido pela necessidade de tomar decisões, melhorar meu pessoal, liderar gente, promover meu negócio e estar em constante evolução.

Foi aí que eu comecei a refletir sobre o que me fazia tomar decisões, se era a partir do *feeling*, talento empreendedor, sorte ou visão. Por mais que algumas habilidades sejam necessárias, penso que mesmo assim elas precisam de alimento, perspectiva e de um Lado B. Mas, como ter uma visão diferente das coisas pensando sempre da mesma maneira?

É comum, como consultor, eu encontrar em empresas, executivos me falando sobre a questão de realizar suas tarefas há mais de vinte anos da mesma forma, porque não existe uma maneira diferente.

É a melhor maneira de você destruir a criatividade de alguém. O fato é que é muito difícil mudar de opinião, melhorar um processo, ou criar algo novo tendo o mesmo hábito que você tinha há dez anos. Se os seus *insights* e atitudes são influenciados por aquilo que você vê na TV ou na *timeline* de suas mídias sociais, comece a se preocupar.

O mundo não aceita amadores. Não estou recomendando você a sair daqui e ir fazer um MBA, pós, faculdade ou mestrado, mesmo por que não é o que você come no final de semana que o engorda ou emagrece, mas, sim, o que você come todo dia ou melhor, a média disso.

O fato é que é, sim, importante se preocupar com um ataque cardíaco, mas é salutar preocupar-se com a mediocridade intelectual e ainda mais importante ter força de vontade para ir além da ignorância funcional, causada por extrema exposição a conteúdos formatados para deixá-lo dentro da caverna. E me responda uma coisa, qual vai ser o seu prato do dia?

Ação, método e treino

Eu não acredito em fórmulas mágicas, não acredito que alguém tenha o segredo. Não acredito pelo simples fato de que histórias são construídas e não montadas em um palco.

Potencial é importante, mas, digo com toda firmeza, não é tudo. Ação move o mundo, não potencial. Quantas boas ideias morrem em uma gaveta por medo de agir?

A pergunta que eu faço é: quantas vezes você disse para a vida, "eis-me aqui" e levantou a mão?

Você precisa de método

Há uma frase do antigo código Samurai que diz que os homens devem moldar seu caminho. A partir do momento em que você vir o caminho em tudo o que fizer, você se tornará o caminho.

São seus hábitos e rituais que levam você ao resultado almejado.

Método se cria com planejamento, porém, ninguém segue planejamento sem disciplina que, por sua vez, não nasce da simples vontade. Sim, é isso mesmo, força de vontade não basta, conheço muita gente com iniciativa para fazer as coisas, mas que não possuem "continuativa" e principalmente "acabativa".

De forma brilhante, o autor britânico Lewis Carroll, em seu livro *As aventuras de Alice no país das maravilhas*, explica a questão mais importante sobre foco ao falar sobre objetivos. Em uma das passagens do icônico livro, Alice que é protagonista da história encontra o Gato em uma encruzilhada de vários caminhos e pergunta a ele qual deveria tomar. Em seguida, o gato pergunta para onde a menina está indo, então, ela explica que está perdida. E sem esperar, Alice recebe uma reposta reflexiva do gato: ora, se não sabe onde ir, qualquer caminho serve. Essa talvez seja a maior metáfora da vida, vejo profissionais perdidos nas encruzilhadas dos caminhos o tempo todo, tentando focar sem ter objetivos claros, diretos e verdadeiros.

Gosto de chamar de "mentalidade de estado focado" a capacidade mental para criação de métodos. Há quase dois anos eu enfrentei de frente um grande problema que abalou a minha saúde e peso. Eu estava indo para o caminho da obesidade, me alimentava mal e não fazia qualquer exercício físico. Você já viu esse filme? Um grande choque de realidade me fez perceber a tempo e tomei a decisão de mudar, mas não sabia por onde. Foi aí que utilizei a mentalidade de estado focado e passei a ler tudo a respeito. Vi vídeos no YouTube, procurei médicos e o convívio de pessoas que possuíam uma vida mais saudável e, a partir daquele momento, todas as minhas experiencias eram usadas como aprendizado dentro do caminho que eu havia trilhado.

Faça um pacto com você!

Para alcançar a vitória você precisa estar disposto a pagar o preço do esforço e da dedicação. A única pessoa que vai levá-lo ao próximo nível é você. Seus resultados são reflexos de suas ações, que são construídas pelo seu comportamento nascido de seus sentimentos em relação ao mundo. Portanto, a primeira ação a tomar é responsabilizar-se, a segunda é tomar consciência de sua atual posição, depois disso, estabelecer com inteligência seu objetivo, criar uma mentalidade de estado focado e agir!

A vida vai passar e está passando nesse exato segundo que está lendo esta frase. O medo da morte vai crescer na proporção da sua consciência ter vivido uma vida em vão, não permita que isso aconteça.

Tenha uma vida abundante, de boas obras, épica e imparável.

21

Excelência no atendimento e fidelização de clientes em seis passos

Se você vende tempo,
estará vendendo algo impagável

Lucas Adriano

Lucas Adriano

Formação em *coaching* pelo IBC com José Roberto Marques. *Practitioner* e *master* em PNL pela SIPNL com Claudio Lara. Professor há mais de onze anos, sempre trabalhou com o público e agora atua como *coach* de relacionamentos, palestrante e escritor. Tem o objetivo de agregar valor e transformação para as pessoas por meio do autoconhecimento e desenvolvimento pessoal. Autor do livro *Sedução - Domine a arte e a técnica. Os 7 passos para conquistar a mulher que você deseja* pela editora Literare Books.

Contatos
www.lucasadriano.com
coachlucasadriano@gmail.com
Instagram: @sejadiferenciado
(12) 98108-7400
(11) 98753-0253

Eis aqui algumas reflexões para você entender o que desejo disponibilizar com minha palestra:

1 – O que é mais importante para o ser humano?
O tempo.

2 – Qual a coisa mais importante hoje em dia?
Informação e conhecimento.

3 – O que as pessoas mais valorizam e consomem?
Resultado e benefício.

Com essa palestra você vai ganhar tempo e conhecimentos de mais de 15 anos trabalhados diretamente com o público. Serão informações de valor para você colocar em prática e, assim, alcançar resultados benéficos para sua vida profissional e pessoal. Se você colocar esses seis passos a seguir em prática, irá melhorar seu relacionamento interpessoal e com os clientes.

Passo 1: primeira impressão
Primeira abordagem diferenciada ou primeira impressão pelas redes sociais.
De acordo com estudos, são necessários apenas 90 segundos para causar uma impressão em alguém ou para que alguém tenha uma impressão referente a você. Isso é inconsciente, pois faz parte do nosso instinto de sobrevivência. A partir do momento que sabemos sobre isso, podemos nos favorecer agindo de maneira a poder causar uma ótima primeira impressão nas outras pessoas. Para que isso aconteça veja algumas dicas importantes:
• Sempre estar aberto, direcionado para a pessoa e com um sorriso natural e sincero. Busque sempre olhar nos olhos para demonstrar confiança e segurança.
• A próxima dica é agir de maneira parecida com a pessoa. Tentar igua-

lar o tom de voz e os gestos. Isso é uma forma de criar *rapport* (termo usado na PNL), ou seja, criar uma sintonia, fazendo com que a pessoa goste de você por achá-lo parecido com ela. Sentir que tem algo em comum.

• Também é muito importante você ser e estar coerente em relação a sua postura, energia positiva e atitudes. Se o cliente achar que você está sendo simpático de uma forma forçada ou por obrigação, pode vir a achar que você está mentindo e, com isso, perde-se confiança, credibilidade e sintonia.

• Na comunicação, faça sempre perguntas abertas com o objetivo de descobrir o que vocês têm em comum. É importante focar em assuntos que despertem a curiosidade da pessoa em relação aos pontos de vistas, gostos e opiniões semelhantes. Isso fará com que o cliente se sinta à vontade e confortável com sua companhia.

Exemplo: se você atende o cliente em um escritório, academia, escola, barbearia ou salão de beleza, ao invés de perguntar se é a primeira vez dele no lugar, pergunte como ele conheceu ou quem o indicou. Isso vai gerar muito mais assuntos.

Primeira impressão pelas redes sociais

É muito importante você diferenciar suas redes sociais profissionais e pessoais, pois as pessoas erram em misturá-las. Quanto mais profissional estiver seus canais de comunicação pela *internet*, melhor será a impressão causada no seu público-alvo.

Hoje em dia, o alcance e engajamento pelas redes são mais efetivos e o custo benefício é melhor. Você consegue muito mais visibilidade e ainda pode segmentar bem seu público -alvo, usando divulgações do seu serviço. Pode fazer parcerias, otimizar e até automatizar seu relacionamento com o cliente via e-mails, *WhatsApp, Instagram, Facebook*, além de gerar mais autoridade tendo um ótimo *site* ou *blog*.

Passo 2: postura profissional ideal

Boa educação, cavalheirismo, simpatia, carisma, boa energia e sorriso no rosto. Ouvir e demonstrar atenção, ter higiene pessoal e uniforme ou estilo de roupa padrão.

• Postura profissional é importante para qualquer pessoa que trabalhe diretamente com o cliente. Hoje, as pessoas reparam bastante nisso.

• A forma que a pessoa está vestida e arrumada pode deixar bem claro qual seu estado atual no dia, como o seu humor, energia positiva ou negativa, disposição ou preguiça. Tudo isso influencia bastante na qualidade do atendimento.

Por exemplo, no caso das mulheres, estar com o cabelo preso ou mal arrumado pode deixar a impressão que se atrasou, não se cuida muito bem, ou até que está triste e desanimada naquele momento. Se estiver com unhas malfeitas ou descuidadas, pode parecer que não se importa muito com a aparência ou que está sem tempo de se cuidar. Coisas que as mulheres prestam bastante atenção.

No caso dos homens, pode causar uma impressão negativa se estiverem com barba malfeita ou roupas malpassadas.

• Questão de educação: sempre que falar, use bom dia, boa tarde, boa noite, com licença, por favor, por gentileza, senhor (a), muito obrigado (a), grato (a), tenha um ótimo dia, ótimo fim de semana, ótima semana para você.

Passo 3: relacionamento interpessoal
É todo tipo de relacionamento que você tem com as outras pessoas. Por isso, é necessário ser bom ouvinte e atencioso. Mais importante do que saber conversar é saber criar sintonia, fazer com que as pessoas sintam confiança em você, se sintam à vontade, simpatizem com seu jeito e que tenham algo em comum.

Formas de criar *rapport* e sintonia: dar atenção, olhar nos olhos, ter um sorriso sincero no rosto, fazer elogios sinceros sobre a pessoa ou algo que ela esteja usando.

Além de demonstrar ser uma pessoa sempre positiva, ouvir o cliente na essência, dar total atenção, sempre ser proativo, procurar ajudar, auxiliar e se colocar no lugar do cliente pensando como ele (a) gostaria de ser atendido.

Chamar sempre pelo nome e, se necessário, por um título antes do nome. Sempre buscar ser cordial. Ex: doutor(a), senhor(a).

Para ter uma boa conexão com o cliente, você precisa dar foco e atenção à linguagem corporal e ao estado atual, gerando um bom relacionamento.

• Linguagem verbal é apenas 7%. A maior força da linguagem está na linguagem corporal, expressão facial e tonalidade da voz. Por isso, sempre demonstre sua atenção e interesse por meio de uma linguagem mais efetiva.

• Sempre que estiver com alguém, demonstre atenção e foco

para despertar felicidade, conforto e carinho. Nos dias de hoje isso faz ainda mais diferença, pois estamos na era da informação, sempre correndo e com muitas coisas para resolver. Com excesso de trabalho e compromissos, além das várias distrações como por exemplo: celular, *internet*, redes sociais, entre outras coisas que atrapalham o convívio e comunicação interpessoal. Por isso, é muito importante deixar o celular de lado quando estiver conversando com algum cliente. Esse pequeno ato fará com que ele(a) se sinta muito querido.

• Além de fazer com que o cliente se sinta melhor, você deve perceber suas necessidades. Por exemplo, se ele estiver com calor, ofereça uma água. Se perceber que está com pressa, disponibilize o *Wi-Fi* ou algo para ler, assim, ele irá se distrair e se acalmar.

Passo 4: autoconhecimento

Autoconhecimento é algo que considero essencial para uma vida bem-sucedida e realizada. Por meio do autoconhecimento, você conhecerá qual seu propósito e missão de vida e saberá o motivo que o leva a fazer o que faz!

Irá identificar seus pontos fortes e os de melhoria. Além de compreender o que o move e motiva na vida. E sem um bom motivo para alcançar o sucesso, você simplesmente terá muita dificuldade e grandes chances de fracassar ou de viver uma vida medíocre. Então, é extremamente importante você ter clareza dos seus objetivos e procurar fazer algo que ame fazer, que tenha paixão e vontade. Quando você sabe o que procura a tendência é encontrar.

Sendo assim, não deixe a vida levá-lo por falta de direção, procure ser o condutor da sua jornada e trabalhe com o objetivo de realizar seus sonhos e alcançar seus objetivos. Passamos muitas horas do nosso dia trabalhando, se você não trabalhar para realizar seus sonhos, vai trabalhar para realizar os sonhos de outras pessoas.

A vantagem é que você pode escolher, basta querer e fazer acontecer.

Um profissional com autoconhecimento, além de ter maiores chances de alcançar seus objetivos, sabe também como se automotivar. Pois, só de procurar trabalhar com o que gosta, já estará trabalhando com mais vontade e excelência.

Acredito que, para alcançar o sucesso, você precisa ter um grande motivo. Um motivo tão forte que elimina a possibilidade de desistir e o faz levantar com energia nos dias mais difíceis. Algo que faça você pagar o preço do sucesso, que não é barato, mas que lhe desperte a percepção do valor de cada segundo de foco, esforço e persistência para ser alcançado.

Um profissional que tem clareza do que busca, tem uma alta performance por fazer o que ama.

Passo 5: alta performance

Ter inteligência emocional, sempre buscar se desenvolver com foco na solução dos problemas. Hoje em dia, é essencial saber lidar com tudo que pode nos afetar de forma positiva ou negativa. A inteligência emocional nos dias de hoje é umas das principais formas de obter sucesso na vida pessoal e profissional. Saber lidar com nossas emoções faz toda diferença.

Quem possui esse *mindset* voltado ao progresso, consegue se manter positivo durante acontecimentos inesperados, acreditando na solução e nunca no problema em si. Tudo que focamos se expande, se você começa o dia tendo um probleminha centrado na parte negativa, a tendência é atrair mais conflitos ou não reparar nas coisas boas que acontecem ou que você tem.

Para ter alta performance, não basta ser bom no que faz, é necessário procurar um diferencial na oferta ao cliente. Se você apenas fizer seu trabalho bem feito, terá clientes, mas se tiver um bom relacionamento e souber lidar com todos de forma positiva, sem levar ao lado pessoal, você fidelizará mais compradores.

É preciso saber lidar com diversos tipos de clientes: educados, inteligentes, curiosos, estúpidos, bravos, ignorantes, simpáticos, engraçadinhos, sistemáticos, desconfiados, seres humanos em geral.

Por isso, é sempre bom saber lidar e nunca levar para o lado pessoal, afinal faz parte da sua profissão ter uma boa comunicação e compreensão, tratando cada cliente como pessoa única. Ninguém é igual e ninguém é a mesma coisa todos os dias.

Além disso, se você tiver algo a mais para oferecer como, por exemplo, sorteios ou bônus para agregar valor a seu serviço, haverá um ganho de conexão com os clientes.

Certa vez eu atendi um cliente na barbearia onde trabalhava, e dei um pente específico para ele pentear a barba. Gastei menos de dois reais naquele pente e o cliente, que era rico, ficou todo feliz com aquele presente. Ele falou que nem sabia que aquilo ainda existia e muito menos onde poderia encontrar aquele item.

Outro exemplo foi nas minhas aulas particulares de dança, quando a cliente fechava cinco aulas, eu dava uma a mais de bônus. Ou quando fecho uma sessão de *coaching*, dou a primeira sessão sem cobrar. Assim o cliente tem uma super sessão e a tendência de ele fechar o processo é bem maior. Você precisa saber o que pode usar no seu atendimento ou disponibilizar no seu serviço para agregar valor e, assim, fidelizar o cliente.

Passo 6: treinamento mensal

A melhor maneira de proporcionar um excelente atendimento ao seu cliente é fazer ele perceber que você sempre está melhor ou pelo menos mantendo o padrão de qualidade, tanto do seu atendimento, quanto do seu serviço.

A melhor forma de ele perceber isso é por meio do seu comportamento e das suas atitudes. Se você tem uma boa comunicação e sabe falar de diversos assuntos, se sempre está se atualizando e melhorando na sua área de atuação, ele vai valorizá-lo por isso.

Agora, se você tem uma empresa com funcionários e tem como objetivo melhorar a produtividade e rendimento dos seus colaboradores, que trabalham diretamente com o cliente, é necessário buscar formas para que eles possam se desenvolver e atingir ótimos resultados.

A melhor forma de ter um negócio com desenvolvimento contínuo é investindo no crescimento e evolução pessoal dos seus profissionais e colaboradores.

Com um processo de desenvolvimento humano por meio do *coaching* e PNL, seus profissionais conseguirão agir na mais alta performance, sempre motivados e com força de vontade para conseguirem realizar seus sonhos e objetivos, por se autoconhecerem e por terem mais clareza do que querem para suas vidas.

O *coaching* direciona as pessoas para a vida, descobrindo o estado atual e o estado que desejam alcançar. Já a PNL (programação neurolinguística), ajuda a ressignificar crenças limitantes, entender como funciona o cérebro e ancorar estados de alto nível motivacional. Além das técnicas de comunicação e persuasão para lidar com as pessoas.

Com as ferramentas de *coaching* e PNL, podemos nos desenvolver de forma rápida e coerente com nossos sonhos e objetivos. Podemos alinhar nossa vida pessoal e profissional em busca de excelência.

22

Os 5S para alta performance e longevidade

Neste capítulo, discorreremos sobre os fatores importantes para atingir a melhor performance e aproveitar a longevidade com saúde e qualidade de vida. O planejamento adequado e a execução responsável são cruciais para o sucesso. Os 5S estão interligados e ignorar qualquer um deles irá comprometer o resultado final do processo, podendo, inclusive, subtrair anos de vida

Lusiani Borba

Lusiani Borba

Fisioterapeuta, graduada pela UNIPLAC-DF (2003), com pós-graduações em Reabilitação Ortopédica e Traumatológica pela IPA Metodista (2005) e Fisioterapia do Trabalho e Ergonomia - AWM Faculdade Integrada (2013). Possui cursos e formação em Terapia Manual – Mulligan - RJ, Maitland - BH, Mobilização Neural - RS – (2003-2008), consultora em ergonomia e método CNROSSI, SP (2007). Além disso, é *life coach, business coach,* líder *coach, palestrante coach, coach* educacional e analista comportamental, com certificação internacional pela Line Coaching (2018). Especialização MBA em *Coaching,* Fapro (2018).

Contatos
www.lusianiborba.com
lusianiborba@gmail.com
(51) 98209-3322

"Quanto maior o seu nível de energia, mais eficiente é o seu corpo. Quanto mais eficiente for o seu corpo, melhor você se sentirá e mais você vai usar o seu talento para atingir resultados extraordinários."
Tony Robbins

Viver mais e melhor é uma busca incessante nos dias atuais. Segundo dados do Instituto Brasileiro de Geografia e Estatística (IBGE), a esperança de vida dos brasileiros nascidos em 2014 aumentou 33,9 anos em relação aos nascidos no ano de 1930, quando a expectativa era 41,5 anos. Com projeção de 78,6 em 2030 e atingindo em média 81,2 em 2060. Considerando que essa é a média, mais de 5 milhões de brasileiros deverão ter mais de 90 anos. Boa parte desse aumento foi devido aos avanços de pesquisas, desenvolvimento de medicamentos, técnicas, tratamentos e vacinas. Muitas são as linhas de pesquisa para proporcionar longevidade com qualidade de vida e, quiçá, a imortalidade.

Muitos bilionários estão investindo em projetos na área da saúde. Sergey Brin, Larry Page e Arthur Levinson apostaram em projetos de cirurgia digital, e também em estudos da biologia do ciclo de vida humana, em busca da fórmula da imortalidade. Mark Zuckemberg patrocina pesquisas em longevidade por meio da edição genética. Peter Thiel (criador do PayPal) e Larry Ellison, da Oracle, patrocinam estudos que buscam reparar estragos causados por doenças decorrentes do envelhecimento. Robert Miller e Don Laughlin arriscam na criogenia. David Murdock, em pesquisas de alimentação e ciências dos alimentos. Dmitry Itskov, na imortalidade cibernética e o corpo artificial. John Sperling patrocina pesquisas em clonagem terapêutica, engenharia genética e células tronco. Jeff Bezos apoia projetos de pesquisas para acabar com a senescência, que é o processo natural de envelhecimento ao nível celular, dentre muitos outros. O que, na verdade, todos querem é a imortalidade ou pelo menos viver muito mais do que a média atual de esperança de vida. Eles podem comprar os melhores recursos para proporcionar a melhor qualidade de vida possível.

Muitos deles lutam ou lutaram contra doenças. Alguns perderam a luta, mesmo tendo acesso a tudo que o dinheiro pode comprar. Podemos vencer enfermidades, entretanto, o mais inteligente é buscar a prevenção enquanto há tempo. Algumas estão no código genético e há uma grande probabilidade de se desenvolverem, mas, também, há muitas doenças que são evitáveis, bastando, para isso, mudanças de hábitos.

Quando se pensa em viver mais e melhor, é importante ter em mente que, para isso, é necessário um planejamento, disciplina e dedicação para mudar práticas que fazem parte do cotidiano. Os 5S para alta performance e longevidade estão diretamente relacionados às mudanças ou adequação da rotina, sendo formados por cinco saúdes:

1º S: saúde física

Não precisamos recorrer a uma pesquisa científica para perceber que as pessoas estão desenvolvendo disfunções e doenças musculoesqueléticas muito precoces. São homens e mulheres com trinta anos acompanhados de muitas dores, que chegam e vão cronificando, sendo somadas a outras que vão surgindo. Uma dor na lombar e outra no joelho, em seguida uma na cervical que vem acompanhada de muitas dores de cabeça. Mas, por que isso? Porque os hábitos da população estão mudando. A tecnologia traz consigo comodidades, mas também tem seu ônus, o sedentarismo e a má postura encabeçam o topo das causas, mas há outras, atletas de finais de semana também se ariscam muito.

O corpo humano possui mais de 200 articulações, foi feito para o movimento e movimentar-se com regularidade e da forma correta é primordial para garantir a saúde física. A Organização Mundial da Saúde (OMS) recomenda 150 minutos de atividade aeróbica moderada por semana, além de exercícios de fortalecimento muscular, duas vezes por semana para um adulto entre 18 e 64 anos.

Já as pessoas sedentárias devem começar de forma gradual em tempo e intensidade, sendo fundamental preparar o corpo para o movimento. Se forem aplicados exercícios de fortalecimentos em músculos, cuja biomecânica da articulação envolvida esteja alterada por problemas posturais, os riscos de lesão serão altos. Isso posto, é fundamental a orientação de profissionais capacitados para a realização dos exercícios para a sua própria segurança física.

Alguns fatores são importantes para manter a regularidade dos exercícios: escolher uma atividade que seja prazerosa fará com que a manutenção da rotina de exercícios seja mais fácil. Além disso, é importante identificar o período do dia em que se concentra mais disposição, e buscar companhia que gere um incentivo.

Pesquisadores da Universidade de Harvard e do Instituto Nacional de Saúde (NIH) dos Estados Unidos concluíram em estudos que exercícios físicos regulares podem acrescentar até sete anos na longevidade de uma pessoa. Então, se quisermos viver mais e melhor, o primeiro S é fundamental.

Um corpo que se exercita com regularidade tem mais disposição e vigor fundamentais para atingir a alta performance.

2º S: saúde nutricional

Segundo Hipócrates, "somos o que comemos", essa frase foi proferida há mais de 2470 anos e segue atual e pertinente. O mais importante na nossa alimentação é a qualidade nutricional. Nosso corpo tem necessidades nutricionais diárias e a carência de nutrientes fragiliza-o, oportunizando o surgimento de disfunções e doenças que podem comprometer a nossa qualidade de vida e longevidade.

Nos alimentos está a verdadeira fonte da saúde, como citou também Hipócrates, "que seu remédio seja seu alimento, e que seu alimento seja seu remédio". Atualmente, um dos maiores desafios para autoridades de saúde é a obesidade e suas complicações, como o aumento das taxas de colesterol, triglicerídeos, diabetes, pressão alta, hipotireoidismo, dentre outras.

A vida moderna regida pela falta de tempo direcionou boa parte da população para refeições fora de casa, em restaurantes, onde as opções geralmente são ricas em calorias e pobres em nutrientes. Às vezes, até há opções, mas, para muitas pessoas, a escolha é difícil e a memória do paladar vence, preenchendo o prato com alimentos calóricos e pouco nutritivos, como massas e frituras. Reeducar hábitos, reduzindo ou abdicando de alguns tipos de alimentos, é fator crucial na busca pela longevidade saudável.

Outro fator é que os alimentos industrializados habitam os refrigeradores da maioria dos lares. São lasanhas, batatas fritas, pizzas, lanches, achocolatados, sobremesas, sorvetes, refrigerantes, sucos industrializados, numa lista imensa de riqueza de calorias e pobreza de nutrientes.

Optar por alimentos preparados em casa, além de reduzir gastos, geralmente garante uma maior qualidade nutricional. Comer em casa, descascando mais do que desembalando, certamente proporcionará uma saúde melhor e refletirá em longevidade, qualidade de vida e maior disposição. Além disso e tão importante quanto, é a hidratação. Beber água com regularidade durante o dia é crucial para o bom funcionamento de todo o corpo humano.

Uma alimentação leve, rica em nutrientes e gorduras boas, em porções menores distribuídas durante o dia ou mesmo, recentemente muito difundido o jejum intermitente, poderão favorecer a melhor performance intelectual e física.

3º S: saúde mental

Quando se fala em saúde mental, logo vem a imagem de demências, psicoses e outras doenças. Entretanto, a saúde mental vai muito além, e hoje há uma avalanche de acometimentos sobre as pessoas que se desdobram para dar conta de todas as exigências da sociedade moderna. *Stress*, ansiedade, depressão, transtornos de humor, angústia, estão presentes em muitos lares e, se não tratados, poderão evoluir para quadros mais graves que subtraem anos e qualidade de vida.

Identificar a causa e se possível, saná-la o mais breve, é importante, mas rever a forma pensar agir diante de situações adversas, poderá ter um resultado eficiente e duradouro.

Além disso, a saúde mental está também relacionada aos convívios familiares e sociais, atividades laborais e de lazer, enfim, tudo que o que envolve o cotidiano. Trabalho com alto grau de exigência, prazos curtos para execução, falhas de comunicação e ambientes que incentivam a disputa, o que é altamente danoso à saúde mental, podendo desenvolver ou agravar disfunções e doenças existentes. Sempre que necessário, o acompanhamento de profissionais qualificados é importante para conquistar e manter a saúde mental.

As pessoas mentalmente saudáveis entendem que ninguém é perfeito, que todos possuem limitações e não se pode ser onipresente. Todos os dias elas experimentam emoções como alegria, amor, medo, satisfação, tristeza, raiva e frustração. Não se deixam bloquear por emoções ruins, enfrentam os medos, desafios e as mudanças da vida de forma equilibrada e quando necessário, sabem procurar ajuda para lidar com suas dúvidas, medos, indecisões, conflitos e fechamento de ciclos da vida.

A busca do autoconhecimento, autoaceitação, grupos de apoio e propósito de vida, aproximam do equilíbrio tão importante para ter qualidade de vida e atingir uma alta performance.

4º S: saúde social

O ser humano é um ser sociável por sua natureza, segundo Aristóteles, a sua finalidade é viver em sociedade. Conforme o estudo publicado na revista *Psychological Science*, desconectar-se da sociedade pode causar muitos danos à saúde. Pessoas solitárias têm mais predisposição para problemas físicos e mentais se comparadas a pessoas socialmente ativas.

Quem vive sozinho pode desenvolver depressão, ter baixa autoestima, uma alimentação desequilibrada, problemas cardíacos, sistema imunológico mais frágil e ausência de medicina preventiva. Além disso, comumente possuem maus hábitos como tabagismo e alcoolismo, além de sedentarismo e obesidade.

A necessidade humana de conviver está em seus genes. Segundo Cacciopo, ela pode ser considerada tão vital, que no sistema carcerário, o maior castigo aplicado é o isolamento na solitária.

Conviver apenas não torna as pessoas mais saudáveis, tendo em vista que relacionamentos tóxicos poder ser tão ou mais lesivos que a solidão.

Assim, socializar com pessoas e grupos positivos é fundamental para a manutenção da saúde física e mental. Conviver com pessoas extraordinárias motiva a desejar o mesmo, ao passo que se o convívio for com pessoas que vivem abaixo da linha de vida, provavelmente o comodismo e a resignação tomarão conta.

Para atingir a alta performance, é importante não apenas socializar, mas esse convívio deve ser com pessoas que estejam em sintonia com a sua frequência ou acima, que sejam motivadoras na busca pela sua melhor versão todos os dias. Conviver bem, faz bem.

5º S: saúde financeira

Planejar a vida financeira, geralmente, é uma tarefa complexa. Pensar nas finanças 30 anos à frente, pode ser ainda mais. Ninguém disse que seria fácil, ainda mais em um país como o Brasil, onde a economia oscila, a política causa terremotos e a previdência social está à beira de um colapso.

Primeiramente, é importante ter disciplina e organização para ter as finanças pessoais documentadas, a partir de então, pode-se fazer o planejamento financeiro. Evitar dívidas, sempre que possível evitar o pagamento parcelado e juros. Poupar e investir regulamente.

Na teoria parece tudo simples, mas na prática, os apelos para que se compre são tentadores. Cuidar da saúde financeira para a longevidade é fundamental, tendo em vista que é a fase da vida em que os custos aumentam e geralmente as receitas diminuem consideravelmente.

Como fazer para essa conta fechar? O ideal é planejar e executar desde cedo entre 30 e 40 anos, com metas bem estabelecidas, respondendo a questionamentos como: daqui há 30 anos qual será a minha renda? De onde ela virá? Terei o suficiente para viver bem? Até quando?

Economizar e investir em poupança, previdência privada, títulos públicos, tesouro, fundos de investimento, imóveis e ações. Há uma infinidade de possibilidades, mas o importante é criar fontes de renda passiva ou renda residual. Ter negócios com escalabilidade, podendo usufruir da rentabilidade por muitos anos, com tranquilidade.

Cada ser humano é o resultado de suas escolhas diárias em todos os campos de sua vida. Cada ação terá um reflexo positivo ou negativo e os resultados compatíveis. Para ter a melhor performance em todas as áreas da vida, é fundamental o esforço e a disciplina para não somente a transformação, mas, principalmente, para manter o que conquistou.

Incorporar os 5S à vida é uma tarefa que exige dedicação e deve ser repetida diariamente para tornar-se hábito. Segundo Aristóteles,

"Nós somos aquilo que fazemos repetidamente. Excelência, então, não é um modo de agir, mas um hábito."

Movimente-se adequadamente e com regularidade.
Alimente-se com qualidade, não quantidade e hidrate-se.
Mantenha a mente saudável e aceite o que não pode mudar.
Conviva com pessoas que tragam alegria e leveza ao seu dia.
Viva com conforto, economize e invista o seu dinheiro.

Referências
IBGE. *Brasil: uma visão geográfica e ambiental do início do século XXI*, 2016.
CACIOPPO, John, PATRICK, William. *Solidão - A natureza humana e a necessidade de vínculo social.* Ed. Record, 2010.
CHOPRA, Deepak. *Corpo sem idade, mente sem fronteira*. Rocco, 1999.

23

Pilares do sucesso profissional

Após todos esses anos e em meio a muitos treinamentos e palestras, percebi algo em comum nas pessoas bem-sucedidas. Agora, estou tendo a oportunidade de compartilhar este conhecimento e experiência com você, caro leitor. Espero que possa ajudá-lo em sua busca pelo aprimoramento e crescimento profissional

Marcelo Simonato

Marcelo Simonato

É graduado em Administração de Empresas pela Universidade Paulista, pós-graduado em Finanças Empresarias pela Fundação Getulio Vargas (FGV) e MBA em Gestão Empresarial pela Lassale University na Philadelphia-EUA. Possui mais de 20 anos de experiência profissional atuando em grandes empresas nacionais e multinacionais em cargos de liderança. Ao longo de sua carreira, já realizou diversos treinamentos nas áreas de liderança e comportamento humano. É escritor, palestrante e mentor de carreiras, além de atuar com treinamentos e palestras em todo território nacional. Idealizador e presidente do grupo Palestrantes do Brasil (www.palestrantesdobrasil.com). Tem como propósito levar conhecimento e informação de qualidade, com base em sua experiência profissional e acadêmica, deixando assim, uma marca de motivação e transformação por onde passa.

Contatos
www.marcelosimonato.com
contato@marcelosimonato.com
LinkedIn: marcelosimonatopalestrante
Facebook: marcelosimonatopalestrante
Instagram: marcelosimonatopalestrante
YouTube: marcelosimonatopalestrante

O que é sucesso para você?

Desde muito cedo, percebi que os melhores alunos, os chamados "CDFs" ou "NERDs", não são necessariamente os mais bem-sucedidos na carreira. Na verdade, quase nunca são. Durante nossa trajetória profissional, enfrentamos crises econômicas, políticas, desemprego, problemas de saúde, calamidades e tantos outros aspectos que podem levar sua carreira do topo ao vale, muito rapidamente. Mesmo diante de cenários de crise, ainda assim podemos e devemos tirar proveito da situação, aprendendo e ganhando experiência e maturidade. O sucesso profissional não depende apenas da qualificação profissional, mas também da atitude e do comportamento. Apresento a seguir os cinco pilares necessários para que qualquer profissional tenha sucesso em sua jornada profissional ou empresarial.

Primeiro pilar: conhecimento

Na era digital, as informações que recebemos por meio das mídias e redes sociais, não são suficientes para gerar "conhecimento". Nós não podemos ser telespectadores de nossa carreira, devemos ser protagonistas e definir o que precisa ser feito.

Conhecimento é o pilar básico para o crescimento profissional, sem ele não é possível ter sucesso na carreira, seja por cursos técnicos, idiomas, faculdade ou pós-graduação, é de suma importância continuar estudando e aprendendo sempre. Nós precisamos buscar o autodesenvolvimento. Há muitos cursos gratuitos na internet, inclusive de boas faculdades, além disso, podemos aprender muito com a leitura de livros e a participação em feiras, palestras e congressos para nos mantermos sempre atualizados. A leitura nos abre a mente para o mundo e nos leva a lugares que talvez jamais possamos ir fisicamente.

Importante:

"Não espere que seu conhecimento fique obsoleto. É preciso se reciclar."
Miguel Freitas

Os avanços tecnológicos nos obrigam a continuar evoluindo, inclusive porque nossa profissão e nosso trabalho sofrem e continuarão sofrendo mutações ao longo dos anos. Na era digital nós precisamos ser *mult-task*, ou seja, saber fazer mais, dominar mais de uma atividade ou ferramenta.

Devemos ser como aquele velho canivete suíço: ter mais de uma função, fazer mais com menos. Nós devemos exercitar o cérebro, continuar estudando e aprendendo. Também não podemos nos esquecer que somente conhecimento, experiência, diploma ou um currículo bem redigido, não são suficientes.

É preciso ter atitude!

Segundo pilar: marketing pessoal

O *marketing* pessoal evoluiu para ser hoje a ciência e a arte de construir-se como pessoa de habilidades e promover-se como marca de qualidade e credibilidade.

Você já parou para pensar no motivo que leva algumas pessoas a possuírem uma maior visibilidade e reconhecimento do que outras teoricamente "iguais ou até piores"?

Esse é o resultado de um bom *marketing* pessoal, não adianta ser, se primeiro não parecer um profissional diferenciado ou melhor.

Precisamos, portanto, criar uma imagem coerente e consistente "parecer = ser" e nos tornar uma referência em nosso meio, influenciando e fazendo parte dos projetos e da vida de outras pessoas. Ter uma maior visibilidade, é uma ação planejada, não um fato acidental ou resultado de algum talento extraordinário.

Enfim, *marketing* pessoal requer paciência, disciplina, determinação e autoconhecimento para se posicionar adequadamente fazendo melhor uso das suas habilidades inatas ou desenvolvidas.

Veja algumas dicas importantes:

- Seja mais presente, visível e acessível;
- Torne-se percebido por aquilo que verdadeiramente gostaria de ser (você define o produto, não o mercado);
- Seja criativo, corajoso e tenha certa dose de ousadia;
- Crie fatos que geram notícias positivas sobre seu trabalho (não invente). Um amigo dizia que devemos fazer como a galinha que bota o ovo e cacareja para que todos saibam;
- Gere motivos para interagir com as pessoas e participar de grupos de discussão.

A marca pessoal é mais do que apenas *marketing* e autopromoção.

Qual a percepção que queremos que façam de nós?

Terceiro pilar: networking

Afinal, o que é *networking*? As pessoas dependem das outras para fazerem negócios, arrumarem novas oportunidades, novas paixões, enfim, para serem felizes, afinal, vivemos em sociedade. *Networking* ou rede de relacionamentos existe para isso, ou seja, para as pessoas se relacionarem por meio de contatos.

Fazer contatos, ser amigável, ter capacidade de se entrosar e de estar disposto a dar algo de valor primeiro, é muito importante. Quando combinar esses três atributos, você terá descoberto o segredo que há por trás dos poderosos contatos que levam a valiosos relacionamentos.

As pessoas ainda confundem *networking* com "pedir ajuda para arrumar emprego". E depois que conseguem, somem do mapa, mas isso é um erro fatal! É preciso que se entenda que *networking* é mesmo uma via de mão dupla: um dia você aciona, num outro é acionado.

É preciso que você esteja sempre disponível para a sua rede de contatos, nunca deixe de responder a um e-mail, isso seria o mesmo que deixar o telefone fora do gancho!

Embora a maioria das pessoas ache que ser rico é uma questão de ter dinheiro, a riqueza tem a ver com tudo, menos com o dinheiro. Relacionamentos valiosos levam a muito mais do que dinheiro, levam ao sucesso, à realização e à abundância!

Pense nisso:

Alguém que você conhece, conhece alguém que você quer e precisa conhecer. Parece confuso? Mas é assim na vida real.

O que as redes de relacionamentos ou *networking* possibilitam é fantástico, sob o ponto de vista da agilidade em chegar até as pessoas que interessam e fazem sentido para sua carreira profissional ou para a sua vida. Se você é um privilegiado e tem uma vasta e potente rede de relações, imagine o tempo que você teria de investir se nada disso existisse?

O *networking* é uma forma organizada de conectar contatos, montar e manter uma rede de relacionamentos, ou seja, falar com pessoas, trocar informações sobre assuntos em comum, ou seja, é uma fonte de prazer e de benefícios mútuos.

Quarto pilar: inteligência emocional

A inteligência emocional é a capacidade de reconhecer os nossos sentimentos e os dos outros, para lidar bem com nossas emoções e respostas imediatas a estímulos. Problemas de relacionamento são muito mais complicados do que os de atualização.

Nascemos com potenciais, mas não os usamos em sua totalidade. Inteligência e emoção se completam. Por essa razão, é tão importante desenvolvermos a inteligência emocional.

Unir a razão com a emoção, eis a questão.

As pessoas equilibradas emocionalmente, são principalmente, pessoas que não têm dó de si próprias, positivas e decididas. Elas não ficam pensando, patinando em cima de coisas que não têm importância, pois são pessoas que assumem riscos têm a coragem de errar, sabe que só não erra quem não faz. Há pessoas que têm medo de errar e, por isso, nada fazem nada e não saem do lugar.

As pessoas emocionalmente equilibradas não têm medo de errar, são honestas, transparentes, são verdadeiras, não são ativistas, são pessoas que entendem a importância do raciocinar, de questionar, se comprometem com aquilo que elas fazem. Elas vencem a inveja, não dão desculpas, cumprem promessas grandes e pequenas, ou seja, são pessoas que não se deixam manipular pelos outros. Além disso, são seguras, não dependem da opinião dos outros, têm um sentimento de missão, acreditam naquilo que fazem, têm orgulho da sua profissão, senso de urgência, reagem e agem rapidamente.

Esse conjunto de atitudes que fazem uma pessoa emocionalmente equilibrada é que fazem a grande diferença. Elas participam, por exemplo, da comunidade, porque elas compreendem que o que elas têm deve ser devolvido. Não são pessoas fechadas, com medo do que os outros vão dizer sobre suas atitudes ou do que elas pensam. São pessoas que são cristalinas, transparentes e ajudam os mais necessitados. No trabalho, auxiliam aqueles que não sabem, compartilham o conhecimento, não têm medo do julgamento alheio, ouvem e acima de tudo sabem ouvir mais do que falar, são boas comunicadoras e sabem aconselhar. Tudo isso é feito com muito entusiasmo.

Este equilíbrio emocional é o que mais falta nas empresas, o que vemos são "chefes" sendo desleais aos subordinados, segurando informação e mentindo. Assim, como subordinados que roubam, não têm ética e prejudicam os seus colegas. "Os profissionais são contratados pelos conhecimentos técnicos e experiências, porém, são demitidos por suas atitudes e comportamentos inadequados". Só os emocionalmente equilibrados, vencerão nesse novo milênio.

Quinto pilar: liderança

O líder moderno é aquele que sabe motivar a sua equipe, extraindo de cada um o seu melhor para a geração de resultados para a empresa. A liderança deve buscar compreender as reais necessidades e motivações de cada colaborador, no sentido de auxiliar, apoiar, ensinar, inspirar e motivá-los, para que todos possam desenvolver potenciais e talentos. Esse modelo de gestão, permite a criação de um sistema de cooperação mútua e contínua, agregando conhecimentos e compartilhando ideias. O líder moderno deve ser capaz de influenciar, incentivar e engajar a todos. Ele demonstra no cotidiano, algumas posturas importantes, que fortalecem o ambiente de trabalho e reforçam a sua condição perante a equipe.

Como ser um líder moderno?

Para se tornar um líder moderno, é preciso desenvolver algumas competências comportamentais essenciais e buscar inspiração.

Autoconhecimento

Um dos pilares da liderança é o autoconhecimento. O líder precisa compreender suas capacidades e principalmente, suas limitações e fraquezas. Desta forma, é possível aperfeiçoar suas habilidades, com a intenção de se tornar um profissional mais completo e competente.

Paciência

A paciência é uma característica do líder moderno, que demonstra autocontrole, empatia e maturidade.

Gentileza

A gentileza é fundamental ao líder e abrange aspectos como educação, respeito, simpatia e bom humor.

Altruísmo

Neste sentido, é preciso buscar o que é melhor para a equipe e para o negócio, deixando de lado o egoísmo e os anseios particulares.

Honestidade

Honestidade não se aplica apenas a obediências de regras, mas sim, a questões relacionadas aos valores e ao senso de justiça. O líder deve sempre proporcionar uma gestão transparente, ética e verdadeira.

Humildade

A liderança está baseada na humildade, autenticidade, no desejo de melhorar a cada dia, de aprender e evoluir. Neste ponto, a humildade não está vinculada a uma função, mas está inserida no caráter.

Comprometimento

O líder deve estar comprometido com cada membro de sua equipe e com a empresa, sem negligenciar qualquer aspecto da gestão, sejam gerenciais, administrativos ou comportamentais. Assim, decisões e ações estão em sintonia com as necessidade e demandas reais.

Nenhum líder nasce pronto, todos necessitam e podem melhorar, mas para isso, é necessário investir em capacitação. Treinamentos específicos e sessões individuais são fundamentais para a evolução destes profissionais.

Conclusão

Como podemos observar, não adianta ser a pessoa mais estudiosa, possuir muitos diplomas, conhecimento e experiência, se você não se apresentar à altura. É fundamental ser, mas é preciso parecer, para só então aparecer.

Não adianta ter um ótimo conteúdo, se apresentar muito bem, mas não ter bons relacionamentos, uma grande rede de contatos, realizar *networking* de forma inteligente, estar envolvido com pessoas que possam alavancar sua carreira ou seu negócio.

Não adiantará ter uma lista de contatos, se apresentar bem ao mercado, ter conteúdo, mas não saber administrar a "razão e emoção", ou seja, ter comportamentos inadequados, não ter autocontrole, resiliência e empatia.

Por fim, não existem profissionais de sucesso que não tenham espírito de liderança, que estimulem e influenciem as pessoas, que sejam responsáveis pelos seus atos e que façam as coisas acontecerem.

Estou certo de que as pessoas que conseguirem trabalhar estes cinco pilares, terão ao longo de sua carreira, mais êxito do que aquelas que se focaram em apenas um ou outro destes pilares, ou pior, em nenhum deles.

Espero ter contribuído de alguma forma e desejo realmente que você, tenha muito sucesso em sua vida!

Referências
DOIN, Eliane. *Marketing pessoal na trajetória profissional.* Disponível em: <https://bit.ly/2IUqaFQ>.
KOTLER, Philip. *Administração de marketing.* São Paulo: Pearson Education do Brasil, 2000.
MARINS, Luiz. *Inteligência emocional.* DVD. Commit.
SIMÕES, Mário Kaschel. *Meu trabalho, meu ministério: como usar seu trabalho para fazer diferença no mundo.* Limeira: Gênesis Publicações, 2014.

24

Você faz a diferença!

Muitas pessoas passam a vida cuidando dos próprios interesses sem se importar com aqueles ao seu redor. Estas são indiferentes. Outros se afastam dos problemas ou de quem não se encaixa no *'modus operandi'* deles. Estes são os diferentes. A solução está nas mãos daqueles que agem apesar das diferenças. Estes estão no seleto grupo daqueles que fazem a diferença na vida de pessoas e mudam a história do mundo

Mário K. Simões

Mário K. Simões

Palestrante e escritor internacional nas áreas de comunicação, motivação, relacionamentos, desenvolvimento pessoal e liderança. Além do Brasil, já ministrou palestras na África do Sul, Itália, Cingapura, Malásia, Romênia, Índia, Estados Unidos, Porto Rico e Havaí. Palestrante, treinador e *coach* certificado pelo John Maxwell Team. Docente internacional do Haggai International for Advanced Leadership. Fundador da Escola Internacional Preparando Gerações. Foi assessor de comunicações e relações públicas do Consulado Americano de São Paulo. Formado em Jornalismo pela L.S.U. (Louisiana State University), nos EUA. Autor dos livros: *As quatro estações da vida, Eu sou o terceiro, Meu trabalho, meu ministério, Segredos do sucesso no casamento, Desistir não é opção!, A maravilhosa história*.

Contatos
www.mariosimoes.com
contato@preparando.com.br
Facebook: marioksimoes

É inquestionável o fato de que estamos vivendo em um mundo repleto de problemas. Diante disso, as pessoas têm três tipos de reações: agir de modo indiferente, distanciar-se dos fatos ou tornar-se insensíveis e omissas. O mestre dos mestres descreve esta indiferença na narrativa da parábola do bom samaritano. Pessoas indiferentes não mudam o mundo.

Outros preferem se destacar, não querem se associar e desejam ser diferentes ao se vestir, falar e agir. Todos já ouviram a seguinte frase: eu nunca matei, nunca roubei...

Portanto, isso também não transforma o mundo.

Lembre-se: você é o ator principal de sua vida. Todo ator está acostumado com as palavras do diretor: luzes, câmera, ação!

Graças a Deus, existem aqueles que desejam fazer a diferença. Como eles fazem isso?

- Vá - tome a iniciativa
- Veja - observe a situação
- Valorize - faça a diferença

"Não basta ser diferente, é preciso fazer a diferença!"
Mário K. Simões

Na verdade, todas as pessoas devem fazer a diferença na vida de outras por meio de suas atitudes, palavras e ações.

1. Atitude

A atitude tem o poder de fazer diferença tanto para o bem como para o mal. Uma pessoa é capaz de influenciar o ambiente por meio de sua atitude, mais do que com o seu conhecimento ou experiência.

"Uma pessoa negativa é contagiosa. Uma pessoa positiva é contagiante!"
Mário K. Simões

A conduta de uma pessoa é desenvolvida por suas crenças, pensamentos, sentimentos e ações.

> "Atitude é a sua maneira de influenciar as pessoas sem falar ou fazer coisa alguma."
>
> Mário K. Simões

Comportamentos que fazem a diferença: postura, sorriso, pontualidade, atenção, presença, alegria e felicidade. Ou seja, cada um dá o que tem. Mas, como desenvolver uma atitude positiva?

Através do que você ouve, lê, vê e crê.

Atitude positiva = impacto receptivo

Você faz a diferença com sua atitude!

2. Palavras
Uma das maiores forças do ser humano são suas palavras.

Elas servem para atacar ou defender, destruir ou construir, menosprezar ou motivar, odiar ou amar, ensinar ou aprender, criticar ou elogiar, chorar ou rir.

As palavras podem ser faladas, escritas, narradas, cantadas, pregadas, dramatizadas, pintadas ou ensinadas. O Rei Salomão declarou: a língua tem poder sobre a vida e sobre a morte; os que gostam de usá-la comerão do seu fruto.

Quando estudei Jornalismo na LSU (Louisana State University), aprendi a importância das sete perguntas jornalísticas:

O quê? conteúdo certo
Quem? receptor certo
Como? modo certo
Quando? tempo certo
Quanto? valor certo
Onde? lugar certo
Por quê? propósito certo

Jesus Cristo resumiu: a boca fala do que o coração está cheio.

Quanto tempo as pessoas têm para fazer a diferença?

Os pais têm uma década. O professor tem um ano. Um consultor tem um semestre. O pintor tem um mês. O mecânico tem uma semana. A enfermeira tem um dia. O palestrante tem uma hora. O cirurgião tem um minuto e o piloto tem um segundo. Porém, todos nós temos muitas oportunidades de fazer a diferença!

"Talvez você não tenha tempo para ações, mas sempre terá tempo para palavras!"
Mário K. Simões

Use as palavras para agradecer e elogiar as pessoas, é desta maneira que você valoriza aqueles com os quais têm o privilégio de conviver. Procure sempre encorajar seu cônjuge, seus filhos, familiares, amigos e colegas. Isso vai fazer toda a diferença na vida deles!

Anos atrás, voltando dos EUA com um grupo de alunos da escola (www.eipg.com.br), percebi que, com a lentidão na fila do *check-in*, iríamos perder o voo. O atraso foi devido a um conflito com um passageiro que exigia viajar de primeira classe. Observei que um gerente foi chamado e resolveu o problema com muita habilidade e gentileza.

Fui até ele e disse: Mr. White, parabéns pela maneira tão polida que o senhor resolveu o conflito com este cliente mal-educado! O que posso fazer para ajudá-lo? Expliquei nossa situação e ele imediatamente abriu um guichê exclusivo para atender nossa delegação.

Os alunos perguntaram: você pagou para ele nos atender? Respondi que não. Simplesmente valorizei o gerente e, por isso, ele nos ajudou!

"Valorize as pessoas com suas palavras e, com certeza, elas irão valorizar você com seus serviços."
Mário K. Simões

Atitude positiva + palavra construtiva = impacto produtivo

Você faz a diferença com suas palavras!

3. Ações

Madre Tereza fez a diferença na vida de milhares de crianças na Índia. Nelson Mandela mudou a história da África do Sul. Rick e Kay Warren ajudaram milhares de crianças com Aids na África. A EIPG arrecadou 43 toneladas de alimento para ONGs em Atibaia. Muitos são os exemplos de boas ações feitas diariamente ao redor do mundo.

Anos atrás, uma colaboradora nossa teve sua casa furtada. Os ladrões roubaram TV, computador, videogame e outros eletrônicos, e a maioria era dos filhos. A notícia se espalhou entre os alunos da escola. Dois dias depois do incidente, ela nos contou que o Davi, nosso filho mais novo, que na época tinha sete anos, foi até o escritório dela e disse que havia ficado muito triste com o roubo de sua casa. Ele colocou a mão no bolso, tirou R$ 30 e disse que, embora fosse pouco, aquele dinheiro era para comprar um computador para os filhos dela. Com lágrimas nos olhos, ela recebeu a simbólica quantia, que, para ele, representava toda a sua renda de um mês! Ao ouvirmos isso, foi a nossa vez de ter os olhos cheios de lágrimas.

Todas estas pessoas seguiram os passos: vá, veja e valorize.

Enquanto alguns foram indiferentes e outros diferentes, estas pessoas fizeram a diferença!

Por quê? Porque tiveram disposição, isto é, estavam dispostas a agir.

Todas as manhãs, ao despertar declare: hoje vou fazer a diferença!

Dê um presente, invista seu tempo, dê atenção, doe roupas, pague a refeição de alguém.

Meu pai, até os 80 anos, costumava cortar a grama da sua casa. Depois de passar por uma cirurgia nas costas, ficou sem poder fazer esforço. Chamou o seu jardineiro e quis vender o cortador de grama. Mas, no meio da conversa mudou de ideia e decidiu dar de presente para ele. O jardineiro, com lágrimas nos olhos, disse que nunca tinha ganhado um presente tão caro e tão útil e que daquele dia em diante, ele faria o jardim gratuitamente!

Quando meu pai me contou, foi a minha vez de ficar emocionado...

Motivação significa o motivo da sua ação, é o que move você a fazer o que faz. Entretanto, doação significa colocar seus dons, talentos e recursos em ação. É usar e compartilhar o que você tem para beneficiar os outros.

Nem tudo o que você faz na vida é para ter ganhos financeiros ou sociais, o importante é ter o foco em ajudar as pessoas. O lucro até pode vir, mas, com certeza, a satisfação e realização pessoal sempre serão muito maiores.

"Trate as pessoas como se elas fossem aquilo que deveriam ser, e você irá ajudá-las a se tornarem aquilo que podem ser."
Johann Von Goethe

Atitude positiva + palavra construtiva + ação proativa = impacto definitivo

Como fazer a diferença em um mundo cheio de pressões?

Um ovo em uma panela de água fervendo transforma a clara e a gema do estado líquido para o sólido. Uma cenoura, por sua vez, quando imersa na água fervendo é transformada de rígida à maleável. O mesmo acontece com as pessoas, quando passam por problemas e pressões. Alguns têm o coração enrijecido, e outros, ao passarem pelas mesmas situações, ficam com o coração mais leve. Já o café, quando entra em contato com a água fervendo, transforma a água radicalmente. Antes, um copinho de 30ml de água custava R$0,10. Depois de misturado ao café, passou a valer R$5,60. O café transformou a água e mudou a sua cor, sabor, odor e valor!

Todas as pessoas que tiverem contato com você devem sair diferentes, porque você fez a diferença na vida delas.

Quando meu irmão Paulo vivia na Itália anos atrás, ele passou por um problema físico que demandava um cuidado constante. Resolvi passar duas semanas com ele naquele processo de recuperação. Tivemos um tempo muito especial! Nunca vou me esquecer de suas palavras no dia em que nos despedimos: maninho, você fez toda a diferença na minha vida nesses dias. Muito obrigado!

Certa vez, em Nova York, uma professora decidiu homenagear cada aluno seu do terceiro ano do ensino médio.

Chamou um de cada vez para a frente da sala e falou da diferença que ele fez para ela e para a classe naquele ano. Então, presenteou os alunos com uma fita azul escrita com letras douradas: você faz a diferença!

Depois, a professora decidiu fazer um projeto com a classe para valorizar as pessoas da comunidade. Deu a cada aluno três fitas e os instruiu a valorizar pessoas em suas comunidades. Um dos alunos procurou um jovem gerente de uma empresa e o agradeceu por ter ajudado na escolha da sua universidade e carreira. O estudante colocou a fita azul na camisa do gerente. Depois entregou outras duas fitas a ele disse: estou participando de um projeto e, assim como fiz, gostaria que você valorizasse outra pessoa e pedisse que ela fizesse o mesmo.

No final da tarde, o jovem gerente foi até o diretor da empresa e disse que queria valorizá-lo por ser um líder muito criativo. O diretor ficou surpreso, mas consentiu. Depois recebeu outra fita para valorizar alguém.

Naquela noite, o diretor sentou-se com seu filho de quatorze anos e disse: algo incrível aconteceu comigo hoje! Um dos meus gerentes disse que me admirava muito e me deu uma fita que dizia que eu fazia a diferença. Depois, fui aconselhado a fazer o mesmo com outra pessoa. Quero que você saiba que, depois da sua mãe, você é a pessoa mais importante da minha vida! Eu te amo muito, meu filho! Você faz a diferença na minha vida!

O filho começou a chorar copiosamente, e disse: antes de você chegar, escrevi uma carta de despedida para você e a mamãe, pedindo desculpas por ter cometido um suicídio. Eu achava que vocês não se importavam mais comigo! Não vou precisar mais da carta que escrevi nem da arma que está embaixo do meu travesseiro.

O maior exemplo que nós temos de alguém que fez a diferença no mundo foi Jesus Cristo. Ele veio, viu e valorizou a humanidade! Siga seu exemplo e você nunca mais será o mesmo, nem as pessoas ao seu redor.

Que seu mundo seja diferente, porque você faz a diferença!

25

As sete saúdes para alcançarmos o sucesso com felicidade

Se você deseja atingir o sucesso profissional ministrando palestras de alto impacto, seja em reuniões corporativas, apresentações para clientes em potencial ou para grandes plateias, uma coisa é certa: você conquistará mais fácil e rápido se buscar a excelência em todas as áreas de sua vida

Mauro Maia Moraes

Mauro Maia Moraes

Bacharel em Esporte pela USP, pós-graduado em Administração e *Marketing* Esportivo, técnico em Gestão Empresarial, com experiência de mais de 22 anos em cargo de liderança e treinamento de suas equipes. Palestrante comportamental e consultor de qualidade de vida. Criador da Metodologia T3P transformando-se em 3 passos. Tem a missão de inspirar pessoas a buscarem uma melhor qualidade de vida com o equilíbrio das quatro dimensões do ser humano (físico, mental, emocional e espiritual), por meio da mudança de comportamentos, usando todos os canais que possam fazer a diferença na vida das pessoas.

Contatos
www.palestrantesdobrasil.com/mauromoraes
mauro.esportes@terra.com.br
Facebook: mauromoraesconsultor
Instagram: mauromoraesconsultor
YouTube: mauromoraesconsultor
(11) 98152-3620

Os profissionais que buscam a alta performance precisam manter clara a ideia que devem ser exemplo para todos ao seu redor, sejam colegas de trabalho, liderados, chefia, clientes internos e, principalmente, clientes externos.

Imagine as seguintes situações: um dentista com dentes amarelos, um endocrinologista com problemas de balança (acima do peso) ou um dermatologista com pele irritada. Agora pense que da mesma forma, para você se tornar um palestrante profissional de sucesso, precisa entender que a partir do momento que você se torna uma pessoa pública (hoje por meio das redes sociais você aumenta sua identidade muito rápido), estará sendo analisado em cada palavra, em cada gesto, em cada comportamento demonstrado, servindo muitas vezes como modelo e exemplo para seus ouvintes/seguidores.

O que vejo, seguindo a linha de raciocínio dos exemplos citados, são palestrantes motivacionais que não se sentem com energia suficiente para gerar sua própria motivação; profissionais ministrando temas como educação financeira, mas com ligações constantes de seus bancos credores; *coaches* de relacionamento que em casa vive um clima de brigas constantes com filhos e cônjuge; profissionais que viajam o país todo, ministrando seus treinamentos e palestras, mas se esquecem da família e amigos.

Estar em equilíbrio e buscar a excelência em todas as áreas de sua vida, o ajudará no longo caminho em se tornar um profissional diferenciado e realizar palestras de alto impacto. Entenda que somos uma engrenagem, e que se uma peça (área) não estiver no mesmo ritmo, o sistema não funcionará em plena força. A falta de sintonia e sinergia fará você gastar energia desnecessária, que poderia estar sendo focada em pontos importantes para o seu desenvolvimento profissional.

Você quer transmitir uma energia contagiante a ponto de deixar seu público focado em você? Quer ser a inspiração para quem o está assistindo, sendo o exemplo/modelo a ser seguido? Quer ser um palestrante que busca tempo para se desenvolver, mas que ao mesmo tempo não se esquece de oferecer um tempo de qualidade com seus filhos?

O primeiro passo para atingir o sucesso com felicidade em todas as suas áreas é estar bem com você mesmo, assim terá condições de criar um plano de ação, contemplando as sete saúdes: física, intelectual, espiritual, familiar, social, profissional e financeira.

> "As grandes mudanças estruturais começam a partir de pequenas mudanças comportamentais."
> Fábio Saba

Eu, por exemplo, até abril de 2017, ministrava treinamentos e palestras dentro da empresa em que trabalhava, sempre com foco no desenvolvimento dos liderados e clientes internos. Mas, ao participar de um treinamento de inteligência emocional, percebi que tinha potencial para desenvolver projetos que ajudassem pessoas a serem melhores, o que me tornaria um profissional diferenciado. A partir daquele dia criei o que chamo de "plano de estudo semanal". Ao aplicá-lo, minha saúde intelectual melhorou, e como em um passe de mágica, ao ler sobre educação financeira, minha saúde financeira melhorou; ao se aprofundar no tema inteligência emocional, o relacionamento com minha filha de nove anos na época deu um salto de qualidade difícil de descrever em palavras; ao criar a palestra "As sete saúdes para alcançarmos sucesso com felicidade" e começar a ministrá-la, o meu relacionamento social, minha área espiritual e claro profissional melhorou 100%.

Para ajudar nesta conscientização e principalmente no caminho para atingir o equilíbrio, ofereço dicas práticas de como você pode melhorar em cada uma das áreas, e tenha certeza de uma coisa, só depende de você. Não busque ser melhor que os outros. Busque ser melhor do que você era ontem. Com este lema, quero lembrar que não basta ter conhecimentos, desenvolver habilidades, se você não tiver a atitude de colocar em prática. Aproveite as dicas e crie um plano de ação para atingir todos os seus objetivos, se transformando em um profissional diferenciado e promovendo um desenvolvimento pessoal.

> "Faça o melhor que puder. Seja o melhor que puder. O resultado virá na mesma proporção de seu esforço."

Saúde física

Você costuma cuidar de seu carro? Ao parar no posto, coloca o melhor combustível? Realiza manutenção preventiva e as obrigatórias? Da mesma forma que se preocupa em manter o seu veículo em ótimo estado, você deve se preocupar com seu corpo. Manter uma alimentação equilibrada (combustível), participar de um programa de exercícios físicos regularmente (manutenção preventiva), além de realizar *check-ups* periódicos (manutenção obrigatória), é fundamental para obter uma saúde física adequada para o fluxo de energia que você despenderá para manter o ritmo para ir em busca de seus objetivos e sonhos.

Dica: em nossa analogia com o carro, você deve semanalmente calibrar os pneus. O mesmo deve ser feito com o seu peso. Busque mantê-lo, tendo em mente que a combinação de realizar uma atividade física no mínimo três vezes por semana, com a ingestão dos alimentos certos, na hora certa, na quantidade certa, contribuirá para manter o peso ideal, favorecendo que você obtenha o pique necessário para realizar todas as atividades diárias sem reclamar de cansaço.

Dica prática: realize comportamentos preventivos simples, como: deixar o carro no estacionamento e ir andando quatro quarteirões até a padaria, optar pela escada e descer dois andares; quando for ao *shopping* ou supermercado, pare de ficar procurando uma vaga próximo da entrada, vá direto ao ponto mais longe, além de encontrar a vaga mais facilmente, você ainda caminhará.

Reflita: quais são os hábitos que posso mudar para aumentar a minha energia física e melhorar minha qualidade de vida?

Saúde espiritual

Aqui não falamos especificamente de nenhuma religião, e sim de um estado de espírito que precisamos desenvolver, contribuindo para nos ajudar a atingir melhores resultados em nossa vida. Madre Teresa uma vez disse que "religião boa é aquela que ajuda a pessoa a ser melhor".

Dica: reserve um período do dia para você, realize o exercício de introspecção, analisando quais e como estão seus comportamentos. Reflita se suas ações estão o levando pelo caminho certo, para as conquistas que você definiu.

Dica prática: desenvolva o hábito da meditação. Escolha um local tranquilo, relaxe o corpo, busque não pensar em nada. Utilize a técnica da visualização criativa, criando imagens claras em sua mente, de situações que você quer que aconteça nos próximos dias e pense nos benefícios que você terá ao conquistá-las.

Reflita: o que posso começar a fazer, para melhorar minha habilidade de introspecção e me conhecer melhor?

Saúde intelectual

Você está no grupo de pessoas que se preocupam em aprender e se desenvolver a cada instante? Saiba que para atingir o sucesso, temos que buscar conhecimento constantemente em duas áreas (técnica e comportamental).

Dica: busque conhecimento em todos os canais disponíveis.

Dica prática: desenvolva o conceito do foco comportamental: leia livros, faça cursos, assista vídeos, converse com pessoas que atingiram o sucesso em sua área de especialização.

Reflita: qual atitude tomarei a partir de amanhã, para melhorar minha saúde intelectual? Consigo reservar seis horas de estudo semanal para aumentar minha perícia?

Saúde familiar

Sem dúvida nenhuma a saúde familiar é a mais importante de todas. Ela serve de base para você ganhar forças, persistir e conquistar sucesso em todas as áreas de sua vida. Refiro-me ao relacionamento com seu cônjuge, filhos, pais e irmãos. Como está o dia a dia com seu marido, esposa? Você tem momentos de qualidade com seus filhos? Liga e visita seus pais com frequência? Seus irmãos são seus melhores amigos?

Dica: o seu propósito de vida deve estar conectado com a missão de vida de seu parceiro(a).

Dica prática: melhore a comunicação, vejo muitos casais que não conversam, não possuem um diálogo franco e aberto. Como você terá certeza do que o outro deseja, se você não perguntar?

Reflita: estou investindo tempo e energia suficientes para melhorar meus relacionamentos?

Saúde social

Quando falo da saúde social, me refiro a três pontos importantes de nossa vida, que muitas pessoas deixam para segundo plano: amigos, ajudar o próximo e momentos de lazer. Você alimenta a amizade com pessoas que deseja manter próximas? Participa na comunidade de trabalhos voluntários, ajudando pessoas mais necessitadas? Tem tido momentos de lazer com qualidade?

Dica: ao realizar seu planejamento (objetivos e planos de ação), não deixe de colocar nas metas pessoais, estes itens. A vida não é só trabalho, ela possui diversas outras facetas, que contribuem para você ser uma pessoa mais feliz.

Dica prática: siga uma destas dicas e perceberá a diferença em seu estado de espírito:

- Mantenha saldo positivo com seus amigos e faça o bem sem esperar nada em troca. Sempre que possível ofereça ajuda e tenha certeza de que, quando você precisar, a lei da reciprocidade entrará em ação.

- Faça uma faxina do bem, aposto com você que, em seu guarda-roupas, existem peças que não são mais utilizadas. Realize uma limpeza a cada seis meses, separando roupas que aquecerão muitas pessoas.

- Trabalho é trabalho, folga é folga. Quando estiver em um momento de lazer, desligue o celular e se desconecte de todo e qualquer problema.

Reflita: você pratica os três itens anteriores?

Saúde profissional

Você está satisfeito com sua carreira? Sua missão de vida está conectada com a sua atividade diária?

Dica: descubra e defina sua missão de vida e compare com a missão de sua empresa. Elas estão alinhadas? Possuem pontos em comum? Se você ainda não sabe o motivo pelo qual está neste mundo, aqui vai uma fórmula simples de cinco perguntas para te ajudar a encontrar o seu propósito:

1 – Quem é você?

2 – O que você faz?

3 – Para quem você faz isso?

4 – Do que essas pessoas precisam ou necessitam que as faz virem até você?

5 – Qual o benefício que elas recebem com aquilo que você oferece a elas? Ou dito de forma mais direta: por que elas precisam disso?

Dica prática: reserve de cinco a dez horas semanais para realizar atividades relacionadas com o seu propósito de vida.

Reflita: tenho algum talento não aproveitado que eu possa utilizar para ajudar os outros?

Saúde financeira

A pessoa que gasta mais do que ganha e que vive num permanente estado de escassez de dinheiro, raramente terá a disciplina e a autoconfiança de alimentar e nutrir a energia necessária para atingir seus objetivos. Entenda a importância de guardar parte do que você ganha, desenvolvendo o hábito da economia.

Dica: mantenha um controle de gastos e tenha em mente as duas regras básicas: realizar mensalmente uma reserva e fazer com que suas despesas nunca ultrapassem suas receitas. Parece tão simples, mas infelizmente poucas pessoas aplicam. Dica prática: durante um mês, anote todas as suas despesas. Com a lista em mãos, reflita sobre cada item, analisando se realmente você precisava realizar a compra. Por fim, corte os itens que definiu como supérfluos.

Reflita: posso adotar alguma estratégia para equilibrar e otimizar minha vida financeira?

Após montar um plano de ação para cada uma destas áreas, coloque em prática e tenha em mente algumas regras que o ajudarão a persistir em atingir seus sonhos:

- Escreva suas metas e desejos, especificando o plano de ação com o maior número de detalhes possíveis e reveja constantemente.

- Entenda o termo "pagar o preço" – todas as escolhas terão uma perda. Exemplo, se você decidir ter mais tempo para seu desenvolvimento pessoal/profissional por meio da leitura, precisará perder/diminuir o seu tempo de sono, redes sociais ou tempo que fica com amigos.

- Durante todo o processo, nunca perca de vista os benefícios que você terá ao atingir suas metas. Deixe a resposta clara para esta pergunta: o que ganharei com a mudança que está por vir?

- Saiba que os grandes palestrantes de sucesso também erraram em algum momento. Porém, o grande acerto deles foi entender que tudo faz parte de um processo de aprendizagem. Cada tentativa frustrada os aproximava ainda mais do caminho certo. Eles não desistiram depois do primeiro fracasso ou segundo erro. Eles persistiram, por isso, persista você também.

Quero finalizar transcrevendo uma reflexão que um dia recebi de um amigo palestrante:

> O sucesso é para todos, mas nem todos o terão, pois não querem pagar o preço da melhor administração das finanças, tempo, leitura, estudo e descanso. Não dá para ser palestrante ou qualquer outra atividade em nível profissional, se não houver investimento de carreira.

Eu concordo 100% com esta reflexão, mas podemos, sim, investir na carreira e mesmo assim atingir a excelência em todas as áreas de nossa vida, alcançando o sucesso com felicidade.

Referências

HILL, Napoleon. *As 16 leis do sucesso.* Barueri: Faro Editorial, 2017.
KHOURY, Karim. *Liderança é uma questão de atitude.* São Paulo: Editora Senac, 2009.
VIEIRA, Paulo. *Poder e alta performance.* São Paulo: Editora Gente, 2017.

26

Identifique os diferentes perfis de personalidade dos seus clientes e conquiste resultados extraordinários

Para vender é necessário criar confiança, para criar confiança é preciso entender que cada ser humano é único e possui seu próprio perfil de personalidade. Afinal, vendas é o resultado do que você faz com seu conhecimento, seu tempo e seus relacionamentos

Rejiano Vedovatto

Rejiano Vedovatto

Graduação em Gestão de Comércio Exterior e MBA em Administração de Empresas, pelo Grupo Uninter. Além de MBA em Gestão Estratégica de Pessoas, pela Fundação Getulio Vargas. É *practitioner* SOAR, pela FCU Florida Christian University e mestrando em Neuromarketing pela FCU Florida Christian University. Palestrante e estudioso do segmento de vendas e negociações desde 1997. Idealizador do método Neuroreference, que aplica princípios da neurociência para desenvolvimento humano de alta performance. CEO da empresa Executivos de Vendas Soluções Comerciais, que trabalha com inteligência comercial e tem como missão ajudar a melhorar a vida das pessoas por meio da preparação.

Contatos
www.rejianovedovatto.com.br
palestrante@rejianovedovatto.com.br
(54) 99974-2826

Para criar e desenvolver um relacionamento interpessoal, alguns pontos são importantes:

Saber escutar

Vendedor que fala muito e não escuta o que o cliente diz está com os dias contados. Em um processo comercial, o foco é do cliente, e escutar é o princípio de tudo.

Comunicar suas ideias

De forma clara, objetiva, assertiva e direta. É necessário entender a mensagem que está sendo passada e recebida, concordar, aceitar ou discordar e, principalmente, criar confiança.

Em qualquer tipo de processo comercial, seja ele *online* ou *offline*, de uma forma direta ou indireta, você vai precisar criar relacionamento. É como entrar em uma sala onde a porta está fechada. Se não tiver a chave certa, só conseguirá arrombar a porta. Identificar o perfil de personalidade e comportamento dos seus clientes é como descobrir qual é a chave correta para um relacionamento comercial promissor.

"A forma de consumir mudou, precisamos mudar também a forma de vender."

O temperamento e a personalidade de uma pessoa são formados por meio da herança genética, somadas às condições físicas e a influência memética (informações) do ambiente onde vive, o que influencia violentamente no comportamento.

Saber qual é o perfil predominante do cliente fará com que você evite fazer coisas que o deixem irritado. Não existe perfil melhor ou pior, certo ou errado, apenas diferentes. A mistura dessas características constrói essa magia chamada "ser humano", que faz com que você precise se adaptar para gerar confiança.

Toda relação comercial se constrói baseada em confiança e sintonia. Estabelecer esses sentimentos é como construir o alicerce de uma casa, pode demorar dias ou até meses. No entanto, se não for construído de forma sólida, perder esta confiança pode ser rápido e desastroso. Esta harmonia da qual estou falando chama-se *rapport*, palavra de origem francesa que nos negócios significa sinergia, sintonia, confiança. Em geral, pessoas tendem a comprar de quem confiam.

Quando você não consegue identificar qual é o perfil do cliente, criar confiança e harmonia fica mais difícil. Você terá que se desdobrar para conseguir extrair as informações e fazer o diagnóstico correto. Além de precisar identificar as dores, insatisfações, problemas ou sonhos. Sabendo assim, como seu produto ou serviço pode ajudá-lo nesse caminho.

Os principais problemas que aparecem neste caso são:

1 - Taxa de conversão de vendas baixa
Como falamos acima, as pessoas tendem a comprar de quem confiam. Se esta confiança não foi estabelecida, a probabilidade de o cliente fazer negócio com você é muito baixa. Se sua taxa de conversão de vendas é pequena, ou seja, se você precisa falar com muitas pessoas para fechar uma venda, talvez este seja um dos principais motivos.

2 - Baixo índice de pessoas voltando a comprar
Aqui aparecem aqueles vendedores matadores, que arrancam o dinheiro do cliente "nos dentes", sem se importar com o relacionamento. Infelizmente, ainda existe este tipo de vendedor no mercado, mas saiba que esta prática está sendo abolida naturalmente, já que as pessoas dificilmente voltam a comprar de alguém com esta postura.

3 - Poucas indicações
A indicação é uma estratégia de venda fantástica. Conheço vendedor que trabalha somente com essa ferramenta e sua agenda está sempre lotada. No entanto, se não existir cliente satisfeito, não existirá indicação. Se não existir confiança, sintonia, harmonia, também não existirá cliente satisfeito.

Identificando os perfis
Quando falamos de comportamento de compra, podemos utilizar vários perfis como orientação. De todos que conheci ao longo de mais de vinte anos de experiência, os apresentados pelo método

SOAR foram os que mais me identifiquei, por serem de fácil percepção na prática. No final das contas, conhecimento bom é aquele que conseguimos aplicar, não é mesmo?

SOAR Global Institute é uma organização global ligada a FCU – Florida Christian University que estuda e aplica essa metodologia desde 1982.

Esta análise de perfis considera o fato de que algumas pessoas são mais racionais ao tomar uma decisão, focadas mais em resultados e dificilmente agem se não observarem alguma vantagem clara. Outras são mais emocionais, focadas em pessoas, no relacionamento em si. Da mesma forma, algumas decidem mais rápido e outras são mais lentas. Existem aquelas mais responsivas, que expõem suas opiniões, e outras mais introspectivas, que dificilmente compartilham suas ideias sem estímulos.

O temperamento de uma pessoa é formado pela junção de todos os perfis. Geralmente tem sempre um que é predominante e pode mudar devido vários fatores, sejam eles internos ou externos. A essência não muda, mas o comportamento pode mudar em diferentes momentos e objetivos.

Analíticos: decidem de forma racional e mais lenta. São introspectivos, geralmente só mostram sua opinião quando são estimulados. São bastante detalhistas, gostam de ler toda a descrição técnica da proposta. Costumam reclamar de detalhes e anotam tudo. São muito organizados, gostam de planejar. Adoram uma planilha e estatísticas. Gostam de acompanhar o passo a passo e são muito competentes para desenvolver processos complexos.

Ao fazer negócios com um analítico, você precisa estar preparado tecnicamente, pois possivelmente terá que se aprofundar em vários detalhes do escopo de fornecimento. Como é um perfil mais lento para tomar a decisão, este tipo de cliente dificilmente compra por impulso. Você vai precisar munir de informações relevantes, como referências comparativas. Leve fontes, dados e estatísticas que comprove o que você está falando.

O que irrita este tipo de cliente é a desorganização. Visitá-lo sem marcar hora, geralmente, é gol contra. Marcar horário e não cumprir, não encontrar as informações que ele solicitou e pressioná-lo para tomar uma decisão rápida, definitivamente não é uma boa ideia. Não é um cliente com quem você possa contar para usar o gatilho mental de urgência, pois precisa de tempo para fazer suas análises e decidir.

Afáveis/pacientes: são as pessoas carentes. Tudo o que o analítico tem de formal, o afável tem de informal. Neste você pode se arriscar em visitar sem marcar, se ele tiver tempo fará questão de atendê-lo. Porém, vá com tempo na agenda, pois geralmente ele vai ocupar. Gosta de saber tudo da sua vida pessoal e profissional. Não tem dificuldade de contar sobre sua vida também. Adora falar de sua família e de seus *hobbies*.

Também são lentos para decidir, mas como são mais emocionais, muitas vezes precisam de ajuda para tomar a decisão. Uma vez conquistada a confiança, existe uma grande possibilidade de manter relações comerciais por longa data. São mais leais, fogem de conflitos e buscam segurança para tomar uma decisão. Geralmente precisam validar suas ideias com outras pessoas. A pergunta de um milhão de dólares para esse tipo de cliente é: o que você precisa para se sentir seguro em fazer negócio comigo?

Ao vender para uma pessoa com esse perfil, é necessária uma atenção redobrada, pois se não der o que ela quer, a concorrência poderá fazer isso. Só tome o cuidado para não perder o controle da situação, pois já conheci vendedores que dedicam o dia em função de um cliente paciente/afável, e no final ele ainda solicita que volte na manhã seguinte para continuar a conversa.

Lembre-se que um executivo(a) de vendas de alta performance trabalha sempre para ter o controle da situação em suas mãos.

Expressivos/extrovertidos: costumam decidir mais rápido, mais na emoção. Adoram uma novidade, bastante agitados, vivem ao celular. Participam de várias comunidades na *internet*. Possuem milhares e milhares de amigos nas redes sociais, porém, poucos íntimos. Gostam de ser notados e não costumam se aprofundar muito nas relações comerciais e de amizades.

É muito provável que combinem algo com você e esqueçam. Não costumam planejar suas ações, pois a organização não é seu forte. Algumas vezes, marcam mais do que um compromisso no mesmo horário e têm uma facilidade enorme de se arrepender de negócios já combinados. De maneira geral, demoram para lhe dar uma resposta.

Quando vender para clientes expressivos, use muito testemunhais, cartas de recomendações, seja mais informal e utilize dos elogios sinceros para conquistá-los. Faça eles usarem a imaginação de como estariam com seu produto ou serviço, quem vai ver ou estar com eles no momento em que utilizarem a solução. Sempre que possível, solicite um sinal de negócio para evitar arrependimentos.

Pragmáticos/dominantes: decidem rápido e racionalmente. Focados em resultados e vantagens, se entenderem os benefícios que ganharão com seu fornecimento, tomam a decisão na hora. Alguns costumam definir estes tipos de clientes como "grossos" e "mal-educados", isso pelo fato de serem diretos e firmes. Em uma proposta, geralmente vão direto ao preço e condições de pagamento.

"Dois bicudos não se beijam, mas negociam." Já deve ter ouvido esse ditado popular. Principalmente, quando você e seu cliente são altamente dominantes.

Não costumam dar muita intimidade, não aturam vendedor que quer saber muito da sua vida e que enrola demais para apresentar sua proposta. Na maioria das vezes, dão poucos minutos para a apresentação de seu produto, por isso, precisa ter uma apresentação matadora. Daquelas que você apresentaria dentro de um elevador para uma pessoa importante e conseguiria sua atenção. Normalmente, após conquistar seu interesse, os poucos minutos iniciais se transformam em mais tempo de atenção.

Quando for vender para um cliente dominante/pragmático, foque no que ele pode perder se deixar de comprar sua solução. Para esse perfil de comportamento, a dor da perda é muito mais forte do que o prazer do ganho.

Agora que você conhece os diferentes perfis, lembre-se que, embora a junção de todos formem a personalidade das pessoas, geralmente um deles será predominante. Pode acontecer que o seu perfil principal é o oposto do cliente que está conversando, podendo criar conflitos e irritá-lo facilmente. Para isso, aconselho muita atenção. Para criar confiança, o ideal é nos comportarmos e tratarmos as pessoas da forma que elas gostariam de ser tratadas e não como você gostaria de ser tratado.

Como falamos, vender se resume ao que você faz de forma efetiva com o seu conhecimento, tempo e, principalmente, relacionamento.

Pense nisso, um forte abraço e ótimas vendas!

Referências
CANDELORO, Raul. *Alta performance em vendas*. Curitiba: Quantum, 2016.
CANDELORO, Raul. *Proposta de valor: coleção introdução aos passos da venda*. Curitiba: Quantum, 2014.
CONCER, Thiago. *Vendas não ocorrem por acaso: o guia de vendas da equipe comercial*. 2. ed. São Paulo: Canal 6 Editora Ltda.
DEÂNDHELA, Tathiane. *Faça o tempo trabalhar para você e alcance resultados extraordinários*. São Paulo: Literare Books, 2016.
SOAR GLOBAL INSTITUTE. *Certificação Avançada SOAR. Advanced Certification Manual*. São Paulo: SOAR, 2018.

27

Mente e cérebro: "sem" passos para tomar boas decisões

Neste capítulo, pensaremos sobre a importância do cérebro e suas conexões, que exercem um papel preponderante nas decisões que tomamos. O artigo visa oferecer uma nova perspectiva sobre o que é necessário para a promoção de mudança de comportamento tanto no âmbito profissional quanto pessoal de nossas vidas

Renata Taveiros de Saboia

Renata Taveiros de Saboia

Economista pela FEA-USP, especializada em Economia Comportamental Aplicada a *Marketing* pela Yale University. Orientadora financeira pela Escola Clínica Fabiano Calil. *Coach* Integral pela Integral Coaching Canada e pela professora de Neuroeconomia nos cursos de pós-graduação e pós MBA da FIA e FGV. Palestrante em temas ligados à Economia Comportamental, Neuroeconomia e Educação Financeira. Pós-graduanda em Neurociência aplicada à sustentabilidade de pessoas e organizações na Faculdade de Medicina da Santa Casa. Coidealizadora do GEEC-USP. Coautora do projeto de educação financeira para crianças e adolescentes do Instituto Criança é Vida. Colaboradora do blog e do Guia de Economia Comportamental e Experimental. Oferece programas de mentoria individual e familiar e *workshops in company*, usando a metodologia própria "Reprogramação Neuroeconômica", que se utiliza dos conhecimentos da neurociência, psicologia e economia comportamental, para promover mudança de comportamento econômico. Atua na área de desenvolvimento humano há mais de dez anos, saneando os problemas vigentes e antecipando conflitos futuros.

Contatos
www.reprogramaçãoneuroeco.com.br
renata@reprogramaçãoneuroeco.com.br
Facebook: reprogramaçaoneuroeco e renatataveirosdesaboia
(11) 99982-5678

> "Mas, o que sou então? Uma coisa que pensa. E o que é uma coisa que pensa?"
> René Descartes

Um bom começo para essa discussão seria refletir sobre a diferença entre o cérebro, órgão do nosso corpo físico, e mente – aquilo que, em geral, associamos com "onde" ocorrem nossos pensamentos.

Muitas vezes experimentamos exatamente essa sensação e falamos sobre ela quando dizemos que a razão pode controlar o mundo físico.

Mas, essa distinção nem sempre foi expressa em termos de mente/corpo. No passado usava-se alma/corpo para diferenciar essas duas esferas da experiência da vida humana. No grego antigo, encontramos psique, de onde se derivam 'psicologia' e 'psiquiatria'; em latim, anima, de onde 'animismo' ou 'animado' são frutos. Ambos exemplos de palavras para designar uma parte não material, subjetiva e absolutamente única para cada indivíduo, que incluía a mente e sua capacidade de pensar. A mente é diferente da matéria, não podemos tocá-la fisicamente, mas nos utilizamos dessa faculdade para observar, tirar conclusões e analisar o mundo material.

Foi nos séculos XVI e XVII que as bases de uma visão científica de mundo e os argumentos a seu favor começaram a se firmar. O representante mais conhecido desse movimento é René Descartes, que propôs um método de investigação que questiona absolutamente tudo e a partir do qual chegou ao famoso "penso, logo existo".

Mas, qual a repercussão de todo esse movimento para a nossa investigação a respeito do papel do cérebro nas tomadas de decisão?

Descartes conclui que ele poderia duvidar de tudo a seu redor, até mesmo da existência de seu próprio corpo, porém, não poderia duvidar de sua natureza pensante. E essa natureza, diferente da existência de características físicas, como braços, pernas e cérebro, definiria, essencialmente, quem ele era: uma coisa que pensa, uma mente.

Uma mente existe sem localidade no espaço, ao passo que, um corpo, por definição, é algo que ocupa um lugar no espaço. Isso implica numa conclusão de que a mente não pode ser coincidente com o cérebro.

Na visão cartesiana, dualista, os corpos e mentes não necessitam um do outro para existir, vivem em duas vias paralelas e nossa vida mental, nosso eu essencial não depende de nenhum processo físico ou químico e poderia seguir existindo mesmo sem a presença de um corpo físico.

Alguns comportamentos humanos, no entanto, necessitam tanto de processos mentais quanto corpóreos, como por exemplo o desejo de sair para caminhar: preciso pensar sobre meu desejo de sair (intenção) e acionar meus músculos (mecanismo fisiológico).

Por outro lado, alguns processos da vida biológica não necessitam de nenhum pensamento consciente, são puramente mecânicos, como o aparelho circulatório, com o qual Descartes estava fascinado por ter sido recentemente descoberto.

Na visão cartesiana, dualista, os corpos e mentes não necessitam um do outro para existir, vivem em duas vias paralelas e nossa vida mental, nosso eu essencial, não depende de nenhum processo físico ou químico e poderia seguir existindo mesmo sem a presença de um corpo físico.

Mas, há um preço a pagar: todas as situações em que interações entre nossas vidas físicas e mentais aparecem ficaram sem explicação. Um exemplo disso? Quando estamos apaixonados (estado mental) nossos corações batem mais rápido, a respiração acelera e, às vezes, ficamos corados – todas condições corporais.

No final do século XIX, a neurologia começa a estudar a influência dos aspectos biológicos – cérebro – no comportamento humano e se inicia um mapeamento de áreas do cérebro relacionadas a atividades como aprendizado e linguagem. Ou seja, aspectos físicos estão intrinsecamente ligados a características de funcionamento mental.

A neurociência, hoje, nos mostra que até os processos de pensamento, como memória e traços de personalidade, dependem do funcionamento da química cerebral, via neurotransmissores.

O cérebro, no século XXI, ganha grande relevância na tentativa de compreender o comportamento humano, e passa a ser visto como a própria representação das várias manifestações humanas em suas vertentes sociais, culturais, emocionais e relacionais, o que permite um salto qualitativo nas discussões a respeito do ser humano.

O nosso cérebro funciona como um sistema complexo, onde seus componentes se conectam das mais variadas formas, organizados em circuitos, que geram respostas aos estímulos externos. Esses circuitos são formados desde o início da vida e determinam a nossa forma de interagir com o mundo, uma vez que automatizam as respostas via formação de circuitos preferenciais, ou seja, mesmo em situações diferentes, responderemos de forma igual.

Essa configuração faz a conexão entre dois circuitos complementares:
a) aqueles que regulam as atividades que garantem a sobrevivência acontecem muito rapidamente em resposta direta a um estímulo do ambiente que represente perigo, sendo, portanto, reativas;
b) aqueles de altíssima capacidade de processamento, capazes de realizar análises complexas, planejamento e previsões a respeito de várias possíveis consequências para determinada ação.

É essa combinação de processos automáticos e implícitos (não podemos descrevê-los) com os controlados e explícitos (estão claros e são frutos de análise) que vai determinar o nosso comportamento.
Faz-se necessário, então, mudar o ponto de vista a partir do qual entendemos conceitos como motivação, liderança e performance.
A fim de se obter uma mudança no comportamento e, portanto, produzirmos mais, sermos líderes mais eficientes e pessoas mais satisfeitas com nossas vidas profissionais, precisamos oferecer a oportunidade da criação de novas ligações neuronais, que ampliem a inclusão dos circuitos nobres de processamento e nos tire do modo reativo, de sobrevivência.
Qual profissional que já não jurou que ia manter a calma na próxima reunião e acaba perdendo as estribeiras, novamente, numa situação semelhante a anterior?
Precisamos, num primeiro momento, criar novas experiências, capazes de engajar vários sistemas cerebrais, a fim de aprender novas opções de ação para determinada situação que, apesar de vivida diversas vezes, em contextos diferentes, resulta sempre no mesmo comportamento.
Num segundo momento, precisamos tornar cada uma dessas novas possibilidades conhecidas o suficiente, quase automatizadas, para que possam fazer parte de um "menu" de alternativas possíveis de resposta para uma mesma situação.
O que fazemos com isso é ampliarmos o repertório de respostas, não via esforço racional (mente), que sabemos bem, num mo-

mento de *stress* não funciona, mas via criação de novas conexões neuronais que formam circuitos cerebrais mais eficientes, capazes de gerar várias respostas. E, então, uma vez que essas respostas já existem, o que fazemos é explorar o repertório e escolher qual comportamento será o melhor para todos os envolvidos.

Concluímos, então, que o cérebro, com seus circuitos neuronais, é o fator determinante nas nossas decisões, apesar de nossa pouca familiaridade com ele. Essa ideia contraria a nossa tendência natural de achar que quem ocupa esse papel são nossos pensamentos ou raciocínio lógico, porém estes também são frutos dessas mesmas conexões.

Nossa visão de mundo, crenças, preconceitos e paradigmas estão registrados, impressos mesmo em nossos cérebros e é por meio dessas conexões que respondemos ao mundo. E achamos que não... ainda somos reféns da visão cartesiana de mundo, onde a mente e seus pensamentos comandam nossos atos, que os aspectos físicos e materiais são servos da razão.

Essa mesma ciência, que deve muito ao cartesianismo, vem nos contar que as coisas não são bem assim. É chegado o momento de integrar. É preciso considerar também o aspecto físico, se quisermos tomar boas decisões.

Deixamos, assim, de simplesmente reagir e nos tornamos responsáveis por nossas ações, ou seja, pessoas mais hábeis em responder aos desafios do mundo contemporâneo.

Referências
COSENZA Ramon M. e GUERRA, Leonor B. *Neurociência e educação. Como o cérebro aprende*. Editora Artmed, 2011.
GAZZANIGA, Michael, IVRY, Richard e MANGUN, George. *Cognitive neuroscience*. Editora W.W. Norton & Company, Inc., 2014.
HOUZEL, Suzana Herculano. *O cérebro em transformação*. Editora Objetiva, 2005.
MATTHEWS, Eric. *Mente: conceitos-chave em filosofia*. Editora Artmed, 2007.
WILBER, Ken. *A união da alma e dos sentidos*. Editora Cultrix, 1998.

28

Eneagrama das personalidades

Saiba como pensam, sentem e agem as pessoas ao seu redor

Conforme me compreendo e aceito minha responsabilidade pela mudança de atitudes, percebo que, em cada característica negativa em mim e no outro, há uma oportunidade de ativar a virtude equivalente àquele defeito. Não mais se justificando; agindo com autorresiliência e amorosidade. Sua essência renascida revela felicidade, paz e satisfação pessoal religada à sua genuína realidade

Renato Bittencourt

Renato Bittencourt

Médico *expert* em eneagrama, psicologia transpessoal e comportamento humano. Autor do livro *Essência renascida - religue-se à sua genuína realidade*. Criador do programa Essência Renascida - ampliar níveis de consciência, desenvolvendo nossa espiritualidade comportamental - estruturado na qualidade de vida, na satisfação pessoal e no equilíbrio emocional por meio do *marketing* digital - no formato de artigos, *e-books* e livros; vídeos, palestras, treinamentos on-line e mentorias. Idealizou também o Projeto Reneagrama - após muitos anos de estudo comparativo das obras de vários autores do Brasil e do Mundo, como uma releitura de uma visão "Renata" do Eneagrama. Possui trinta anos de experiência em análise comportamental, espiritualidade e transformação pessoal.

Contatos
www.renato-biteca.com.br
contato@renato-biteca.com.br
Instagram: renatobitteca
Facebook: renatobiteca
Youtube: Renato Luiz Bittencourt Ferreira
linkedin.com/in/renato-bittencourt/
(81) 98174-7139

Este capítulo o estimulará a melhorar suas relações intrapessoais (consigo) e interpessoais (família, amigos e colegas de trabalho).

A ansiedade e a inquietude mental, decorrem da aspiração de se comunicar melhor, se fazer entender e captar o que motiva os pensamentos, sentimentos e atitudes das pessoas. Estamos sempre ávidos por métodos que: controlem os apegos, ajudem a falar em público, nos deem menos tempo de trabalho e mais com a família, afastem a irritação, assegurem bom sono, propiciem perder peso e tirem dores.

Esses pontos se relacionam como causa ou efeito um dos outros, pelo modo mecânico, automático, repetitivo e até subconsciente de nossos atos e hábitos cotidianos. Então, lhe peço agora: permita-se vivenciar sem medo, os sentimentos que não são perceptíveis em seu cotidiano, por estarem abafados e camuflados pelas couraças dos padrões e das defesas que criamos ao longo da vida.

O eneagrama é um mapa que nos ajuda a reconhecer cada uma das nove emoções: raiva, orgulho, vaidade, inveja, avareza, medo, gula, luxúria e indolência. Por essa leitura corporal das emoções, percebemos como nosso corpo adquiriu tal forma e jeitão, desde a vida intrauterina até hoje.

Sentimentos inconscientes de traição, abandono ou de não se sentir importante, construíram uma barreira ao redor da pureza e inocência da infância, gerando a crença de mecanismos de defesa.

Somos previsíveis nas atitudes. O eneagrama mostra os nove padrões de comportamento e como levamos a vida sem se questionar. Por exemplo, quanto tempo você se dedica à família? Filhos? Colegas de trabalho? Ou ainda, à sua própria transmutação pessoal?

O segredo é identificar o que motiva cada tipo do eneagrama e as defesas que criamos durante anos, escondendo o que somos em essência.

Qual a diferença entre vício e emoção? Tudo depende da dose. Em excesso, te sequestra e gera um vício. Em equilíbrio, o impulsiona e desperta a emoção. O corpo expressa as principais emoções de personalidade. No curso *on-line* do programa Essência Renascida, ensino a identificar o tipo/perfil de cada pessoa. Esse processo ocorre por meio da sua constituição física, visando alta performance pessoal e profissional.

Para alavancar o processo de autopercepção, analisaremos as principais características e o que fazer com cada uma delas:

Tipo 1: raiva/indignação
Radar: dever
Motivação: perfeição

Orienta-se para o que tem que ser feito, cumpre regras, tem senso prático apurado. Dicotômico, é oito ou oitenta, não tem meio termo. Exigente (consigo e com o outro), inflexível, rígido, metódico, crítico. Essa emoção se sustenta na rigidez/contração muscular - um cavalo de rédeas puxadas, bruxismo, dedo em riste. Faça meditação, yoga, pilates, homeopatia, florais, terapias transpessoais (flexibilidade, não julgamento, aceitação do jeito do outro, delegar tarefas, indignações).

Ao se deparar com alguém, fica depressivo, crítico, trágico. Seja direto e objetivo com ele, mostrando uma visão serena da realidade. Saiba você o que tem que ser feito. Seja sereno e tenha o estado de consciência que permite que todos os sentimentos venham e vão, sem julgamentos, proporcionando o sentimento de prazer e de aceitar o modo do outro.

Tipo 2: orgulho
Radar: necessidade do outro
motivação: ser querido

Sorriso estampado, cativante, empolgado e voluntarioso, tem um brilho no olhar. Seu assunto é sempre sobre pessoas; cinestésico, conhece todo mundo. Carismático, envolvente, percebe o estado emocional de todos, está sempre querendo ajudar e tomar partido. Tem a autoimagem engrandecida, acredita que não precisa de nada, quem precisa é o outro. Bloco superior, desenvolvido, ombro alto, peito estufado. Estrutura física mais delicada, com tendência a ser obeso, cheinho ou fofinho.

Para domar esse perfil, use técnicas meditativas, traga ao consciente a tendência invasiva de ser sempre solícito, autêntico e espontâneo, sem o medo de não ser amado. Pratique atividades mentais, leituras e exercícios de raciocínio lógico, além de exercícios aeróbicos para queimar as gordurinhas localizadas. Medite com foco em suas carências e limitações. Utilize técnicas para concentração, auxiliando na conexão entre o cérebro direito-emocional e esquerdo-racional.

Perante uma pessoa estressada que se sente desvalorizada, pouco querida, rejeitada, protelada ou postergada. Que fica teimosa, manipuladora e inconsequente. Agindo com agressividade, vingança e intolerância, "rodando a baiana", é necessário ter paciência e praticar algumas atitudes.

Peça-lhe auxílio, mostrando o quanto ela é importante; trate-a com jeitinho, "olho no olho", seja presente, peça e não mande. Tenha virtude, humildade e tranquilidade em reconhecer suas deficiências e carência de atenção e afeto.

Tipo 3: vaidade
Radar: sucesso
Motivação: admiração
Desde cedo aprendeu a fazer coisas para ser admirado, tornar-se o capitão, líder ou CDF.

Na fase adulta, substitui emoção por trabalho, *workaholic*. Passou a pensar que só teria sucesso com dinheiro. Possui controle dos sentimentos, máscaras sociais adaptadas à imagem idealizada por ele.

Mas, qual o real significado do sucesso? Ser humano ou fazer humano? Seja você, sem papéis. Se engajar no grupo sem ter que liderar. Nem tudo é meta/objetivo.

Trabalhe seu corpo em atividades de grupo, sem exibir performance. Contente-se em não fazer nada, desligue o celular quando estiver com a família, almoçando, dirigindo. É possível também que se sinta estressado por sensação ou situação de fracasso iminente. Sentir-se impotente ou sem desafios é como manter a "média", sem se destacar e ter admiração.

Nessa fase, é normal encontrar alguém com o desejo de ir para a caverna, procrastinar tudo, inseguro, com pouco senso de direção. Então, dê-lhe desafios, *feedback*, estimule-o a fazer ligação emocional com os projetos. Sinceridade, veracidade, é preciso que elimine o engodo e não aceite papéis incompatíveis com sua essência. Enfrente honestamente suas falhas e deficiências, admita que você não é a imagem idealizada e tenha uma interação emocional sem máscaras.

Tipo 4: inveja
Radar: para o que falta
Motivação: singularidade
Introspectivo, percebe o que sente, mas não se move em direção à mudança, gerando frustração, insatisfação e sensação de que sempre está faltando algo. Hipersensível, instável, encara tudo de forma profunda, com peso emocional. Demora para se livrar de mágoas, sofre de autopunição e vitimização. Desvaloriza o que tem, valoriza o que está fora. Cheio de resmungos, lamentações. Quer ser diferente em tudo, customiza suas coisas. Tem característica físicas e psicológicas típicas como: boca com os cantos puxados, sobrancelhas abaixadas (de quem comeu e não gostou), humor sarcástico, ironia, crítica mordaz.

É importante que você, que se enquadra nesse perfil, não se compare. Mova-se em direção ao que sente e pergunte-se: o que precisa ser feito? Tire o peso emocional e coloque racionalidade. Olhe para o que tem, seja diferente, faça yoga e meditação.

Em casos de stress com a rotina, não poder ser diferente sentir-se comum. É normal que surjam questões sobre o seu relacionamento com o próximo, do tipo: como você é tão insensível e não sabe o que ele(a) está sentindo?

Cinquenta chibatadas e guilhotina para você! Fica servil, vítima, incriminador, apegado.

Então, abaixe o tom de voz, não resolva as coisas para ele(a), incentive-o(a) a criar, não se identifique com suas queixas, ajude a encontrar o ponto de equilíbrio e agir.

Mantenha a equanimidade e o equilíbrio, se voltando para o racional, aceitando o comum e a rotina. Racionalize a instabilidade emocional sem culpa. Valorize o que tem de bom.

Tipo 5: avareza/retenção:

Radar: informação
Motivação: compreender

Emoções controladas, apatia e frieza. Racional, lógico, calculista, autodidata, sem expressão. Fechado em si mesmo, minimalista, descarta contato físico. Acredita que se é para perder, melhor não ter. É distante e arrogante.

Possui características típicas como: corpo esguio, andar sem peso, expressão congelada, olhar vazio, ostracismo-barriguinha, ombro caído, mente distante.

Para fugir disso, não controle as emoções, compartilhe conhecimento, não se afaste. Expresse com o olhar e com sorriso. Abrace! Adquira massa muscular torácica, abdominal, coxas e panturrilhas. Meditação de conexão com o corpo.

Deixe de lado o stress por não ser livre, ou ter que decidir na hora. Quando você é intransigente e não compreende o próximo, torna-se superficial, fantasioso e eremita.

Então, não tente convencê-lo, apenas dê informações. Dê-lhe tempo, evite contato físico, jamais visite seu castelo sem ser convidado. Estimule-o para ação e amorosidade.

Desapegue e passe a se basear nos instintos/*insights*. Não reprima; não retenha sentimentos. Fale claramente, nada de meias palavras. Socialize-se!

Tipo 6: medo
Radar: risco
Motivação: segurança
Questionador, filósofo, afável, fiel. Metódico, apegado a regras, valores, controle. Sargentão, cheio de ansiedade, antecipação, culpa, inquietude mental, tensão, hipervigilante. Possui dúvida, incerteza, olhar ansioso, desconfiado, pronto para o ataque, tem pavio curto, é forte e troncudo.

Reflita sobre questões do tipo: esse medo é real? O que pode dar errado? Confie e aceite o jeito do outro. Desapegue-se do apego. Flagre-se maquinando o tempo todo, medite, perceba as tensões no seu corpo e relaxe. Nada de hipertrofia, alongue, faça yoga, pilates.

Ao sentir ameaça e risco, se não cumprem a promessa ou se atrasam, se não sente clareza na comunicação. O próximo pode se tornar argumentador e crítico. Não aceitar goela abaixo.

Então, passe segurança a ele, não generalize, seja claro e específico, olho no olho para se sentir seguro. Avise com antecedência.

Tenha coragem interna para confiar em si mesmo, decidir com o sentir e não com o pensar. Quem acha que não pode ter medo, está sempre com medo.

Tipo 7: gula
Radar: prazer
Motivação: satisfação
Cheio de ideias, muita iniciativa e pouco foco. Livre, rebelde, improvisador, bagre ensaboado, piadista, conversador, jovial, espontâneo, otimista. Sempre nega o medo e a dor pela busca do prazer. Quer variedade de estímulos e sensações.

Almeje mudanças e termine tudo que começa, saia da embriaguez mental e dê foco, enraíze-se emocionalmente, a longo prazo. Encare a dor com maturidade. Pratique natação, yoga, *tai-chi*, meditação, tudo que lhe dê foco no agora.

Não se estresse com pessoas inflexíveis, de rotinas metódicas, não se preocupe em cumprir horários; perder a liberdade, se adequar, limitar os estímulos, se irritar, ser teimoso, intransigente, distante. Não bote peso demais em seus ombros! Estimule sua criatividade com sobriedade. Desacelere. O que realmente faz sentido? Desenvolva frugalidade (contente-se). Medite sobre a superficialidade e compulsão/gula pela variedade.

Tipo 8: luxúria
Radar: poder
Motivação: respeito

Rolo compressor, ditador, justiceiro, dominador, exagerado, lascivo, tudo *over*. Tem fome de viver intensamente. Arrogante, rude, ofensivo, intimidador. Humilha, explora, é insensível e fanfarrão. Possui características físicas e psicológicas como: tronco e caixa torácica desenvolvidos, potência na voz, não demonstra tensão.

É necessário que você passe a perceber-se como intimidador e sinta dentro de ti a criança inocente. Apesar da casca grossa, procure sentir sem necessitar de estímulos tão fortes. Meditação, alongamentos, dança (molejo), natação, massagem (se soltar e confiar).

Baixe a guarda, se submeta, sinta-se traído, perca o controle, fique quieto, vá para a caverna. Seja analítico, intelectual e maquiavélico para contra-atacar. Traga o outro de volta não fazendo melodrama. Mostre soluções, negociação ganha-ganha, não imponha nada. Seja assertivo com o próximo sem agressividade. Seja inocente, veja e não julgue. Sinta compaixão, compartilhe sua força sem oprimir ou intimidar. Deixe-se influenciar, sinta-se seguro, medite entregando-se e se flexibilizando.

Tipo 9: indolência
Radar: paz
Motivação: tranquilidade

A única saída dessa criança foi render-se às circunstâncias, anestesiando seu querer. Flexível como água, pega o ritmo do outro, foge do conflito, não se posiciona. Resignada, jovial, amigável, extrovertida, faz piada de si mesma, bonachona. Engolidora de sapo, tanto faz, qualquer um está bom, empurra com a barriga. É característica por ter face de paisagem, peito para trás, barriga para frente, pés abertos, ou tendência à obesidade.

Posicione-se, sem medo de rejeição. Seja autêntico, medite caminhando, o que você mais procrastina? Saiba lidar com alguém, que quando é forçado a decidir a conflitos ou ter que agir, fica empacado, apegado, inflexível, resistente. Tenha paciência, não o force; não decida por ele. Ouça-o e não o pressione, apenas dê carinho.

Aja de forma correta e reflita sobre o sentido do seu Querer. Se envolva com a própria ação para se posicionar e ser autêntico.

Ao se compreender e estar consciente de como as pessoas pensam, sentem, agem e reagem. Procurar, com afeto, mostrar-lhes formas alternativas e menos estressantes de encarar a realidade. Ajudá-las, a diminuir o grau de compulsão do seu vício emociona, estimulando-as a acessar sua essência renascida, ambos ampliarão seus níveis de consciência.

29

Autoconhecimento, liderança e missão

Ao procurar a definição para a palavra liderança, podemos encontrar diversas explicações, teorias e significados explicitados por gênios da administração. Após alguns estudos, é possível concluir que, resumidamente, a liderança se define nos atos de influenciar pessoas, em prol de um ou mais objetivos. Além de estar presente no desenvolver de novos líderes com o mesmo perfil. Porém, só pode liderar com excelência quem possui o autoconhecimento

Robson L. Silva

Robson L. Silva

Professor acadêmico, gerente de RH, *life & business coach*, escritor e palestrante. Superior em Processos Gerenciais, MBA em Gestão de Pessoas e *coach* para líderes.

Contatos
www.robsonsilvacoach.com
www.palestrantesdobrasil.com
robson@robsonsilvacoach.com
robson.coachrs@gmail.com
Instagram: robsoncoach.rs
LinkedIn: https://www.linkedin.com/in/robson-l-silva-78a03771/
(51) 99240-2626

Autoliderança
Somando a arte com a escolha

O ato de liderar exige uma arte que poucos possuem e o fato de se autoconhecer, exige uma escolha que pode parecer ser fácil, mas no fundo é bem difícil. Somando uma arte quase extinta, com uma escolha um tanto que rara, nos deparamos com um produto praticamente escasso. A autoliderança não é para todos, embora seja recomendada sem contraindicações.

Quem não possui as rédeas da própria vida é levado por outros, não sabe de suas forças, nem de suas limitações a serem desenvolvidas.

Quando o indivíduo permite uma liderança integral sobre si, ele acaba tendo dificuldades de dizer "não" em situações decisivas de sua vida. E, por fim, não vive o que a vida reservou.

Podemos afirmar que mais de 90% das pessoas permitem ser lideradas por políticos, mestres espirituais, familiares, situações transitórias, enfim, por tudo que pode ser permanente ou passageiro.

Ser liderado não é ruim, é recomendável que todos tenhamos líderes nas diversas áreas de nossas vidas, mas não podemos nos entregar a uma única liderança sem nos conhecermos bem. Precisamos conhecer nossas limitações e nossos potenciais para conquistar escolhas mais assertivas.

Veja algumas situações:
- Você: o líder máximo na vida, o único capaz de escolher os demais líderes de acordo com suas necessidades e se assim for preciso.
- *Personal trainer*: uma liderança apta a auxiliar na saúde física do corpo, um perito em boa forma com conhecimento para tratar de um aspecto da vida;
- Líder religioso: uma liderança capaz de orientar espiritualmente áreas importantes da vida de um indivíduo, de acordo com sua crença.

- Pais: são os primeiros líderes que conhecemos. As desavenças se iniciam na época em que estamos tomando (inconscientemente) o posto dessa liderança. Eles possuem um papel fundamental, pois não são escolhidos inicialmente, e são quem definem as escolhas dos demais líderes. Não desvincular essa liderança, também é prejudicial.
- Gerente: na área profissional, por questões de cargos, escolhas ou por empatia. Um encarregado de setor é um exemplo de líder imposto, um colega de trabalho representa a situação de escolha, e um profissional de outra área pode ser alguém admirável e seguido.
- Professor: mestre do conhecimento que certamente possui perícia na área em que está lecionando.
- *Coach*: uma liderança temporária que pode orientar por um período e que deve ser escolhido com cuidado.
- Treinador: líder esportivo com a capacidade técnica para desenvolver habilidades já conhecidas pelo indivíduo.
- Amigos: podem ser líderes discretos que influenciam sem que percebamos. Daí o ditado: "diga-me com quem andas e te direi quem és". Pois pela empatia, aproximam e por exemplos, podem impactar vidas.
- Ídolos: pessoas públicas, normalmente, com poder de influência sobre os fãs que passam a fazer escolhas de acordo com os gostos da figura admirada.

Primeiros passos

Para que a autoliderança ocorra, primeiro precisamos do autoconhecimento, vejamos um pouco mais:

O que é autoliderança?

A capacidade de fazer escolhas para si, se automotivar e direcionar as energias para o que realmente importa no seu atual momento. Ter o controle da própria vida e dominar suas emoções e sentimentos, sem permitir que fatores externos interfiram em seus objetivos, trazendo prejuízos a si.

O que é autoconhecimento?

A técnica de saber quem realmente é não é uma tarefa fácil, pois apesar de parecer algo simples, nem todos buscam esse saber. Podemos encontrar o verdadeiro "EU", por meio de ferramentas, medidas e ações como: análise *swot*, Janela de Johari, roda da vida, entre outras.

A autoliderança necessita do autoconhecimento para ser eficaz, enquanto o autoconhecimento se torna inútil ao não ser utilizado no autogerenciamento. Todos temos acesso, de uma forma ou de outra, a essas capacidades que nos trazem equilíbrio emocional, sentimental, espiritual e que podem estabilizar toda nossa vida. O ideal é que, ao se conseguir esse conhecimento, a liderança seja instantânea a fim de ser aplicada em todos os campos da vida do indivíduo. Não podemos esquecer que o conhecimento sem aplicação se torna ineficaz e se iguala ao não saber. Quanto antes aprendermos a nos conhecer, mais cedo iremos ter a capacidade de nos liderar e também de impactar outras vidas com eficácia e eficiência. Algumas técnicas, tanto de conhecimento quanto de liderança, podem ser encontradas na internet, outras com profissionais habilitados, algumas já se aprendem em casa ou nas escolas. Caso não tenhamos um entendimento mais claro do assunto, a melhor forma é buscar ajuda profissional e realizar estudos sobre tal área de interesse. É fundamental se conhecer bem, até mesmo para que possamos ter um bom relacionamento interpessoal. É preciso entender os seus traços de comportamento, como você lida com as diferenças. Esse conhecimento ajuda a aprimorar suas conexões e traçar estratégias para melhorar sua comunicação.

Desenvolvendo
Augusto Cury costuma nos indicar a mesa redonda do eu. Aqui vamos indicar um momento para que você passe consigo mesmo, escreva seus pontos fortes e seus pontos fracos, faça perguntas a si mesmo, anote, registre as perguntas e suas respostas. Quais pontos você realmente gostaria de melhorar e por quê? O que gostaria de desenvolver como competência? Reveja suas atitudes, hábitos e medos, depois justifique cada resposta, a fim de embasar e motivar o que estiver descrevendo.

O relacionamento intrapessoal é importante, pois é quem irá definir seu sucesso ou fracasso e refletir seu interior e a relação que possui consigo mesmo. Além disso, traz conhecimento sobre si, controle emocional, autoestima, autoafirmação e segurança em você mesmo.

O quanto você se conhece?

O que você quer?

O que você precisa?

Quais são seus planos?

Quais seus sonhos?

Você pretende fazer o que faz por toda sua vida?

Quem é você?

Você consegue responder a todas essas perguntas?

Se você não conseguiu, pergunte novamente: o quanto você se conhece?

Comece a trabalhar e se autoconhecer, pense nas respostas, pois somos o que pensamos, e o que pensamos gera energia, o pensamento influencia nossas verdades dentro do que sabemos. Na comunicação com as demais pessoas, mesmo que não verbalmente, refletimos nosso interior e, muitas vezes, nem percebemos.

"Penso, logo existo."
Deixo essa frase para que possamos refletir!

Questões diárias

Para que as rédeas da própria vida estejam em suas mãos é preciso criar um *mindset* novo e desenvolver hábitos saudáveis. Para isso, iniciamos com algumas questões simples, introduzindo hábitos diários em nossa rotina como responder e registrar as seguintes situações:

Por qual motivo posso agradecer ter vivido o dia de hoje e por quê?

A quem eu poderia agradecer hoje por ter de alguma forma, impactado minha vida? Por quê?

O que eu mudaria ou faria diferente no dia de hoje? Por quê?

Nesse dia, seria válido me desculpar por qual situação? Por quê?

O que e como posso fazer hoje para impactar a vida de alguém?

Como e quem posso surpreender positivamente hoje?

Quais são minhas forças potenciais e dons?

Quais pontos quero desenvolver em minha vida?

Respondendo diariamente essas questões, com compromisso e sinceridade, a criação de um novo *mindset*, a evolução no conhecimento do eu e, a liderança da própria vida, começam a se tornar notáveis em pouco tempo.

A implantação desse hábito não é algo fácil e simples, pois o poder se torna repetitivo e até mecânico, mas o resultado vale muito a pena. Com esse hábito, fica muito mais fácil responder a uma questão que também parece ser simples de ser sanada. Porém, na prática percebemos algumas dificuldades para que a resposta seja evidenciada de acordo com a realidade.

Qual sua missão de vida?
Possuir uma missão na vida é como ter uma bússola, um alvo, um motivo. Essa questão é tão séria que muitas pessoas passam a vida tentando encontrar e nunca conseguem, outras a encontram e ignoram e poucas vivem plenamente com um propósito em mente. Costumo questionar as pessoas sobre a seguinte situação: convido você a passar 30 dias sem ingerir nada de sal, nada de açúcar, nada de carne e nenhuma bebida além de água. Aceita?

Normalmente, as pessoas respondem que não e confessam não entender a questão. Mas, ao adicionar uma frase ao final que representa o objetivo, o propósito, a missão, geralmente a resposta muda: pois nesse caso, no 31º dia, se houvesse sucesso, você ganharia um bilhão de dólares, aceita agora?

A missão de vida é o motivo de fazer o que se faz, passar pelo que passa, aceitar uma situação temporária que não queremos. É o objetivo final, a última resposta em uma série de porquês. Nossa missão é pautada e norteada pelos valores que cada pessoa possui. Para que se possa tornar líder da própria vida, é preciso se conhecer bem e para se autoconhecer é necessário saber qual a sua missão de vida. Quando existe a dificuldade de encontrar essa reposta, algumas perguntas corretas, podem ajudar a solucionar essa questão, desde que essas respostas sejam sinceras.

Então, você já sabe qual a sua missão de vida?
Sua missão é o que vai lhe dar motivação a continuar quando as coisas ficarem mais difíceis. Várias situações podem motivar o ser

humano, mas as motivações ligadas à missão de vida é que possuem o real poder de impulsionar rumo ao resultado almejado. No exemplo anterior, muitas pessoas são motivadas e alertadas quanto ao risco do álcool e, mesmo assim, continuam utilizando.

Mas, afinal, quando a motivação é financeira a figura muda, existem pessoas que, mesmo com a oferta de barras de ouro, não se dobram pelo cuidado com a saúde e pelo respeito à vida. Por que isso? Por que essa diferença? A missão de vida de cada um, ainda que não seja evidente aos olhos ou que não seja clara aos indivíduos, deve ser utilizada na autogestão, para que os caminhos ofertados nessa jornada sejam mais prazerosos e proveitosos.

Se uma boa xícara de café o motiva a iniciar aquele dia de trabalho, aproveite, motive-se! Ninguém possui o poder de motivar ninguém, só quem pode provocar a motivação é o próprio indivíduo. Usamos a comparação do termômetro que é influenciado pelo ambiente e o termostato que é quem influencia a temperatura do ambiente em que se está.

Assim é com a pessoas motivadas que não se deixam comparar com os termômetros, por isso o ambiente não regula sua temperatura ou motivação. Se permitem ser termostatos, os quais são reguladores de temperaturas e influenciam a motivação dos que o cercam. Busque motivar a si mesmo e não dependa que isso venha dos outros, foco na missão ajuda nessa tarefa.

"Banho e motivação são necessidades diárias."

Liderar

A vida acontece independentemente de onde estivermos ou de que papel estamos desempenhando. Podemos ser massa de manobra de líderes sem valores, ser conduzidos por peritos sérios e dedicados, ser o principal líder de nossas próprias vidas ou até mesmo escolher líderes de determinados assuntos pessoais. Minha dica para você é: lidere-se!

30

Liderança sustentável

Neste capítulo veremos uma abordagem sobre liderança sustentável voltada aos CEOs, diretores, coordenadores, chefes e outros, levando o leitor em busca de reflexões de seus desafios neste novo tempo. Daremos ênfase ao nível de consciência responsável dos líderes diante do uso dos recursos naturais e o bem-estar das pessoas em meio ao constante desenvolvimento tecnológico

Roseli Capudi

Roseli Capudi

Empresária, consultora e palestrante. Atuou por mais de 30 anos na liderança de empresas de pequeno, médio e grande porte em educação, saúde, comércio, alimentação, turismo e hotelaria. Como diretora regional do SESI e gerente de unidades no PR e SC liderou equipes de diversos segmentos. Foi diretora geral da Rede CHA Hotéis. Atuou como secretária de turismo de Bombinhas/SC. Foi presidente da Instância de Turismo da região Costa Verde e Mar/SC. Como empresária na hotelaria, recebeu o Prêmio Nacional de Hotel Sustentável-Guia Quatro Rodas 2010. Experiência em Inclusão da Pessoa com Deficiência no trabalho. Vivência em processos de Certificação de Qualidade. Ministra cursos e palestras. Consultora líder e fundadora da Ponto de Apoio Consultoria em Gestão Empresarial. Bacharel em Administração de Empresas – Univali. MBA-Especialização em *Marketing* pela FGV. Formação em *Coaching* Executivo – Unindus. Formação em Responsabilidade Social Empresarial e Projetos Sociais pela COPPE/UFRJ.

Contatos
contato@roselicapudi.com.br
(47) 99133-8504

No momento atual, as organizações estão cada vez mais prementes e atentas ao mercado em busca de novas tecnologias. Nesse processo estão os líderes formais, que são conduzidos ao cargo e que precisam estar alinhados com os propósitos da organização rumo a melhores resultados. Você como líder está se preparando ou percebendo suas limitações para acompanhar este movimento? Que impactos as empresas exponenciais estão causando nas pessoas e no meio ambiente? Qual seu papel em meio a tudo isso?

Lembremos que o verdadeiro líder é aquele que sabe identificar pessoas certas e conduzi-las aos lugares certos. Esse reconhecimento passa pela capacidade de atenção às pessoas.

Diante desta premissa, falarei da liderança sustentável como vínculo da consciência responsável. O líder pode escolher entre alternativas de ação, portanto, a responsabilidade dele é complementar a liberdade de escolhas. Os atos podem interferir na condição de vida dos ecossistemas e as pessoas são as mais impactadas diretamente.

Numa empresa, a definição de diretrizes sustentáveis eleva o nível competitivo. Para esclarecer, vamos entender o que é um negócio sustentável e responsável.

> É a atividade econômica orientada para geração de valor econômico-financeiro, ético, social e ambiental, cujos resultados são compartilhados com os públicos afetados. Sua produção e comercialização são organizadas de modo a reduzir continuamente o consumo de bens naturais e de serviços ecossistêmicos, a conferir competitividade a continuidade da própria atividade e a promover e manter o desenvolvimento sustentável da sociedade. (Instituto Ethos 2018)

Cada vez mais, o novo líder deve estar envolvido com todas as ações da organização e seus impactos. Deve desenvolver uma visão holística voltada à gestão dos negócios sustentáveis numa modelagem pautada nas bases do tripé da sustentabilidade, o chamado *triple bottom line*. Ou seja, que demonstrem a integração das dimensões econômica, social, ambiental agregando também a dimensão ética.

O líder guia pessoas e todos os atos dessas pessoas interferem na organização e em seus *stakeholders*. Dessa forma, propagar a consciência responsável junto aos seus liderados é um dos grandes desafios dos líderes em negócios sustentáveis. Perceber essa gestão como oportunidade inovadora de transformação é fundamental. Uma liderança sustentável perpassa pelo respeito às pessoas, ao equilíbrio econômico e ao meio ambiente. Sem essa base, as ações gerenciais não se fundamentam e a liderança se enfraquece.

Respeito às pessoas. O capital humano é o maior ativo de uma organização. Um gestor em cargo de liderança deve respeitar todos os *stakeholders* com os quais se relaciona. Ter a consciência responsável que tudo o que a empresa faz impacta nas pessoas. Sem respeito por elas não se constroem relacionamentos duradouros. Valorizar o tempo de dedicação e o talento dos indivíduos em prol da organização é base para criar equipes brilhantes. Encontrar os melhores talentos e reconhecer a magnitude desse capital humano vai além de uma boa administração. Como diz Mário Sérgio Cortella, "um líder corrige sem ofender e orienta sem humilhar". Mas, como fazer isso? Olhar cada indivíduo, conhecer suas histórias de vida, suas realidades e seus propósitos vai ajudar muito nessas descobertas.

Equilíbrio econômico. Cada ação leva a um resultado diferente e o líder é o fio condutor rumo às realizações. Alocar os recursos da empresa com responsabilidade é fundamental para uma liderança equilibrada. O empenho de cada um nos controles e processos é a base singular para qualquer negócio. O comprometimento das pessoas cria motivação e eficiência, que juntas concebem produtos inovadores e de melhor qualidade. A administração adequada do tempo também é um dos pilares para o resultado global, pois o tempo perdido em reuniões intermináveis sem foco e objetivos práticos é perda de dinheiro e pode impactar na produção e desmotivar talentos.

Respeito ao meio ambiente. Uma empresa de produtos ou serviços gera impactos no meio ambiente. O papel do líder na condução de uma organização rumo à sustentabilidade consiste em observar os impactos e desenvolver estratégias para minimizá-los – faz parte de uma gestão responsável. As pessoas devem desenvolver tal preocupação em todos os aspectos da produção, desde a escolha de uma tinta, escolha de fornecedores responsáveis, aquisição de produtos legais, até o escoamento do esgoto. Um líder sustentável deve agir com segurança e conquistar o engajamento das pessoas por sua convicção e pelo exemplo. Um líder é observado dentro e fora da empresa. Portanto, adotar boas práticas de respeito ao meio ambiente vai além das diretrizes organizacionais.

Buscar conhecimento. Todo profissional tem o desafio constante de se aprimorar. Para um líder é fundamental e requer muita disciplina. Uma boa gestão gera constante aprendizado e conhecer muito bem os processos é fundamental. Empresas exponenciais estão buscando pessoas exponenciais - abertas a novas descobertas e ao crescimento.

Um líder pode ser reconhecido por suas habilidades de contribuição e envolvimento. Sem conhecimento de causa, ele vira refém do desconhecido e suas opiniões são vazias. Tendo humildade ele reconhece o que não sabe e busca aprender.

Em minha trajetória de liderança, busquei conhecer processos e ferramentas que me dessem embasamento técnico para buscar meios de enfrentar desafios na condução de equipes de vários níveis. Estudei por dois anos técnicas de *coaching* para executivos com o intuito de me preparar melhor e poder conduzir minhas equipes com mais segurança.

Equilíbrio emocional - Liderança antifrágil. A rotina de um profissional em situação de liderança passa pelo enfrentamento de problemas quase que diariamente. O que faz um líder ser forte ou fraco é a forma de como enfrenta os problemas. Um líder pode ser considerado antifrágil quando melhora seu desempenho diante de situações inesperadas e desafiadoras. Ele melhora ainda mais sua performance diante dos enfrentamentos. Segundo Nassim Nicholas Taled, criador do conceito de líder antifrágil, é aquele oposto de frágil e melhora as coisas com o caos. (Revista HSM – 2018). Portanto, neste contexto, o líder deve ter um perfil resiliente de controle, quase sangue frio para liderar em condições muito adversas. Neste ambiente, o equilíbrio predominante no estado de liderança é fundamental.

Atenção aos detalhes, o vidro tem dois lados. O primeiro passo diante de um problema é estar acessível para "abrir a caixa" e entender as suas verdadeiras causas. Fazer as perguntas certas conduz à busca das razões reais.

Com a alta rotatividade de funcionários nas empresas, é comum ouvir que pessoas não querem trabalhar e não produzem como deveriam. De quem é a culpa, do funcionário ou do líder? E, por que o funcionário não está produzindo como deveria? Quando questionamos, precisamos buscar as respostas certas e aí podemos entender onde está o foco do problema, se no funcionário ou na nossa comunicação com ele.

Trago a vocês o *case* de Vera (nome fictício), que veio do Maranhão, contratada para fazer a limpeza do hotel logo que chegou à cidade. Os colegas diziam que ela fazia corpo mole, que não limpava direito. Sua supervisora orientou sobre os produtos, explicou como usá-los e a encaminhou para as tarefas de limpeza geral. Porém, nada ficava bem feito. O caminho natural seria a demissão, segundo a supervisora. Mas, algo me intrigou e minha intuição me levou a conversar diretamente com Vera para conhecê-la um pouco mais. Perguntei se não estava gostando de trabalhar conosco e do motivo de suas tarefas não estarem bem feitas. Ela respondeu que estava muito feliz por estar trabalhando ali, e que estava fazendo as tarefas, mas não entendia o que realmente estava errado.

Diante disso, fomos até um vidro sujo e com a supervisora, expliquei como limpar, mostrando a técnica e uso do produto, pedi para que Vera o limpasse. Ela fez e logo me chamou para ver o resultado. Verifiquei que ainda estava sujo e percebi que só foi limpo de um lado. Intrigada, perguntei a ela por que limpou somente um lado. Para minha surpresa ela respondeu que ninguém lhe disse que devia ser limpo dos dois lados. Parece brincadeira, mas isso foi real. Eu fiquei pensativa por uns instantes, imaginando o que se passava na cabeça dela e percebi que era pura demais para se passar por preguiçosa.

Eu precisava entender e conhecer mais sua história. Pedi para passar um pano úmido no chão. Com as mãos ela se abaixou para passar de joelhos. Não sabia prendê-lo no rodo nem limpar os cantos. Então, fui mais a fundo para entender o porquê. Ela morava no interior do Maranhão, numa casa de taipa, sem piso. Lá as pessoas não passavam pano úmido no chão batido, muito menos com rodo. As janelas eram de tábuas sem vidros, as paredes eram de barro.

Enfim, ela não sabia fazer porque sua realidade era outra. Depois da conversa, entendi que a causa do problema era a falta de comunicação na mesma linguagem do outro. Faltava conhecimento das tarefas – ninguém tem obrigação de nascer sabendo. Explicação não significa entendimento. A forma de comunicação com Vera seria diferente. Ela era inteligente, com um talento escondido e precisava da nossa ajuda para aprender tudo o que não sabia de fato. Foi feito um treinamento minucioso e tudo o que era ensinado adequadamente ela aprendia e com alta produtividade.

Vera foi a melhor camareira que tivemos e ficou por cinco anos na empresa. Saiu para casar e morar em outra cidade. Aí lhe pergunto meu caro líder, Vera estava fazendo corpo mole nas tarefas, ou realmente não sabia por que nunca aprendeu? Conhecer as pessoas e seus talentos e saber como se comunicar com elas e alocá-las na função certa é uma das chaves da liderança.

O diferencial que virou destaque. Uma boa gestão se faz com objetivos claros. Os planos e metas devem estar alinhados com os valores organizacionais e estes alinhados com os valores pessoais dos indivíduos. Um líder não atua sozinho. E para conseguir este alinhamento ele precisa criar uma equipe coesa e afinada com os mesmos propósitos.

Desde a concepção da construção do nosso hotel, há 15 anos, quando ainda não se falava muito em gestão sustentável, nós já tínhamos a preocupação em ter um negócio sustentável e, assim, todos os detalhes foram pensados com esse propósito. Desde a fundação, tudo foi pensado em seus impactos. Captação da água de chuva, energia solar, compostagem com lixo orgânico, permeabilidade do solo, artesanato local, jardim, separação do lixo etc. Além do envolvimento com a comunidade, palestras nas escolas, envolvimento no trade turístico, enfim, muitas atividades!

As ações devem ter um propósito. A gestão sustentável neste *case* foi por meio da liderança baseada no tripé da sustentabilidade. Os colaboradores que seguiram a linha mestra foram preparados e desenvolvidos para avançarem no caminho escolhido e, assim, também se beneficiarem com o projeto, levando conhecimentos para seus lares e seus pares. Quando as pessoas sabem os porquês das suas ações tudo fica mais fácil – existe crença e envolvimento mútuo.

Após alguns anos na condução dos planos estratégicos voltados para uma gestão mais sustentável, nosso hotel foi destaque a nível nacional com o Prêmio Melhor Hotel Sustentável do Brasil em 2010 pelo Guia Quatro Rodas. Uma surpresa e satisfação de todos nós pelo reconhecimento nacional do nosso pequeno hotel em meio a milhares no Brasil. Isso prova que não importa o tamanho da empresa, ela precisa ter planos consistentes e uma equipe de valor que faça acontecer. Este prêmio nos trouxe notoriedade nacional e melhorou consideravelmente a performance econômica do empreendimento. Portanto, bons resultados são frutos do esforço conjunto movido pelas crenças e objetivos comuns entre líder e seus times.

Podemos concluir que liderança sustentável está no respeito pela história das pessoas e pelos impactos no seu futuro. Está na ousadia, no correr risco, na intuição, na visão holística, no controle emocional. Está na quebra de paradigmas, na inclusão das pessoas, no respeito mútuo, na diversidade, na resiliência, na entrega, no ser ético, no servir, na inovação dos processos, no tripé sustentável e na consciência responsável.

Voltar no tempo não é mais possível. Temos que olhar para frente e ver o mundo dos negócios como oportunidades de exercer nosso papel de cidadão responsável. Portanto, manter o equilíbrio de uma organização é um desafio constante que requer além do conhecimento técnico, uma construção de respeito e confiança com todos os atores envolvidos.

Referências
Gestão de serviços, FGV Editora, 2007.
MALONE,M. S., ISMAIL,S. e GEEST,Y. V. *Organizações exponenciais*, Hsm do Brasil, 2015.
MANKINS, M., GARTON, E.. *Tempo talento energia*, Novo Século Editora, 2017. Disponível em: <https://www3.ethos.org.br/>, acesso em 2 de jul. de 2018.
Prêmio HSM Management de Liderança, Revista HSM, 2018. Disponível em: <http://www.revistahsm.com.br>. Acesso em 29 de jun. de 2018.

31

A hora da liderança servidora

É no cenário de um mundo volátil, complexo e ambíguo que cresce a importância do líder servidor. É ele que tem como papel principal formar equipes fortes e coesas, onde a confiança e a cooperação são mais importantes do que os interesses individuais, para se atingir resultados extraordinários e consistentes

Sérgio Braga

Sérgio Braga

Sócio e empresário de James Hunter, autor do *best-seller O monge e o executivo*. É treinador e CEO nas áreas de treinamento e desenvolvimento pessoal. Administrador, com pós-graduação em *Marketing* pela ESPM e MBA Executivo Internacional pela FIA/USP (onde foi vice-presidente da Alumni). Com mais de 30 anos de experiência profissional, atuou como executivo em empresas de grande porte, incluindo Katun/Xerox e Cap Gemini/CPM. É professor convidado na disciplina de Liderança nos cursos de MBA da PUC-RS e nos treinamentos corporativos da FGV. Dentro do seu processo de desenvolvimento contínuo, participou recentemente dos cursos de educação executiva da Harvard University, MIT, Disney Institute e Tony Robbins.

Contatos
www.jameshunter.com.br
sergio@jameshunter.com.br
(11) 99991-5011

Nos dias atuais, muito tem se falado sobre liderança. Vários MBAS e treinamentos de liderança continuam a melhorar os seus currículos. As mudanças do mundo são tão profundas, que podemos afirmar que nunca houve um momento tão promissor ou perigoso na nossa história. Se por um lado há uma profunda incerteza que rodeia as nossas vidas, por outro, torna-se mais importante trabalharmos em conjunto. O conhecimento compartilhado passa a ser especialmente decisivo para moldarmos um futuro coletivo que reflete valores e objetivos comuns.

Mas, será que estamos preparados adequadamente para as turbulências e volatilidades do mundo atual? Estamos desenvolvendo o modelo certo de líder para um futuro complexo e cheio de incertezas?

O foco de liderança precisa ser mudado de processo e resultado de curto prazo para as pessoas e o futuro. O novo desafio para a educação envolve a tríade:

1. Como desenvolver os colaboradores para liberar o seu potencial?

2. Como criar um ambiente de trabalho positivo que irá atrair e reter os melhores?

3. Como estimular as inovações e a tomada de riscos para se adaptar a um futuro incerto?

Novas competências são exigidas para desenvolver e gerenciar o capital emocional, social e espiritual. Com isso, novos tipos de líderes são necessários para criar um novo futuro.

Hoje, uma quantidade enorme de recursos valiosos são desperdiçados a cada dia por problemas com pessoas. Muitos CEOs gastam a maior parte de seu tempo apagando incêndios. Jack Welch, considerado o executivo do século, concluiu que liderança é 75% sobre pessoas e 25% sobre os outros recursos. Assim, a fraqueza mais comum entre os líderes e gerentes é a sinabilidade para trabalhar com pessoas.

Um líder eficiente é aquele desenvolveu as habilidades e as qualidades morais que o capacitaram a inspirar e influenciar um grupo de pessoas. Temos o poder de persuadir diariamente, portanto, as perguntas que devem ser feitas são: você é um líder? Se sim, você é eficiente?

De acordo com Abraham Lincoln, a maior habilidade de um líder é desenvolver habilidades extraordinárias em pessoas comuns. Será que seus familiares, colegas, vizinhos ou quaisquer outros grupos estão felizes com a sua presença?

Ser um líder servidor significa identificar e atender as necessidades dos demais. Não se trata de ser um escravo e fazer tudo o que os outros querem, mas de fazer aquilo que as pessoas realmente precisam.

É ter respeito e apreço pelas pessoas, prestar atenção ao que dizem, mostrar disponibilidade.

De maneira resumida, é abraçar os outros quando necessitarem de um abraço e repreendê-las quando precisarem ser repreendidas.

A liderança é uma questão de gostar de pessoas de verdade, identificando e satisfazendo suas necessidades legítimas. É se doar para ajudar os demais a alcançarem o melhor. O teste definitivo da liderança é saber se, depois de algum tempo sob o comando de um líder, as pessoas saem da experiência melhores do que eram anteriormente.

Estou convencido de que o sucesso da obra *O monge e o executivo*, do meu mentor, líder inspirador e parceiro James Hunter, demonstra claramente que os brasileiros, hoje mais do que nunca, querem mais de seus líderes. Mesmo depois de 13 anos após o lançamento no Brasil, com quatro milhões de cópias vendidas, o livro é encontrado em qualquer livraria e ainda vende como um lançamento. Nos EUA, foi lançado há mais de 20 anos e nunca vendeu tanto como no ano passado.

O líder à moda antiga, que dita ordens e usa o poder para obter resultados, está se tornando uma figura obsoleta, um dinossauro. Os líderes que não estiverem atentos a isso, que não se dispuserem a mudar, amadurecer e se atualizar com a mudanças em curso no mundo todo, estarão se prejudicando e poderão estar colocando as organizações em risco.

Gandhi nos afirmou que é preciso que você se torne a mudança que deseja ver no mundo. E qual são as principais habilidades comportamentais (*soft skills*), mais importantes para o sucesso neste novo mundo?

1. **Orientação para servir:**
Esta orientação é fundamental para o sucesso, sobretudo em trabalhos em que se lida diretamente com clientes. A habilidade é imprescindível para o ingresso em organizações onde a cultura preza realmente pelo foco nos clientes e nos colaboradores.

2. **Pensamento analítico/crítico:**
É a capacidade de questionar as tomadas de decisões e as suas repercussões. Na era da inteligência artificial, onde as máquinas já estão fazendo boa parte do trabalho rotineiro, mais do que simplesmente executar, o trabalhador deve questionar e saber o que está fazendo.

3. **Criatividade:**
A criatividade é uma habilidade prezada em todos os campos. Especialmente hoje, que há uma necessidade de encontrar soluções para resolver problemas frequentes.

4. **Negociação:**
A negociação é uma qualidade intrínseca ao mundo empresarial. Quem tem esta habilidade, está em vantagem no mercado de trabalho.

5. **Inteligência emocional:**
É um conceito em psicologia que descreve a capacidade de reconhecer e avaliar os seus próprios sentimentos e os dos outros, assim como a capacidade de lidar com eles. Antes de mais nada, um líder de sucesso deve ter esta característica.

6. **Poder de decisão:**
Todos os dias temos que tomar decisões cada vez mais rápidas. O risco de errar sempre existe, mas não decidir é pior, na maioria das vezes.

7. **Mente flexível:**
Como já disse Charles Darwin, não é o mais forte e nem o mais inteligente que sobrevive, mas o que melhor se adapta às mudanças. Várias pesquisas, inclusive a da professora Carol Dweck da Universidade de Stanford, indicam que uma "mente flexível" é fundamental para adaptação e sobrevivência profissional.

8. Foco em aprender:
Antigamente era comum terminar a faculdade, com talvez uma pós-graduação e dar-se por encerrada a formação profissional. Nos dias de hoje, a educação continuada, até o fim da vida, é uma premissa básica para quem quer estar no mercado de trabalho. Quem não estudar, estará fora do jogo, a reinvenção é a palavra de ordem. Segundo o grande líder Nelson Mandela, a educação é a arma mais poderosa que você pode usar para mudar o mundo.

Para finalizar, não tenho dúvida de que, por tudo isso que falamos, a liderança servidora cada vez mais se torna presente nos ambientes organizacionais e na vida das pessoas. No último congresso americano de liderança, os maiores palestrantes e conhecidos autores, como Ken Blanchard, Tony Robbins, Robin Sharma, Adam Grand, Simon Sinek e o próprio James Hunter me deram a convicção de que não há outro caminho a não ser a liderança servidora, a única que une o resultado de curto prazo com os relacionamentos de longo prazo.

Em um mundo onde as hierarquias piramidais dão lugar aos relacionamentos em rede, não existe mais lugar para o velho estilo comando-controle.

Referências
DWECK, Carol. *Mindset.* Editora Objetiva, 2016.
SCHWAB, Klaus. *A quarta revolução industrial.* Editora Edipro, 2017.

32

Realize os seus sonhos

Há passos que podemos seguir todos os dias, para transformar em realidade o futuro que desejamos. Não importa quais sejam nossos objetivos, há vários caminhos possíveis para alcançar essas metas e transformar nossos sonhos em algo tangível

Tales Macêdo

Tales Macêdo

Graduado em *Marketing*, possui MBA Executivo em Gestão Estratégica de Publicidade e Propaganda. Tem formação em *coaching* nas áreas de *professional & self coach*, *leader coach*, *executive coach*, e *life coach*. Atua há mais de sete anos na área gerencial de empresas e coordenação de pessoas

Contatos
www.talesmacedocoach.com.br
tales@talesmacedocoach.com.br
Instagram: talesmacedo.oficial

Cada um de nós tem uma visão para o futuro que gostaríamos de transformar em realidade. Somos capazes de tomar qualquer medida que nos tornem melhores.

Embora possa ser um desafio, não há nada que uma dedicação ao nosso próprio aprimoramento não possa resolver.

Cada passo que damos rumo a uma melhoria contínua pode nos ajudar a mover montanhas e alcançar sonhos e objetivos que nunca acreditamos que se concretizassem.

Mas, por que algumas pessoas conseguem realizar seus sonhos e outras não? Por que alguns têm o casamento que sempre sonharam, enquanto outros se divorciam, brigam e se batem? Por que algumas pessoas conseguem a tão sonhada realização profissional e outras não? Na maioria das vezes, isso acontece devido as nossas crenças.

Afinal, o que são crenças?

Crenças são percepções condicionadas, que são construídas sobre memórias antigas de dor e prazer. Essas memórias são baseadas em como interpretamos e emocionalizamos nossas experiências ao longo do tempo. Ao nos ligarmos emocionalmente às pessoas, eventos e circunstâncias, construímos efetivamente as bases de nossos sistemas. Ou seja, nada mais que regras ou comandos psicológicos, que moldam pensamentos e filtram a experiência da realidade. São esses comandos que influenciam o que conscientemente apagamos, distorcemos ou generalizamos conforme o avançar do dia.

É importante notar que as crenças não são fatos. No entanto, valores profundamente enraizados podem ser confundidos. Geralmente, esses princípios não passam de conclusões obtidas com base em experiências da infância. Essas convicções podem ter sido inseridas, gerando um apego de um longo período. No entanto, essas crenças não servem mais para o propósito de um adulto, além de terem sido transformadas em obstáculos por não serem mais compatíveis. Elas permanecem constantes, despertando o sentimento de prisão no presente, o que faz com que a vida não saia do lugar.

Mas como uma crença é criada?
As crenças estão enraizadas ao longo da vida, no sistema nervoso devido a situações repetidas que provam legitimidade. Muitas delas, limitam e impedem um avanço, dado isso, o primeiro passo para transformar esse cenário, se resume a identificar as crenças limitantes. No entanto, o processo nem sempre é simples ou direto. Será preciso um pouco de compreensão para descobrir quais são e como estão impedindo um avanço.

Suas crenças limitantes geralmente se escondem além da percepção consciente. No entanto, existem sinais que devem ser procurados para fornecer as pistas necessárias de identificação. Esses sinais-chave serão evidentes para enfrentar obstáculos e desafios ao longo da jornada direcionada a objetivos. Normalmente, não há a capacidade de superar obstáculos e problemas se as crenças limitantes estiverem ocupando espaço. Por exemplo, elas podem se manifestar das seguintes maneiras:

Ao dar desculpas
Ao reclamar das coisas
Ao se entregar a pensamentos negativos
Ao se entregar a hábitos inúteis
Ao falar consigo mesmo de formas limitantes e inúteis
Ao tirar conclusões precipitadas ou fazer suposições
Ao hesitar ou expressar medos
Ao se preocupar com o fracasso ou com erros
Ao se preocupar incontrolavelmente sem razão aparente
Ao pensar em procrastinar
Ao pensar em se entregar ao perfeccionismo.

É importante considerar e listar todas as crenças limitantes que forem lembradas durante o trajeto de seu desejo. E sim, isso se aplica até mesmo em "pensar" sobre objetivos. Você pode, por exemplo, estar pensando em alcançar um objetivo específico e, enquanto pensa a respeito, tem uma sensação de resistência à superfície. Quanto mais resistência interna você experimenta, mais as crenças limitantes estão dormentes logo abaixo da superfície da percepção consciente.

Preparando-se para a mudança
A intensidade emocional de cada uma das suas crenças limitantes pode ser medida usando submodalidades. Ou seja, pelas maneiras de interpretar e representar um mundo usando cinco sentidos.

É tudo sobre visualizar as coisas como são ouvidas e sentidas internamente. Primeiramente, é preciso saber que o que é visto, é criado. Assim, é possível fazer parte do mundo.

Podemos exemplificar de forma simples e rápida ao completar a frase: quem tem crescimento no trabalho é_____. Pronto, a definição de crescimento é essa no seu mundo e está tudo bem, pois isso vai mudar de pessoa para pessoa, dependendo da realidade de cada um.

Então, se no mundo que criamos temos crescimento no trabalho, porque somos bajuladores do patrão, nos tornamos alguém que acredita e pratica esse método de ascensão profissional constantemente. E quanto mais nós tivermos, mais veremos, acreditaremos, criaremos, seremos, faremos e teremos!

Assim, cria-se o ciclo da realidade, que deriva da capacidade de enxergar ao redor.

De acordo com o Profissão *Coach*, do Geronimo Theml, uma crença, talvez possa ser uma das piores coisas que você pode instalar em uma criança. Um exemplo disso é quando um pai que bate em seu filho, justifica sua atitude dizendo que está fazendo aquilo por amor. Consequentemente, ele irá entender que apanhar é uma demonstração de amor.

É possível que quando esse filho crescer, ele demonstre seu amor batendo, porque acreditou que isso era natural. Isso faz sentido? Nesse momento, ocorre o estabelecimento de uma crença. Isso resulta em uma generalização da visão de mundo.

As crenças que podem ser estabelecidas ao longo da vida vão determinar a visão de mundo de um indivíduo. Além de influenciar a maneira de ele ver o mundo, e criá-lo de uma maneira positiva.

Qual é o mundo que você quer criar para você? Qual é o ciclo da realidade que você quer na sua vida? Primeiro, mude suas crenças limitadoras, bata no peito e chame a responsabilidade para você! Aquilo que eu vejo, eu crio! Você quer uma vida extraordinária, uma vida dos sonhos, uma vida de realizações? Então crie um mundo no seu interior, mude o seu *mindset* e faça coisas correspondentes a este mundo que você criou.

Acredite, tudo é possível

É mais do que possível realizar seus objetivos, é vital. Cada um de nós nasceu com um propósito especial, com talentos e paixões que foram sintonizados para criar um mundo melhor e uma vida feliz.

Às vezes nos encontramos presos em algum momento, pode ser um emprego sem saída, ou um relacionamento que não é recíproco, ou que não contribui para nosso crescimento pessoal. Pode ser surpreendente perceber que não estamos felizes, e aí já não dá tempo para correr atrás. Quando estamos infelizes, uma enorme bandeira vermelha se levanta em nossa vida. Isso significa que não estamos servindo ao nosso propósito.

Mas, percebemos que temos em nossas vidas algumas crenças sabotadoras que nos bloqueiam de conquistar sonhos, e que nos impedem de seguir nosso propósito de vida. Com isso, como é possível conquistar os objetivos almejados?

Bem, primeiramente é necessário que haja uma mudança do ciclo da realidade, uma análise do que nos faz bem, a criação de um mundo onde podemos ser, fazer, e ter coisas correspondentes ao que criamos.

Eu acredito, verdadeiramente, que nós aprendemos alguma coisa de fato, não quando nós sabemos ensinar algo, mas sim quando o nosso comportamento muda.

De alguma maneira nós somos condicionados a viver abaixo da linha da vida, isso ocorre sempre que achamos uma justificativa para algo que não saiu da forma como planejamos, quando arrumamos culpados para nossos fracassos e quando estamos em negação. Essa série de atitudes faz com que acabemos perdendo o controle da situação.

Cinco passos para conquistar uma vida de sucesso!

Não existe uma fórmula para o sucesso, mas existem coincidências. Entre alguns livros que eu li sobre a ciência do sucesso, percebi que existe alguns pontos em comuns de pessoas que chegaram ao triunfo, ou melhor, conseguiram se realizar em várias áreas da vida.

Juntando essas informações com ferramentas de *coaching*, percebi algumas forças que fazem a diferença quando se quer conquistar algo.

1. Construa uma identidade forte!

Primeiro passo fundamental é saber quem é você hoje. Qual o seu estado atual? Como andam as áreas de sua vida? Gostaria de mudar algo? Gostaria de ter tomado atitudes diferentes?

Imagine você indo visitar um amigo em uma cidade que você não conhece. Ao chegar na cidade, você liga para seu amigo e pergunta onde ele está para que o guie ao seu destino.

Com isso, é possível levantar uma reflexão com questionamentos do tipo: se você não sabe o seu estado atual, como vai saber para onde vai? Como vai chegar a algum lugar?

Construa uma identidade campeã! Conheça-se antes de tudo. Acredite em você!

2. Tenha visão de futuro, saiba exatamente onde chegar!

Eu adorava montar quebra-cabeças quando era mais novo. A primeira coisa que eu fazia antes de começar era ver a imagem da caixa, assim, conseguia nortear minhas escolhas pelas peças. Geralmente, eu montava a lateral primeiro, porque achava mais fácil e rápido.

O que eu quero dizer com essa lembrança é que é importante saber onde se quer chegar, qual objetivo alcançar e qual sonho conquistar. Imagine-se depois dessa conquista, transporte-se para o futuro e veja os benefícios disso. Assim, não só você, mas seu subconsciente vai trabalhar a favor dessa conquista e, aí, você vai conseguir pegar as peças corretas para montar o seu quebra-cabeças.

3. Comunicação!

Não adianta você saber quem é e exatamente onde quer chegar, se não sabe se comunicar. A comunicação não é apenas falar a coisa certa, mas também saber se expressar. Para qualquer meta, é preciso mudar a comunicação. A forma pela qual nos comunicamos está totalmente ligada aos nossos sentimentos. Se você levantar a cabeça, estufar o peito e se portar como o *superman,* como você vai se sentir? Acredito que poderoso, certo do que está fazendo, confiante! Agora, se você abaixar a cabeça, inclinar os ombros, que imagem você vai passar para si mesmo e para os outros? Como vai se sentir? Creio que deprimido, desmotivado, menor do que os outros.

Como será sua vida, se a partir de agora você comunicar alegria, felicidade, e entusiasmo como estilo de vida. Como serão seus relacionamentos e crenças a partir disso? Isso é uma decisão sua! Você não depende de outras pessoas, do governo, ou da sua família para ser feliz.

4. Aprendizado!

Você é capaz de aprender com tudo e com todos o tempo todo? Está sempre aberto a ouvir o próximo? Consegue receber *feedback* negativo? A capacidade de aprender é o que vai lhe dar mais conhecimento, vivência e sabedoria de vida, para saber onde, e quando tomar as decisões certas.

5. Prática persistente

Onde a "vontade" e a "muita vontade" são os caminhos! Quando há muita vontade de fazer, você não é derrubado na primeira pancada e nem no primeiro obstáculo. É preciso muito empenho para realizar qualquer coisa, pois a prática persistente vai ser o detalhe da sua conquista. Sempre se esforce um pouco mais, expanda sua zona de conforto e encontre os caminhos para realizar seus sonhos.

A única coisa da vida que sempre permanecerá igual é a "mudança" e, em nossa vida, nós temos o poder de fazer quais julgarmos necessárias. Mesmo se nos encontramos em uma situação insuportável, podemos sempre encontrar consolo no fato de que tudo muda.

Seja feliz, posso lhe dizer que a felicidade é uma fórmula matemática das mais simples que podemos imaginar. Quando as nossas expectativas são iguais as nossas condições de vida, nós somos felizes.

33

As três atitudes que transformarão sua vida para melhor

Você se sente insatisfeito com a forma que vive ou está estagnado em sua vida pessoal e profissional? Este texto pode lhe dar as respostas e ajudá-lo a galgar os degraus que vão alçá-lo a um outro nível. Leia com a mente aberta e curiosa e você vai descobrir coisas até óbvias, mas ignoradas por muitos. Boa leitura!

Wallace Sousa Circuncisão

Wallace Sousa Circuncisão

Formado em administração de empresas pela UFRN, graduado pelo Haggai Brasil (São Paulo, 2016) e pelo Haggai Institute (Hawaii/USA, 2017). Possui pós-graduação em Teologia, é autor, blogueiro e auditor federal concursado. Atualmente, está terminando uma pós-graduação em Liderança Avançada no LifeLead PRO da LifeShape Brasil e ministra palestras sobre liderança, em Brasília e vários estados do Brasil. É apaixonado por aprender e ajudar as pessoas a se tornarem melhores do que já são. Em 2017, liderou um projeto voluntário de capacitação de líderes locais na capital de Moçambique, na África.

Contatos
www.wallysou.com
contato@desafiandolimites.com
(61) 98160-6446

> "E não vos conformeis com este mundo, mas transformai-vos pela renovação da vossa mente."
> Romanos 12:2

Qual foi o motivo que o trouxe a este texto? Você chegou até aqui por acaso? Embora seja difícil dizer com certeza o motivo que o fez ler estas linhas, permita-me tentar. Eu suponho que é um desejo de mudança e de transformação que o impulsionou a chegar até aqui. Quem sabe esse desejo de mudança veio temperado com um pouco de insatisfação com sua vida atual, seja no quesito pessoal, familiar ou, mais provavelmente, profissional. E, claro, deve ter aquela pitada de curiosidade e ceticismo do tipo: será que vou encontrar algo que valha mesmo a pena aqui?

Por isso, eu quero me comprometer com você, caro leitor, a trazer algo que pode, de fato, ajudá-lo nesse momento. Não é uma receita infalível, mas é, sim, algo que tem o potencial de mudar sua vida para melhor caso você o coloque em prática.

E, sabe por que eu digo isso? Porque eu testei em minha própria vida e, creia-me, funciona de verdade. Demorou um pouco mais do que eu gostaria, confesso, mas é porque sou teimoso e demorei a agir, o que não será o seu caso, espero.

O que compartilharei com você é muito simples e fácil de entender, mas que demanda compromisso de sua parte para com seu eu futuro, com aquela pessoa que você quer ser amanhã. E são apenas três coisas e não mais do que três. São elas:

1. Diga não ao conformismo e ao comodismo

Você sabe qual é uma das principais razões que atrapalham o crescimento e desenvolvimento das pessoas? É o comodismo e o conformismo. Eu poderia citar dezenas de exemplos, entre famosos e anônimos, alguns certamente conhecidos por você. Mas, em vez disso, quero citar meu próprio exemplo.

Acomodar-se nada mais é do que viver a vida segundo padrões alheios e não pelos nossos. E eu mesmo já vivi assim, deixando minha vida ser pautada pelo que os outros diziam que eu deveria fazer, pensar ou viver. Porém, um dia, eu lancei de mim esse pesado jugo e passei a buscar viver a vida que me trouxesse satisfação e realização, em vez de ficar tentando satisfazer os outros.

Então, deixei aquele lugar de aparente conforto, mas que me machucava e me espremia, e saí em busca de algo novo. Sim, eu ousei sair da rotina a qual estava acostumado e me desafiei a viver a vida que eu gostaria de viver, mesmo sabendo que as dificuldades a serem superadas seriam enormes.

E é nesse momento de transição e mudança que você percebe que a tentação de relaxar e baixar a guarda nos sobrevém nos momentos mais inoportunos, e precisamos resistir bravamente para manter o foco no alvo que queremos atingir. Porém, quem quer mudar precisa estar preparado para as mudanças, tanto as externas como as internas.

Vou contar-lhe uma história que ilustra muito bem isso. Você já ouviu a história do caranguejo ermitão? Preste bastante atenção porque essa poderá ser, também, a sua história.

O caranguejo ermitão é um tipo de crustáceo que não possui aquela carapaça que envolve e protege seus primos mais conhecidos. Por isso, ele escolhe uma concha que lhe caiba e possa lhe servir de lar. Porém, ele cresce e sua concha continua do mesmo tamanho. E o que ele faz?

Precisa sair da concha antiga e achar outra que lhe caiba, até que precise mudar de novo. Só que essa mudança não é fácil: ele fica exposto, vulnerável e frágil enquanto sai de sua antiga casa e consegue se alojar na nova. Os perigos e desafios fora da concha são enormes e terríveis.

Porém, ficar na concha velha que não lhe cabe mais é a certeza de uma morte lenta e sufocante. Não existe ilustração melhor que represente o perigo da acomodação do que a história do caranguejo ermitão.

Por isso, eu quero desafiá-lo a sair da velha concha, ou seja, sair do comodismo que o sufoca aos poucos e enfrentar os riscos e desafios do mundo lá fora. Se você quer continuar crescendo, evoluindo e conquistando novos territórios, ficar acomodado na concha velha não é uma opção. Pronto para a segunda dica?

2. Transforme-se em uma versão melhor de si mesmo

"Insanidade é continuar fazendo sempre a mesma coisa e esperar resultados diferentes."
Albert Einstein

Sejamos honestos: para obtermos resultados diferentes, temos que sair da zona de conforto. E, muitas vezes, o que queremos de diferente do que temos hoje, somente será possível se mudarmos. Perceba: eu não disse que você deveria ser, mas que deve se tornar uma pessoa diferente da que é hoje. E se tornar diferente tem a ver com transformação, transformar-se, tornar-se diferente do que era.

No reino animal existem alguns animais que fazem uso de um processo de adaptação denominado mimetismo, que é uma adaptação da aparência física ao ambiente em que ele se encontra. Um exemplo, é a cobra falsa coral. Ela se parece com a verdadeira a tal ponto que até mesmo predadores a evitam.

Todavia, ela não se transformou em uma cobra venenosa, apenas se parece com uma. Outro exemplo clássico de mimetismo é o do camaleão. Conforme a necessidade do ambiente, ela muda, mas só temporariamente. Quando a necessidade passa, ele volta a ser o que era antes. Ou seja, a mudança não é permanente.

E qual exemplo de mudança permanente o reino animal nos traz? O da metamorfose, sendo a da borboleta o mais famoso. Ela, que um dia foi lagarta e hoje é borboleta, não pode voltar a ser o que era antes. Einstein também disse que a mente que se abre para uma nova ideia jamais voltará a ser da mesma forma que antes. Quando você é transformado, você deixa de ser o que era antes e passa a ser algo novo, totalmente diferente. Porém, a mudança permanente gera medo, causa desconforto e traz insegurança. Deixe-me contar uma história sobre metamorfose e as dificuldades que ela traz consigo.

Certa vez, um homem assistia uma borboleta tentando sair de seu casulo após o longo período de incubação. Como ele se impacientou de esperar e estava, também, compadecido de observar seus esforços aparentemente infrutíferos, fez um pequeno corte no casulo que facilitou sua saída para a liberdade.

Com isso, o pequeno inseto conseguiu sair do casulo mais facilmente e obteve a tão desejada liberdade. Então, o homem esperou para ver a borboleta voar. Ele esperou, esperou e... nada. Sabe por quê?

Porque o esforço que a borboleta fazia para sair do casulo, por aquela abertura minúscula, era necessário para estender suas asas, massageá-las e irrigá-las para o desafio de voar, logo a seguir. Ao fazer o corte e eliminar a dificuldade, o homem privou a borboleta de voar e mostrar toda sua beleza.

E é assim, também, que ocorre conosco. Quantas dificuldades e obstáculos enfrentamos que, muitas vezes, julgamos intransponíveis ou insuperáveis. Porém, são esses mesmos obstáculos e dificuldades que nos preparam para voos maiores e melhores.

Se você quer se transformar em uma versão melhor de si mesmo, tenha em mente que enfrentará muitas dificuldades e obstáculos. Entretanto, são eles que vão ajudar em seu processo de transformação. Em outras palavras, as dificuldades não são apenas parte do processo - elas são necessárias ao progresso.

Portanto, abrace as dificuldades porque são elas que, em última instância, vão nos transformar naquilo que queremos e precisamos ser.

3. Mude sua mentalidade renovando-se continuamente

Provavelmente, você já deve ter ouvido falar que o ser humano normal utiliza no máximo 10% de sua capacidade cerebral, ou que apenas os verdadeiros gênios conseguem usar 10% de seu cérebro. Uma outra ideia bem comum que você também já deve ter ouvido falar é que nós nascemos com bilhões e bilhões de células nervosas, os chamados neurônios, e que elas vão morrendo sem serem repostas conforme os dias se passam.

Mas, e se eu lhe disser que se tratam tão somente de mitos científicos que não correspondem à realidade? Neuromitos, para ser mais preciso. Hoje, com o avanço de um novo ramo da neurociência chamado Neuroplasticidade, esses mitos foram sendo desacreditados e refutados[1], embora ainda persistam em muitos círculos e demorem anos até serem totalmente desacreditados[2].

Entretanto, o que estou afirmando é real. Inclusive, até mesmo adultos podem experimentar o nascimento de novos neurônios se estabelecerem uma rotina de atividades físicas e exercícios aeróbicos. Se lhe faltava um bom motivo para se mexer, agora não mais.

E com essa desmistificação dos neuromitos científicos, chegamos, finalmente, ao terceiro ponto que é o da renovação contínua por meio da mudança de mentalidade que você vai experimentar.

Por muito tempo se pensou que o cérebro era um órgão inflexível, em vez de dinâmico como o conhecemos hoje, daí a popularida-

---

[1] *Você sabe o que são os neuromitos?* Por Fernanda Salla. Site Nova Escola, acesso em 14/05/2018. https://bit.ly/2KF4Q5c

[2] *Neurogênese*. Por Rafaela Couto de Rezende. Site InfoEscola, acesso em 14/05/2018. Link: https://bit.ly/2u3ie8M

de dos neuromitos citados anteriormente. Todavia, com o advento e evolução da neuroplasticidade, as concepções sobre o cérebro foram mudando e suas adaptações, mesmo diante de traumas e sequelas físicas, começaram a ser vistas sob um novo prisma.

E sabe qual foi uma das descobertas mais interessantes sobre o cérebro? Que aquilo que você pensa sobre si, molda quem você é, inclusive sob o aspecto físico.

Em 1981, uma psicóloga chamada Ellen Langer, da Harvard University, conduziu um interessante experimento psicológico com oito homens de aproximadamente 70 anos de idade. Eles foram colocados em um ambiente que resgatava e retratava como eram suas vidas 22 anos antes, com mobiliário, suas próprias fotos e roupas da época.

Após cinco dias, eles não apenas pareciam e se sentiam mais jovens, mas também agiam como tal. Até mesmo testes físicos apontaram que estavam mais fortes e se movimentavam melhor do que quando chegaram naquele ambiente fictício[3].

A também psicóloga e pesquisadora Dra. Carol Dweck, autora do livro *Mindset*[4], revela que existem dois tipos de mentalidade, as quais ela denominou de mentalidade fixa e mentalidade progressiva. Enquanto a mentalidade fixa está presente naqueles que acham que não podem mudar e encaram os fracassos como sinais de que não podem ser mais ou melhores do são, a mentalidade progressiva é aquela que não se deixa abater pelos fracassos, mas os encara como parte do processo de aprendizado e etapa necessária do crescimento e desenvolvimento pessoal.

Em minhas palestras e textos eu apelidei a mentalidade fixa de "mentalidade Gabriela", aquela que diz "eu nasci assim, eu cresci assim, eu sou sempre assim, Gabriela". E qual seria a mentalidade progressiva, também chamada de mentalidade de crescimento? Eu a chamo de mentalidade "Popeye"[5], onde os obstáculos, dificuldades e oposição servem para despertar em nós um potencial íntimo de crescimento que nos faz lutar com mais força e vigor e, assim, conquistarmos a vitória sobre nossos desafios.

E vou encerrar este texto contando-lhe a fábula dos 3 leões, para ilustrar o que significa ter uma mentalidade do tipo "Gabriela ou Popeye".

Era uma vez, numa floresta, onde os animais viviam em harmonia e felizes até que, um dia, surgiu um dilema entre eles. Um dos

---

3 *A radical experiment tried to make old people young again — and the results were astonishing.* Por Lauren F Friedman. Site Business Insider, acessado em 14/05/2018. Link: https://read.bi/1alXUni

4 Site Amazon: https://amzn.to/2wZg66I, acesso em 14/05/2018.

5 Desenho animado criado em 1929, por Elzie Segar, inicialmente para tirinhas de jornal e, depois, popularizado nos EUA e no Brasil. Fonte: https://bit.ly/2tRhX9S, acesso em 14/05/2018.

animais chamou a atenção para o fato de naquela floresta havia três leões. Sendo assim, qual deles deveria ser o Rei da floresta?

O caso chegou aos leões que, sendo amigos, não queriam brigar entre si pelo posto, mas que perceberam que a questão era merecedora de uma solução justa para todos.

Nesse ínterim, a coruja, muito sábia, sugeriu que os três leões tentassem subir a montanha mais alta da floresta, o obstáculo mais difícil que eles conheciam. Quem a vencesse seria aclamado rei sobre todos os animais.

No dia marcado, estavam todos os animais reunidos para verem qual seria o vencedor. O primeiro leão tentou, e fracassou assim como o segundo, que também fracassou. Por fim, o terceiro leão empreendeu a subida, mas fracassou também. Agora o problema havia se agravado, e gerou inquietação entre todos.

Porém, a águia pediu a palavra e disse que sabia quem deveria ser o rei. Nesse momento, todos os animais olharam surpresos para ela, ansiosos para saber quem seria aclamado. Então, ela explicou que enquanto cada um deles tentava subir a montanha, ela voava perto deles acompanhando a subida. O primeiro falhou e disse para a montanha que ela havia o vencido, e logo em seguida desceu. O segundo falhou ao concordar que a montanha também tinha o derrotado. Já o terceiro, ao falhar, protestou exclamando que havia sido vencido naquele dia, mas que ele continuaria crescendo, diferente da montanha.

Em seguida, a águia justificou sua escolha baseada no fato de que o terceiro era capaz de aprender com seus erros e, ainda, dominar a si próprio. E quem é capaz de entender e dominar a si mesmo está apto a dominar sobre todos os demais. Os animais ficaram satisfeitos com a explicação e o aclamaram como rei.

Talvez você, caro leitor, esteja diante de um desafio que parece insuperável hoje. Mas se você continuar crescendo, amadurecendo e melhorando a cada dia, chegará o momento em que você se tornará maior que seu desafio e, desse modo, dará o salto necessário rumo ao sucesso extraordinário.

Como disse, certa vez, Henry Ford: "Se você pensa que pode ou se pensa que não pode, de qualquer forma você está certo".

Ao sucesso!

Conclusão

Que capítulos! Que palestras! Que lições! Que impacto!

A cada dia que passa fico mais impressionado com o papel dos palestrantes na sociedade nos dias de hoje. Eles têm a sensibilidade de aprender lições de vida e a habilidade de transmiti-las de forma inteligente e impactante.

Os capítulos deste livro foram palestras estudadas, preparadas minuciosamente e ministradas ao vivo para centenas e milhares de pessoas, não só no Brasil, como ao redor do mundo. Agora, ao percorrer os olhos pelas páginas anteriores, você pode sentir o impacto que estas palavras trouxeram para aqueles que estavam em salas de aula, auditórios, hotéis, teatros ou centros de convenções.

Não me impressiono com alguns "palhastrantes" (termo que criei que descrever um palhaço / palestrante) que apenas fazem as pessoas rirem, porém, ao espremer o conteúdo da palestra, o que sobra é pouco.

Palestrantes de alto impacto são aqueles comprometidos em apresentar ao público palestras didáticas e contemporâneas, que produzem mudança e cujo efeito é duradouro.

Os palestrantes são pessoas altamente sensíveis, que se apresentam como tutores do passado, motivadores do presente e desenhadores do futuro. São, ao mesmo tempo, mestres e professores dos segredos da vida.

Os palestrantes são, também, cientistas do conhecimento e artistas da comunicação. Eles nos fazem rir e chorar, planejar e executar, agir e mudar.

Você acabou de ler neste livro palavras que têm o potencial de mudar para sempre o rumo de sua vida.

No Livro dos livros está escrito: "A fé sem obras é morta". Meu desafio a você, querido leitor, é que coloque em prática as lições e princípios aqui compartilhados.

Cada uma destas palestras foi de grande impacto, quando ministrada no passado.

Permita que hoje elas continuem sendo palestras de alto impacto para você.

Um abraço e muito sucesso!

Mário K. Simões
Escritor e palestrante